谨将此书献给我的两位导师：威廉·埃斯蒂斯和亚历山大·鲁利亚。对我而言，两位导师意义重大，他们不仅教会了我如何进行心理学研究，更教会了作为社会的一分子，我该如何走好人生之路。

# 编　委　会

主　编：张春妹

副主编：严　瑜　赵俊华

成　员：钟　年　吴根友　陈祖亮　张掌然　师　领　郭齐勇
　　　　周宗奎　洪建中　张春妹　严　瑜　赵俊华　刘　毅
　　　　姜兆萍　谢　天　李　杰　胡军生　王志云　张文娟

文·化·心·理·学·精·品·译·丛

张春妹 主编 严 瑜 赵俊华 副主编

文化心理学：

历史与未来

Cultural Psychology:
A Once and Future Discipline

【美】迈克尔·科尔 ◎ 著

洪建中 张春妹 ◎ 译

人民出版社

本书为武汉大学"70"后学者学术团队建设项目（人文社会科学）——"当代文化心理学研究"成果，得到"中央高校基本科研业务费专项资金"资助

# 译丛总序一

黄光国

在武汉大学哲学学院副院长钟年教授领导下，张春妹副教授组织了该校心理学系一批年轻的有志学者，投入极大的心力，将当前国际文化心理学界五本重要的著作翻译成中文，希望我为这一套书写一篇"序言"。我在 2017 年年初正好要出版一本书，题为《儒家文化系统的主体辩证》，从科学哲学的观点，回顾台湾在"华人心理学本土化运动"中出现过的五种文化主体策略。过去三十余年间，台湾在发展"本土心理学"的过程中，许多参与此一运动的主要人士，曾经从不同视角，反复辩证发展华人文化主体的各种策略，正如 Wyer、赵志裕和康萤仪（2009）在他们所编的《认识文化：理论、研究与应用》一书中，邀请 24 位国际知名学者，来讨论跨文化研究的理论和方法一样。从我们发展"本土心理学"的"台湾经验"来看钟教授主译的这一套著作，更可以了解每本书对我们未来发展华人"文化心理学"的意义与贡献。首先我要提出一项实征研究的发现，来说明什么叫做"文化主体"。

Inglehart 和 Baker（2000）曾经在 65 个国家作了三波的"世界价值观调查"（World Values Survey, WVS），结果显示：在控制经济发展的效果之后，在历史上属于基督教、伊斯兰教和儒教的三大文化区，显现出截然不同的价值系统。这些社会在"传统/世俗—理性"（traditional versus secular-rational）和"生存/自我表现"（survival versus self-expression）的价值向度上有所不同。虽然大多数社会（包括西方）都朝向"世俗—理性"及"自我表现"的价值（即现代与后现代）的方向变动，但其速度并不相同，而且各文化区之间仍然保有其差异性。

他们的研究显示：如果将经济发展的因素排除掉，则世界各国可以区分成基督教（包括新教、天主教、东正教）、儒教和伊斯兰教三大文化区。因此他们怀疑："在可预见的未来，所谓现代化的力量是否会产生一种同质的世界文化（homogenized world culture）"（Inglehart & Baker, 2000:49）。

这项研究虽然没有涵盖全界所有的文化，可是，从这项研究的发现来看：儒家文化是世界三大文化区之一，应当还是可以为人所接受的。然而，今天西方主流心理学教科书中绝大多数的理论和研究方法，都是从基督教个人主义文化区中的国家（尤其是美国）发展出来的。众所周之，儒家文化根本不是个人主义，而是关系主义的。以"个人主义"文化作为预设而发展出来的理论和研究方法,硬要套用在儒家文化之中,当然会发生格格不入的问题。举例言之,在这套书中,Michael Bond(2010)所编的《牛津中国心理学手册》包含41章,动员了83位中、外学者,涵盖领域包罗万象,几乎把过去数十年内有关中国人所做的心理学研究都网罗在内。

一位任教于西班牙巴塞罗那的华裔学者 Lee(2011)深入回顾这本书之后,一针见血地指出:"这本书没有清楚的结构,除非仔细阅读整本书的目录,否则读者很难看出这本书包含有哪些内容,并辨认出针对某一特定议题的章节"(p.271)。不仅如此,"整本书大多缺少理论,这些以议题取向的章节,对关于华人所做的经验研究发现,做了相当详尽的回顾与报告,然而,只有极少数的几章提出华人心理学的本土理论","尽管他们公开宣称要推动本土研究,他们的水平大都停留在支持/不支持西方的发现,并且用诸如集体主义、权力差距之类的文化向度来解释他们的发现"。尤有甚者,这本书中所引的研究大多以"中国和西方"二元对立的方式,来处理他们的研究发现,无法掌握现实世界中更为精致的复杂性(pp.271–272)。

以二元对立的"泛文化向度"(pan-cultural dimension)来研究中国文化,当然会造成这种奇怪的结果。以心理学者常用的一种研究策略来说,以往从事"个人主义/集体主义"之研究的心理学者,大多是以欧裔美国人的心理特征作为中心,在建构他们对于其他文化族群的图像。欧裔美国人居于"个人主义/集体主义"之向度上的一端,他们的文化及心理特征是全世界其他族群的参考坐标,后者在向度上分别占据不同位置,他们的文化面貌模糊,必须藉由和美国人的对比,才能够看清楚自己的心理特征。Fiske(2002)因此批评"个人主义/集体主义"的研究取向,并指出:个人主义是美国人界定其文化之特征的总和,集体主义则是美国人从对照他人(antithetical other)之意识型态的表征中抽象并形构出来的,是美国人依照"我们不是那样的人"想象出来的其他世界的文化(p.84)。

Oyserman 等人(2002:28)对跨文化研究中最常用的 27 种"个人主义/集体主义"量表做内容分析,结果显示:个人主义可以区分为七个成份:独立(independence)、争取个人目标(individual goal striving)、竞争(competition)、独特性(uniqueness)、自我的隐私(self-privacy)、自我的知识(self-knowledge)、直接沟通(direct communication);集体主义则包含八个成分:关联性(relatedness)、群体归属(group belonging)、义务(duty)、和谐(harmony)、寻求他人的建议(seeking advice from others)、脉络化(contextualization)、阶层性(hierarchy)、偏好群体工作(preference for group work),各种不同的量表都是从这些歧异的成分范畴中分别取样,其内容变化相当大,个人主义的成分和集体主义的成分并没有平行性,两者之间也不可能直接比较。

Oyserman 等人(2002)的分析,提供了具体的数据,说明早期心理学者所理解的"个人主义"和"集体主义",根本代表性质不同的两种行为范畴。集体主义的构念定义和量表内容有相当大的异质性(heterogeneity),这方面的文化差异可能反映出文化在人们和他人发生联结和关联方式上的多面相性(multifaceted nature)。他们在对以往的相关研究作过透彻回顾之后,指出:

美国及西方心理学试图以个人主义作为基础,来了解人性。这种做法令人质疑:我们是否有能力区分现行以个人主义作为了解人性之基础的方法,以及另一种有待发展的以集体主义作为基础的研究取向(pp.44-45)。

Schimmach、Oishi 和 Diener(2005)回顾并重新分析相关文献中的资料后,指出:个人主义的构念定义清晰,测量工具深具意义,是衡量文化差异一种有效而且重要的向度。然而,集体主义的意义却模糊多变,其测量工具的效度也难以决定。因此,他们认为:跨文化心理学者可能有重新评估集体主义的必要性。

更清楚地说,这种"泛文化向度"的研究策略,可以彰显出"个人主义"文化的主体性;对于被归类为"集体主义"的其他,则毫无文化主体性可言。因此,我认为要彰显任何一个文化(包括西方文化)的主体性,我们一定要改弦易辙,先建构普世性的"自我"及"关系"理论,以之作为架构,先在"文化系统"(cultural system)的层次上作分析(Hwang,2015a),如此则可以建构一系列"含摄文化的理论"(cultural-inclusive theories)(Hwang,2015b)。我们可以用我所建构的"自我的曼陀罗模型"为例,重新说明迈克·科尔在《文化心理学:历史与未来》一书中之主张(Cole,1998),借以说明"文化系统"研究策略的必要性。

"自我的曼陀罗模型"中的"自我"(self)处于两个双向箭头之中心:横向双箭头的一端指向"行动"(action)或"实践"(praxis),另一端则指向"知识"(knowledge)或"智慧"(wisdom);纵向双箭头向上的一端指向"人"(person),向下的一端指向"个体"(individual)。从文化心理学的角度来看,这五个概念都有特殊的涵义,都必须做进一步的分疏:

## 一、人/自我/性

在西方的学术传统里,个体、自我和人这三个概念有截然不同的意义,"个体"(individual)是一种生物学层次(biologistic)的概念,是把人(human being)当作是人类中的一个个体,其和宇宙中许多有生命的个体并没有两样。

"人"(person)是一种社会学层次(sociologistic)或文化层次的概念,这是把人看作是"社会中的施为者"(agent-in-society),他在社会秩序中会采取一定的立场,并策划一系列的行动,以达成某种特定的目标。每一个文化,对于个体该怎么做,才算扮演好各种不同的角色,都会作出不同的界定,并赋予一定的意义和价值,藉由各种社会化管道,传递给个人。

"自我"(self)是一种心理学层次(psychologistic)的概念。在图1的概念架构中,"自我"是经验汇聚的中枢(locus of experience),他在各种不同的情境脉络中,能够作出不同的行动,并可能对自己的行动进行反思。

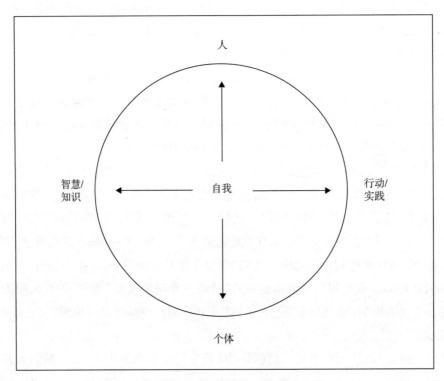

**图1　自我的曼陀罗模型**

## 二、超我/自我/本我

"人"、"自我"和"个体"的区分,是 Grace Harris(1989)所提出来的。她在深入回顾人类学的文献之后,指出:不论是在哪一个文化里,人格都包含有"人/自我/个体"三重结构。不同的文化可能使用不同的名字称呼这个结构体的不同组成,但其结构体却是一致的。即使是心理分析学派的创始人弗洛伊德也认为:人格是由"超我(super ego)/自我(ego)/本我(id)"所组成(Freud,1899),它跟"人/自我/个体"是同构的(isomorphic)。

对弗洛伊德而言,潜意识是意识的残余,是被压抑之废弃物的储藏库。可是,荣格却认为,潜意识才是母体,它是意识的基础。他将潜意识区分为两个层次:表层的个人潜意识(personal unconscious),具有个人的特性,其内容主要是"情结",包含被压抑的欲望、被遗忘的经验以及阈下的知觉等。深层的集体潜意识(collective unconscious),

则不是来自个人意识到的学习经验,它是得自遗传而先天地存在的。

"集体无意识"是指从原始时代以来,人类世世代代普遍性心理经验的长期积累,沉淀在每一个人的无意识深处;其内容不是个人的,而是集体的,是历史在"种族记忆"中的投影,普遍存在于每一个人身上。它影响着个体意识和个体无意识的形成,使个体的思维方式与行为方式中都隐含着民族文化的集体因素。个人潜意识曾经一度是意识,而集体潜意识却从来不曾在意识中出现过,它是客观的,跟宇宙一样的宽广,向整个世界开放(Jung,2014)。

集体无意识的存在,使现代人可以从个人意识的孤独中逃脱,回归到集体心理的汪洋大海。在荣格看来,比起集体心理的汪洋大海,个人心理只像是一层表面的浪花而已。

## 三、文化的默会学习

许多文化心理学的研究显示:我们固然可以说,集体潜意识是文化的储藏所;然而,文化是由默会的学习(implicit learning)而获致的。更清楚地说,语言是文化最重要的载体,个人在其生活世界中学习语言及其在各种情境中的使用方式时,他同时也不知不觉地学习到语言所承载的文化。苏联心理学家Vygotsky(1896–1934)所提倡的自约起源法(genetic method)认为,研究人类心理的发展,不只应当包括个体起源的研究,而且应当兼顾物种起源(phylogenetic)的社会历史分析。

Vygotsky(1927/1978)认为,个体的发展是根植于社会、历史与文化的,在研究人类的心理历程时,必须同时关注整个社会与文化的历史条件和历史过程。个体发生史(ontogeny)关心的是,个人从出生到老死之间整个心智发展历程所涉及的改变。而文化则是整个社群在其历史过程中所创造之人为饰物(artifacts)的总和,它是一个社群所累积的人为饰物,也是人类(心智)发展的媒介(medium),是人所特有的(species-specific)。人类使用的各种工具,创造的各种艺术,运用的各式语言,都是人为饰物的不同类别。就这层意义而言,文化是"现在的历史"(history in the present)。作为心智之媒介的语言(medium),其发展以及它在世世代代的繁衍、生产与再生产,是人类独特的显著特征。

## 四、文化的过去

在物种起源史(phylogenesis)方面,Vygotsky认为,人类与动物的分野在于高等心理功能的出现与发展。要了解人类与其他高等灵长类在物种发展史上的差异,就必须研究语言或文字的出现与使用,各种工具的创造、发明与使用,以及劳动形式的改变。此一部分的研究工作涉及整个人类历史与文化的发生发展。

在 Vygotsky 的影响之下,文化心理学者 Cole(1998)在他所著的《文化心理学》一书中认为,成人过去的文化经历与限制,将透过社会化的历程而转移到新生儿身上,成为新生儿在发展上的另一种文化条件。换言之,成人会根据其自身的文化经验所建构的世界,来创造与婴儿互动的环境。唯有拥有文化的人类能够回到"文化的过去"(culture past),并将它投射到未来;然后,再把这个概念上的未来带回现在,而构成新成员的社会文化条件。反过来说,文化的中介(cultural medium)使人类将自身的过去,投射到下一代的未来。这个观点使我们能够藉由文化来找到世代之间心理历程的连续性。

## 五、中华文化发展的历史

从这个角度来看,"文化的过去",就是透过语言的媒介而传递给个人的。华人本土心理学者要想建构"含摄文化的理论",必须要先了解中华文化发展的历史。在传说中,孔子曾经问礼于老子,其学说以"仁"为核心;孔子的弟子孟子全力阐扬"义"的概念,荀子则主张"礼",构成"仁、义、礼"的伦理体系。法家思想以"法、术、势"为主要内容;稍后又有兵家思想。这一脉相承的文化传统代表了中华文化的辩证性发展,后起的思想对先行的学说有批判地继承,也有创造地发展。用老子的话来说,这就是:"师道而后德,失德而后仁,失仁而后义,失义而后礼"(《道德经》),我们也可以进一步说,"先礼而后法,失法而后术,失术而后势",连"势"都派不上用场,最后只好以兵戎相见。

春秋战国时期"道、儒、法、兵"这一脉相承的思想发展,代表中华文化由圣入凡、由出世到入世的世俗化历程。依这个顺序发展下来,就是华人所谓的"顺则凡"。而在道家思想中,则教导个人"复归于朴","复归于无极",希望能够回到"与道同体"的境界,可以称之为"逆则仙"。

## 六、民族发展历程的重演

在"道、儒、法、兵"的文化传统影响之下,个人发展的历程,几乎是具体而微地重演了其民族发展的历程。甚至在一日之中的不同阶段,个人都可能重新经历"道、儒、法、兵"的不同境界。王阳明(1472—1528)讲过一段颇具启发性的话:

> 人一日间,古今世界都经过一番,只是人不见耳。夜气清明时,无视无听,无思无作,淡然平怀,就是羲皇世界。平旦时,神清气朗,雍雍穆穆,就是尧、舜世界;日中以前,礼岩交会,气象秩然,就是三代世界;日中以后,神气渐昏,往来杂扰,就是春秋战国世界;渐渐昏夜,万物寝息,景象寂寥,就是人消物尽世界。学者信得良知

过,不为气所乱,便常做个羲皇已上人。(《传习录下》)

王阳明所说的"羲皇世界"、"尧舜世界"、"三代世界"、"春秋战国世界"、"人消物尽世界",和"道、儒、法、兵、佛"五家思想所要处理的人生境界,大体是互相对应的。即使今日世界各地的华人社会纷纷转变成为工商业社会,仔细思考王阳明所讲的这段话,反倒令人觉得更为贴切。

用《知识与行动》一书的概念架构来看(黄光国,1995),文中那位"人",清晨起床后,"神清气爽",和家人相处,可能用源自于儒家的若干理念,经营出一幕"雍雍穆穆"的"尧舜世界"。在现代的工商业社会里,各式各样的组织不断地生生灭灭,大多数人也都必须置身于各种不同的组织之中。上班之后,在工作场合,有些华人组织的领导者可能用法家的理念来管理组织,企图缔造出他们的"三代世界"。而其组织成员不论在组织内、外,都可能使用兵家的计策行为,和他人勾心斗角,营造出一幕幕的"春秋战国世界"。下了班后,回到家,在"万物寝息,景象寂寥"的"人消物尽世界"里,他可能又"复归于朴",回归道家或佛家境界,"做个羲皇已上人"。

从迈克·科尔的《文化心理学》来看(Cole,1998),我所采取的文化主体策略,就是以西方科学哲学的知识论作为基础,将储藏于华人"集体潜意识"中的文化传统转化成客观的知识系统(system of objective knowledge)。举例言之,在《尽己与天良:破解韦伯的迷阵》一书中(黄光国,2015),两个普世性的理论模型作为架构,用诠释学的方法,分析先秦儒家诸子经典的文本,借以展现出儒家的"文化形态学"(morphostasis),用同样的方法,我们也可以分析儒家思想在不同历史阶段及不同地区的"文化衍生学"(morphogenesis)。

儒家的伦理与道德是支撑住华人生活世界的先验性形式架构(transcendental formal structure),不论个人在意识层面对它抱持何种态度,它永远透过人们的潜意识影响着华人生活中的言行举止。基于这样的见解,在一书中,我一面说明我如何建构"人情与面子"的理论模型,并以之作为架构分析儒家思想的内在结构,再对以往有关华人道德思维的研究后设理论分析,然后从伦理学的观点,判定儒家伦理的属性,接着以"关系主义"的预设为前提,建构出一系列微型理论,说明儒家社会中的社会交换、脸面概念、成就动机、组织行为、冲突策略,并用以整合相关的实证研究。从科学哲学的角度来看,这样建构出来的一系列理论,构成了"儒家关系主义"的"科学研究纲领"(scientific research programme)(Lakatos,1978/1990)或研究传统(Laudan,1977/1992)。

用中国传统的概念来说,"科学哲学"所探讨的问题是"道","研究方法"则仅涉及"术"的问题。

任何一个学术运动,一旦找到了自己的哲学基础,便是找到了自己的"道",这个学术运动便已迈向成熟阶段,而逐渐脱离其"运动"的性格,除非有人能找出更强而有力的哲学来取代它。

一个心理学者如果对中华文化传统有相应的理解,懂得如何建构"含摄文化的理论",则像 Matsumoto 和 Van de Vijver(2010)在其著作中所谈的各种《跨文化心理学研究方法》,或 Wyer,Chiu & Hong(2009)在其所编书中所提到的"双文化研究方法",都可以用来作为理论检验之用,借以彰显华人文化的主体性。反过来说,假如我们的心理学研究者对自己的文化缺乏相应的理解,只会套用西方的理论和研究方法,其结果必然是像 Lee(2011)所批评的《牛津中国心理学手册》那样(Bond,1998),是许多琐碎实证研究发现的累积;或者是像伯恩斯坦所著的《文化发展心理学》那样(Bornstein,2011),是西方学者建构其文化发展心理学理论时的一个比较对照点。

未来一个世代,中国社会科学界必然会以"儒、释、道"三教合一的文化作为基底,吸纳西方文明精华的科学哲学,"中学为体,西学为用",建构出自主的哲学社会科学传统。我相信:在这个过程里,钟年副院长领导武汉大学心理学系的教授们翻译的这五本著作,必然会起到十分积极的作用。且让我们拭目以待。

2016 年 12 月 12 日于台北

# 译丛总序二

赵志裕

创新源自联系,当孤立的旧概念连接到其他概念时,它往往能脱胎换骨,较从前更有活力和魅力。

文化心理学拥有强大的生命力,正因为它能连接传统与未来、东方与西方、世道与人心、科学与人文。能究天人之际,通古今之变,成一家之言,文化心理学应不逊于史学!

《文化心理学精品译丛》是武汉大学人文社会科学70后学者群,为了在中国推动文化心理学作出的重要贡献。这群青年学者,除了孜孜不倦地为文化心理学开疆辟土,致力从事在理论和实践上饶有创新意义的科研工作,还翻译了大量有价值的当代文献。收录在《文化心理学精品译丛》的名著包括《文化心理学:历史与未来》(Michael Cole著,洪建中、张春妹译)、《理解文化——理论、研究与应用》(Robert S.Wyer、赵志裕、康萤仪合编,王志云、谢天译)、《跨文化心理学研究方法》(David Matsumoto,Fons J.R. van de Vijver 合著,姜兆萍、胡军生译)、《文化发展心理学》(Marc H.Bornstein 著,张春妹、张文娟译)和《牛津中国心理学手册》(Michael Bond 编,钟年、赵俊华、张春妹、李杰、刘毅、严瑜译)。

孔子述而不作,《春秋》却被尊为儒学五经之一,与《诗》、《书》、《易》、《礼》齐名。编述和选译其实也是表达学术灼见的途径。从《文化心理学精品译丛》选译的作品,可以清楚看到编者开阔的眼界和非凡的品位。《文化心理学:历史与未来》阐述文化与社会心态互相建构的历程,理清文化心理学的源起、成长和蜕变,并尝试为文化心理学建立它独特的学术身份。

《理解文化——理论、研究与应用》展示出文化心理学的丰富内容:在理论上百花齐放,诸子争鸣,在方法上多元创新,严谨细致,就像一席盛宴,珍馐百味、杂然前陈、琳琅满目。

《跨文化心理学研究方法》强调文化心理研究的科学性,系统地介绍跨文化调查中的方法。从测量工具的编制到取样采证、数据分析、效应评估,都有精确和详细的解说。

《文化发展心理学》细致地分析文化过程在多个心理学研究领域发生的作用,再检阅不同区域文化的心理特点,为文化心理学,绘制了一张纵横交错、美哉轮焉的文化阡陌图。

《牛津中国心理学手册》一书共三卷,介绍不同领域的心理学在华人社区的发展和成果,让华人学者体会到前贤在建构华人本土心理学的辛劳,并感受到建设本土心理学的道路漫长修远,吾人必须不断上下求索,自强不息。

要之,文化心理学是一门方兴未艾的科学。它的活力,来自它扎根本土,放眼世界,负笈中外,博通古今。它融会了人文与科学,能通达世道与人心。职是之故,登堂者需要仰赖学科中的精品典籍,咀嚼精英,吐出菁华,才能找到入室之路。《文化心理学精品译丛》能捕捉到文化心理学的神髓,勾划出这个领域的地貌,为学者提供指路明灯。

余光中教授曾用"含英吐华"一词形容梁实秋先生的译作。"含英吐华"也适用于描述《文化心理学精品译丛》。《文化心理学精品译丛》的译者细嚼的是英文,吐出的是华文;细嚼的是典籍中的精英,吐出的是典籍中的菁华;细嚼的是英美学术传统,吐出的是对华人本土文化心理学的启发。

含英吐华,壮哉美焉!

2016 年 7 月 1 日于香港

# 序

谢尔登·H.怀特

　　迈克尔·科尔的研究和专著是一多元的,富有探究性的成果。在他的时代,该书具有很强的探索性和思想性。在过去的三十年中,作者为促进发展心理学的发展作出了巨大的贡献。这一专著所反映和介绍的是科尔在这一领域的学术成就,其中他将发展心理学定义为文化—历史的科学。科尔提出了一些基础性的问题:科学地探究人类发展意味着什么? 你想采纳什么样的科学方法达成这一目标? 其应用范围有多大? 该学科的研究究竟会给我们带来什么启示?

　　发展心理学在科学研究领域只有到 20 世纪初才展露其巨大的生命力。19 世纪始,儿童研究一度盛行,研究者们从哲学、教育学、医学、政治学、自传体学和统计学等方面广泛论述了儿童生活及其所处的环境,当时,人们迫切需要一种研究和探索儿童发展的科学方法。然而,在这一阶段,人们所能接触到的只是一些零星的和不可靠的经验性事实,和一堆零散的、毫无体系的理论。一批达尔文的追随者们,把儿童、动物和跨文化研究以及实践观察和心理病理学等的研究结合起来,构成了人类发展心理学的进化图谱。显然这样做是十分危险的,更不可能成为一门具有预测性科学;威廉·詹姆斯在其《心理学原则》一书中,称其为"野性研究"。

　　　这一时代已经结束,动物本能不应与人类心理相混淆。蜜蜂和蚂蚁的推理功能,原始人与婴儿的心理,疯子、白痴、聋子和瞎子的心理,罪犯和怪人的心理,都以某种形式支持着心理生活的某些方面的这种和那种理论。科学史、道德和政治机构,以及语言这类心理的产物,都被看做是有着相同的功用,这类比较方法在解释人类心理发展上有着致命的弱点。动物、原始人以及婴儿的"心理"的解释是必要的野性研究的内容,其中研究者的方法因人而异。由于观察者可能因原始人的行为而震惊,因此,他们被看做是没有道德或缺乏宗教感的。儿童因其采用第三人称来谈论自己,因此,他们被看做是无自我意识的。我们在这种研究中没有可以遵循的规则,唯一可循的是在实施调查研究过程中最大化的利用你的睿智,尽可能真实报道你的一切所见所闻。

　　我们所希望的是心理发展的比较研究可以为教育者、家长、儿童医师、社会工作者以及其他儿童教育工作者,揭示儿童发展规律,并为他们提供有益的指导。儿童发展的自然成长史在诸多重要方面与比较神经学、动物心理学、异常心理学以及跨文化心理学的研究结果相一致,从而构建了进化心理学。在那个世纪开始时,这种采用了比较方法的进化心理学带有西方研究者的偏见,但它为考察儿童心理发展提供了一个普遍性解释的基本框架。类似地,假如弗洛伊德所采纳的是某种瓦格纳的音乐演奏风格,那么精神分析学说将是十分有趣且富有影响力,但同时也会更加充满着争议。研究者们可以超越现实,共同努力,形成一些可解释的理论吗? 这是可能的,前提是我们能够构建一个系统的、丰富的和具有创建性的研究规划。心理学的历史正是一个建构这类研究规划的历史。

19世纪末及20世纪初,在心理学中流行一种有组织的协作研究,以及由此所开创的先河。而此时科学研究规划,以自然科学研究中形成的范式为主导。为什么心理学要照搬自然科学的研究范式呢? 心理学曾一度被看作是渴望成为一门真正的科学。不可否认,在心理学研究报告中不乏对物理类研究的偏爱,但我认为这种研究倾向的问题很多。在步入本世纪时,物理科学趋于成熟,很多研究发现富有理论意义且非常实用。自然心理学家会照搬物理学中的协作研究的普遍范式,而此时关注点是如何套用这些范式来促进心理科学的繁荣和发展。由于把注意力放在了自然科学研究的问题和方法上,心理学家对一些棘手的、敏感的心理学问题的探索显得爱莫能助。20世纪的高校科学心理学,我们仍记忆犹新。它起源于19世纪美国院校的道德课程。至少那时新型心理学家(以及雇佣他们和为他们筹集研究资金的人)有这样一种夙愿和情怀:科学心理学应该是纯自然的、充满自由意志的人类事业,其研究数据可用于为现代社会的人们生活中的困境、选择和政治冲突提供一个简明的、客观的解释和科学的解决方案。

但是新的心理科学显露出很多不易察觉的拙劣和局限性。自然科学规划方法将揭示人类知觉、学习和发展的组织模式;且采用这一规划方法的研究者断言,该类模式适于任何地方、任何人。迈克尔·科尔针对20世纪心理科学所面临的问题,以此为切入点,指出这一普适性断言的部分错误。他参与了研究60年代初在南非对克佩列人的"新数学"的研究。他用西方研究方法,研究了居住在传统社会中克佩列儿童的认知发展;他发现这样一个事实,即尽管所研究部落儿童可以分类、学习、记忆、形成概念以及进行日常生活中的推理等过程,但在考察这些功能的年龄差异的实验程序中,儿童并没有展现出年龄变化的特点、他们应有的成熟水平和应对方式。西方研究程序以现代社会生活、语言和思维为背景,其中儿童入学年龄一般都在6岁。我们所判定的正常儿童正是对在这种背景下成长的儿童所发生的一切的认可。

在书中,科尔评价了自己研究和观察的普适性。作者在书中讨论了一些跨文化研究成果和发现,并指出用传统自然科学的方法探索人类跨文化比较研究存在的巨大障碍和问题。

一些20世纪心理学得出的研究成果,只在特定情景范围内有意义,这一发现不足为奇。在20世纪前,一些著名的哲学家就已经指出,为全面理解人类心理是如何运作的,我们将用到两种不同水平的心理学。首先,我们将需要我们所熟悉的自然主义心理学来分析心理现象,其中这些心理现象是由感觉、思维、联想、反射或动觉图式建构而成。我们在描述高级心理现象时,将会用到没那么熟悉的"第二种心理学"。所谓高级心理现象是指个体生活中有语言、神话和社会实践所形成的统一体及心理现象。由于高级心理过程的形成取决于文化,而文化又因人们所处的社会不同有所差异,因此,第二种心理学并不能得出普适性研究结果。

科尔以前人的研究为基础,提出了第二种心理学的构想,并详细阐述了两种心理学之间的关系,探明了第二种心理学的学术渊源。他通过图尔明、普赖斯-威廉姆斯、伯施、史威德以及布鲁纳等追溯了维科、赫德、冯·洪堡、约翰斯图特、米尔和狄尔泰等现代研究者的思想。与此相关,作者在书中指出,文化心理学家们历来如此,并且一直强调情景的文化中介作用;历史的、种群的以及微观发生学分析水平上广义的"发生学方法"的应用;关注日常生活事件的基础分析;心理是在人们从事的共同活动中产生并具有"建构"特点的前提假设;个体是自身发展的主动建构者;对因果、刺激—反应以及解释科学的批判,借此提倡另一门科学,强调心理在活动中产生,在解释框架中承认解释所占据的核心地位;以人文和社会及生物科学为基础的方法论(第4章)。

我们不能把文化心理学的这种内在联系仅仅看做是发展史上的一种简单的演进,更重要的是,应该将其看做是一种辉煌和成就,一种积累和逐渐形成的、有关原则的重要思想,是一创造力在社会实践中得以实现的契机和良缘。最早将系统的第二种心理学付诸实践始于20世纪20年代,此时天才的苏维尔心理学家L.S.维果茨基正试图将零散的心理学整合为有机相连的统一体,或者说这是对当时心理学危机"做出的一种反应"。这种危机蔓延世界心理学界,人们在不同程度上对此都有一些描述和介绍。维果茨基认为,产生心理学危机的本质,是那时人们缺乏这样一种认识,即对心理学应被看作是独立于已存在的自然科学的一门新兴的人文科学。这在当时以崇拜自然科学为主流的时代,是具有超前意义的。一方面,需要像过去的哲学家们一样,不断努力为这门人文科学制定重要的发展原则;另一方面,必须找出使研究者们为共同创建这样一门学科的一系列方法、思想和组织机制。

在这一征途刚刚开始时,维果茨基已认识到,我们必须创建这样一门人文科学,这已是不可抗拒的事实,也是研究者必须应对的,是一种时代的要求。维果茨基认为,我们必须把人的心理生活看作是与我们周围世界密切相关的,与我们所创造的客体工具有着深层联系的现象来看待。人类生活在充满人类人工制品的世界中,如工具、词、常规以及社会仪式和习俗中,改变客体对象同时意味着个体必须面对和审视前人的思想和判断。当儿童学习月份的顺序时,比如从1月到12月,他们在学习自然界的规律呢,还是在学习人们是如何应对这一自然规律的有组织的社会实践。他们当然是在同一活动中学习两个方面的内容。对于一般美国心理学所依赖的经验主义的发生论来说,这是一个很难辨析的难题。

我认为,迈克尔·科尔的研究工作自20世纪60年代起一直持续至今,他逐步将文化心理学看做是一门人类的科学协作和事业来实现的。至今尚无其他研究者在这方面的研究贡献超越迈克尔·科尔。鉴于训练有素的实验心理学家可以理解的那样,只有当研究程序是采用人们经历的以及所了解的世界,心理学才能走进生活,科尔不懈的努力正是要发现这样的程序。最开始,这看似是一座难以攀登的高山。人类心理学家要探索的不同于自然科学家要探索的现实,科尔一直在追溯他所熟知的个人经验,试图以德国理想主义发生论的理论基础来诠释维果斯茨心理学。他所主张的哲学心理学是十分清晰的,接近现实情境以及充满轶闻的:"人工制品是物质世界的一个方面,它在目标意向的人类活动历史中,是一不断改变和完善的一个产物。在他们的创造和使用过程的不断变化中,人工制品同时具有思想的(概念的)和物质的特性。"(第5章)

人工制品是构成文化的核心要素。无论是种群还是个体发展,人类心理必须看做是人类活动和人工制品共同演化的过程。我们使用的语言工具,我们所在的社会机构,我们使用的人工制品等,都同时具有工具性和象征性。它们存在于我们的周围世界,吸引着我们的注意力,并驱使我们在这个世界中采取一系列的行动,久而久之,它们自身构成了一个又一个以其为核心的"独立世界"。在人类文化形成的历史长河中,文化中介构建了一种发展变化的模式,其中我们祖先活动的经验得以不断的积累和保存,逐步形成了我们所拥有但同时也积极影响着我们生活的人类环境的特有成分。社会环境通过两种形式影响着个体。首先是通过有血缘关系的人的作用,通过彼此的沟通和交往,模式化作用及劝导。其次是通过社会实践和那些默默无闻的人们在个体周围创建起来的物质。在我们周围有很多鲜为人知的互动形式:日常行为方式、图式、脚本、游戏、社会活动仪式及其他文化活动形式。也有一些人工制品,它们悄然为人类智力活动增添色彩:字词、地图、电视系列以及轨道交通等。

最终,科尔所提倡的心理发展的文化—历史方法指出,我们研究人类发展时,必须研究周围的社会实践。相似地,如果我们想要改变人类活动的形式,我们需要了解和关注这些活动得以形成和实施的特定情景。

科尔在心理学发展起的最典型和最有趣的例子可以从第9章和第10章略见一斑——在这两章中他所提倡的文化心理学得到了具体的应用。在第9章,科尔报道了一种利用文化中介的教授阅读的方法。这一"问题—提问—阅读"的教授阅读的方法,是在维果茨基所倡导的学习原则的基础上发展起来的。这一原则强调人类发展中心理间的活动(人与人之间的交往)优于并为心理内部的活动(儿童复杂的心理过程)提供前提条件。分段阅读的小组讨论有助于促进个别儿童阅读探索中厘清逻辑和思路。对文本解释的人际间的关联应运而生,即"因说不出这个词而提问的人"与"因很难理解这个词而提问的人"和"因不理解某段落主题思想而提问的人"与其他小组成员之间的交流和沟通等。儿童在阅读中扮演着阅读情景设计的种种角色，其目的是通过这类活动和讨论，学习者能够提高参与和达到阅读目标的积极性。实践证明这一阅读方法颇有成效。科尔说，"总之，我可以肯定'问题—提问—阅读'方法是文化—历史理论的一次成功应用。这一方法在针对阅读困难的区分性诊断和再调节方面尤为见效"。

科尔所制定的发展原则，是一系列杰出且组织得很好的整体性原则，现已完成。然而，他所发展起的通过过程的个性化学习进行整合性阅读教学的原则在学校教育中普遍适应。这一原则正成为，也的确适应，目前学校教育过程中，"最为明智"的教改部分。不仅是第二种心理学使用了与自然心理学明显不同的方法，而且这些研究结果已进入人们的日常生活，它们有益于人们生活的方方面面。

在这类干预项目中，更多地是我们在第10章勾勒的第五维度项目系列中。科尔在其中展示了巨大的想象力，在人工设计和有趣的微观文化中，将智力和社会元素有机地结合起来，创新出一种有理论指导的教育性干预活动。这一干预项目，是利用第二种心理学来创新第五维度项目系列的应用典范。除此之外，它也体现出包容和公平的特点。

迈克尔·科尔对当代心理学的一个重要贡献是，发展和创立了文化—历史的心理学，它是第二种心理学的基础。另一重要贡献是对浪漫科学的研究。后者源于他的博士后生涯，从师国际著名心理学家亚历山大·鲁利亚。众所周知，鲁利亚的浪漫科学"一个小说家和科学家结合的梦想"，是用完全不同的视角结合科学概念和分类及诊断性系统命名法全面系统地看待和剖析人类及生活。鲁利亚浪漫科学实践的另一当代追随者是奥利弗·萨克斯，神经学家，在其案例研究中发现，脑损伤的人、自闭者、智障和白痴个体和我们一样，在生活对我们有所限制的空间，积极纷争，取得与现实相妥协的理想结果。也许正是文化—历史心理学的方法和浪漫科学精神，终有一天会让我们所有人去从事一种完全不同的心理学，而这种心理学可以真正揭示人类生息和发展的真谛。

# 目　　录

# 前　言

在本书中,正如其名,我所探究的是文化心理学的渊源和对未来发展的展望。这一探究集中研究文化是怎样在人类心理生活中起作用的。我在书中一开始的论述看似充满着矛盾。一方面,人们相信生活是以文化为中介的,这是人类的根本属性和需求。另一方面,很多心理学家却忽略了文化对人类核心作用的地位。充其量,他们把文化看做是影响人类心理生活的一种非本质因素。

这一情景促使我提出了本书要提出的第一个重要问题:心理学家为什么很难把文化看做是一种影响人类心理学生活的根本因素?

我多年来一直坚持寻觅这一问题的答案。这方面的所有尝试驱使我去追溯心理学的历史,以揭示为什么文化在该研究领域受到如此冷遇。接下来,我将会在心理科学范畴内回顾早期包括探索文化作用的跨文化心理学方法。本书的重点是阐释这些尝试的艰辛和最终所取得的重要成果。

因此,本书首先是阐释为什么对心理学家,甚至很多有天赋的研究者来说,重视文化作用会如此艰难。我随即提出本书的第二个重要问题:如果你是一位相信文化在人类思维和行动中起重要作用的人,那么你怎么做才会在科学心理学中占有一席之地?我的目的是探究和介绍一种创新及使用包含文化要素的心理学的基本途径。

当然,去实现这一目标并非什么原创。近几十年来,我和很多学者都进行过讨论,他们的研究就是创建这样一门包含文化的心理学。他们所关注和争论的问题是,假如我们不去评价心理研究过程中的那些文化变量,我们就无法真正考量这些心理过程,更无法说明人类心理是全球普适还是仅仅针对某种文化情景和文化特性的东西。

例如,约翰·怀廷和比阿特丽斯·怀廷都是对人类发展具有长期研究兴趣的人类学家。他们指出,"如果儿童研究局限于某一单一背景下的实施,很多事件都可能被看做是一种自然而然会发生的事件,或者是人类本质的一部分,因此,不会把它们看做是研究的变量。只有当人们发现,还有人并不是遵循这些所谓归因于人类本质的实践,我们才会把它们看做并采纳其为合理的变量。"(1960,p.933)

进一步来说,同一争议得到几十年来从事跨文化研究的四位心理学家的支持。他们是马歇尔·西格尔、约翰·贝里、皮埃尔·大森及叶配思·帕尔汀格。他们在其专著中指出,"由于人类生活的复杂性及行为文化决定因素的重要性,心理学家在确认他们发现的心理规律之前，显然应该也必须去验证跨文化普适性。很显然，一切有关人类行为的科学研究，研究者必须采纳跨文化研究的视角。"(1990,p.37)

这类争议看上去很普遍，很难让人明白为什么这么简单的一个观点，在心理科学研究中却没有相应的论述和回应。为什么跨文化研究不能融入心理学主流，以建立与此有关的人类行为的基本法则？这并不是一个简单的问题，因此，我在本书中才会用大量的篇幅来说明其中的各种尝试的复杂性。根本原因是普通心理学的研究者们并不知道如何去利用跨文化心理学家所积累的大量数据和成果，因为这类研究从一开始就没有跨文化心理研究方法论方面的根基和要求。

在探索心理文化作用的研究中，一种十分明确且论述透彻的悖论是，跨文化研究成果一方面很容易被人们所忽略，另一方面，其研究结果又很难解释。值得欣慰的是，很多跨文化心理学家坚信目前我们对方法论问题关注和讨论的增长趋势，最终必将导致跨文化心理学向主流心理学的趋近和两者整合为一的结果(比如,Segall 等,1990)。从这一视角看，我们目前所面临的问题可以通过对已有方法的严格操作而得以解决。当今流行的是诸多一次性的跨文化研究，而真正需要的是多元文化中的比较，以此来验证文化要素的具体和持续性作用。对所列出的文化作用的"细目"的要求必然使心理学家自觉和不自觉地与人类学家、社会学家及语言学家进行跨学科合作，把这种合作既看做是实施适合观察的方法论基础，也将此看做是如何应对人类心理复杂性的理论思考的源泉。

新型研究者们相信，不仅是跨文化心理学，而且包含跨文化心理学的整个科学心理学的全部视野，都面临同一基础性的错误，即我们首先要摒弃已有的忽视文化重要作用的错误，建立一门全新的学科，这一学科必须研究心理的文化核心作用。这一观点在理查德·史威德的论述中说得十分清楚，他主张，对于普通心理学家来说，"学习和积累许多表层知识对于理论的建构是毫无价值的——有关不利环境因素对人类心理中央处理机制发展的作用；在理解测试情景时，由于翻译引起的歧义；或者在问答过程中，由于文化差异导致的不同的应答方式等。其实，如果你是一位普通心理学家，你肯定会积极面对这些问题及其表现形式，找出引起这些问题的真正的内在和环境的不利因素，说明为什么会有这类不利的环境因素"(史威德,1990,p.12)。

事实上，史威德一直认为，把文化引入心理学的跨文化策略从根本上是一种误导。方法论方面的成熟和不断地完善不可能拯救这一新兴的文化事业。在这方面，他并不提倡建立一个改良后的专属心理学的子学科，而是应该建立一个全新的学科，即称之为文化心理学的学科。我们并不是要把人的心理看做是一种普遍加工的装置。史威德指出，文化心理学把人的心理看做是"内容导向，特定范畴，以及不断构建的刺激连续体；而且它离不开历史变量的影响及文化方面有着诸多差异的意象世界，而文化恰恰是这一意象世界的重要组成部分"(同前,p.13)。史威德正是这样一位为这一新学科的科学方法论的基奠而积极寻求社会科学和人文科学解释的人。

这一立场会随着我在本书中的论述而越来越明朗。我非常赞同史威德有关普通心理学的批判，也十分赞赏以文化为核心而不是处于边缘地位的不懈尝试。我也相信，要构建像这样一门新学科的必要性，只有这样才能真正探讨人类心理的文化作用，而其中很重要的一点就是要吸纳所有人文科学的相关知识。正如在本书中我想给大家展示的那样，这是一个心理学产生和发展的重要议题和有机组成部分。

然而，我并不十分清楚这一我所选择的新学科究竟应该是个什么样。造成这种模糊不清的原因，在本书中将逐章阐述，我希望也因此会不断清晰。

在本书第 1 章中，我主要探讨的是心理学成为独立学科之前的历史。在探讨心理学前史我所遵循的一个原则是，在心理学科历史发展中，最重要的是我们应该去了解什么。第 1 章我所探讨的是在心理科学诞生之前，文化和思维是如何联系在一起并得以研究的。在此重要意义上，文化心理学在心理科学诞生时已成雏形。其兴趣点在于科学心理学的伊始及心理研究是如何开展的，以及两者为何又联结在一起的。在第 2 章中，我回顾了应用标准跨文化研究策略的应用情况及种种努力，强调跨文化研究中的解释问题以及已往的研究成果。第 3 章专门探讨心理发展问题。在该章中，我首先描绘了通过认知发展科学来提高标准方法论的种种尝试，而这一尝试又是以人们日常经验为起点的。这一方法可被称作是标准实验方法的"革新"或另一种可供选择的方法论。这一方法的实施必须与人类学家、社会学家以及现场语言学家合作，其目的不仅是要发现现有任务的"本土化"模式，而更重要的是发现镶嵌于实验中的"本土任务"。当时我用该传统所做的研究，我称其为"实验人类学及民族心理学"。

这种研究方法必然会有自身的弊端。往往会有这样一种缺憾，就是在人类学家或"本土任务"的地道描述和心理学家想要实验的东西之间有一道难以逾越的鸿沟。此外，从理论上来讲，这样的研究不得不承认有一个默许的假定，就是人类存在一种共同的、普遍的核心本质，而这一假定恰恰又是跨文化研究所要解决和急切验证的东西。尽管困难重重，这一策略已证实是十分有效的，它可以当做是捕捉各种跨文化经验的有效工具，也可以看做是对基于有限的现代工业化社会背景下诸多研究成果过于普适化应用的实证性（实验性）批判的依据和方法。

从第 4 章开始，我转向寻求解决以上问题的选择性方案及路径。我以俄国文化—历史心理发展的视角为心理研究的起点，积极分析和评估在心理学研究和应用中该方法和视角可能和必定会遇到的一些难题和挑战。第 5 章重点探索这一俄国心理发展理论视角和方法中文化的概念，使其与人类学和认知科学中的现代思想相结合。在第 6 章中，开始应用由第 5 章提到的文化的概念，与此同时，我重申人类起源和历史变化中文化的核心作用。在第 7 章中，我采纳本书仔细讨论过的文化概念，寻求适合当前儿童发展的研究证据。

第8章至第10章重点介绍我和同事在过去的十多年当中所完成的一系列研究工作。第8章阐释了文化—历史的方法在研究认知时所面临的一个关键性的方法论问题：在日常生活和不同文化背景下，如何展开以活动为中心的富有成效且有理有节的心理分析。在第9章中，我以第4—8章提出的思想为基础，展示这些核心思想的可应用性，以构建阅读教学的特殊设计和有效形式。在第10章中，我介绍了一种新的方法论，在其中可以创建一个小文化系统，并对其进行研究。多年来这一研究的开展是以其存在的机构为背景的，是一多年连续努力、沿袭至今的研究方法论。

在第11章中，我又返回到本书一开始提出的两个重要问题。我对自己是如何理解心理研究中文化作用这一问题做了小结，并说明其困境之处。同时本章也讨论了已有理论和研究中，哪些东西有利于我们深入探讨文化和心理互为前提、共同创造的关系。

在心理研究上，我并无独树一帜的想法，尽管我十分清楚书中所阐释的思想可能会影响很多人，并得到他们的拥护。心理学在社会科学研究中积累了大量有价值的研究成果，享有盛誉。我们不能因为文化的重要性而错误地将全部心理学看做是文化心理学的一个部分。也许我们更应该将文化心理学看做是一门新的、后现代学科的研究。这一研究将日益成熟，和诸如认知科学，人类意识的历史学，以及沟通学一起，成为一门具有"混合格律"的研究学科。假使如此，我所做的一切，就是为这样一门新兴的学科提供一种方法论及学科发展所需的前瞻性概念。假如事实并非如此，那我所提供的将是对当今心理学的一项积极的、富有批判性的研究和一种批判性方法论。希望我的这一研究尝试有助于心理学的发展，其思想可以为共同目标和共同志趣的同行提供借鉴，起到抛砖引玉的作用。

# 第1章  存在的问题和争议

文化是不可测查但又影响人们心理的重要条件。

——西奥多·阿多诺

根据美国标准教科书中的记载,心理学科始于 1879 年,此时冯特在莱比锡创立了一个实验室。[1]对于"新心理学"来说,所谓"新"就是 1880 年开始的实验时代。实验室中探索人类心理过程的学生利用精巧的"铜管乐器"等给被试展示需要高度控制的物理刺激(如灯的亮度、声音的响度和音高等),然后采用高精度的仪器记录实验内容、心理量大小和反应的潜伏期:我们要相信,根据实验科学的规则,心理现在是可以测量和解释的。

冯特认为心理学应该分成两个部分,而每个部分都是研究不同的人类意识层面,且有其独特的研究方法,因此,就使得不同的部分遵循其独特的规则。然而,这些重要内容却很少被提及,即使是在博林(1957)撰写的心理学史也只用了简单的一句话来描述冯特对心理学的这一分类。

近年来,研究者已经将研究兴趣转向冯特的"第二种心理学",即试图理解文化在心理过程中的作用(Farr,1983;Toulmin,1980)。我的基本观点是:冯特所认识到的科学问题并没有为当前主流心理学和其他与行为有关的社会科学所认可并得以充分阐释。因此,当今心理学家试图用 20 世纪实验心理学的范式,将文化作为人类自然的一个重要组成成分重新引入。

在本书的后半部分,我将阐述 20 世纪心理学如何研究冯特遗留下来的问题,并创建更恰当的文化心理理论。然而,我首先要介绍的是科学心理学史前史,以便使读者了解为什么把文化纳入心理学的研究范畴曾经是一个不切实际的目标。

## 开端

文化一直以来被认为是人类研究的难题。我们犹如水里的鱼,文化就像水,我们"看不见"文化,因为它是我们赖以生存的环境。然而,当我们与其他文化邂逅时,我们自己的文化作为思考的客体,就容易被发现了。

1

文化成为自我意识现象的一些最早的证据可以追溯到希腊历史学家希罗多德(Myers,1953)。希罗多德所提出的问题为发现文化提供了一个绝好的突破点。他想知道谁使得希腊人和波斯人互相之间产生敌意,以及为什么会产生敌意或起源是什么?为了回答这一历史性的问题,他访问了50多个社群,这些社群的人都了解那时的希腊。在记录他们对这些起源的解释过程中,希罗多德了解了他们所居住的地方,就像他们阐述宗教、艺术、信仰以及日常实践活动一样。他们展现出来的就是不同的生活方式的特点,也就是我们今天所说的文化差异。

希罗多德的调查衍生出一个问题,即文化差异应该如何去评估。当他记录别人的历史和生活方式时,一般将其调查对象命名为野蛮人。在希腊4世纪早期,野蛮人是用于描述具有不同于古典希腊文化的语言、宗教、生活方式和习俗的人。实际上,对于希罗多德,野蛮人指"那些不一样的人",野蛮人的历史只是有关人类差异的一种记载,其中带有相对较少的价值判断。

然而,很快,文化差异就被视为是一种缺陷。后来希腊人用野蛮人来指"古怪、粗鲁和野蛮"。野蛮这一术语被引入拉丁语时,保留了这两种意义,即"不同"和"缺陷"。随后,它又用来指"不文明"或者"没文化",以及后来的"非基督教徒"。当这一术语被引入英语时,它所包含的消极含义最多,在英语中它等同于"野蛮、粗鲁、残忍和没人性"(OED)。

希腊学者关于群体差异起源的看法并不统一。亚里士多德认为,奴隶和野蛮人天生就没有合理规划和推理的能力。然而,希波克拉底却认为,群体差异是由气候和社会制度的差异而导致的。类似的争议在罗马时代和中世纪的学术界也出现过(Jahoda,1992)。

正如玛格利特·霍金(1964)在她的有关人类起源的研究中所指出的一样,在15世纪和16世纪,探险家的四处游历,不仅引起学术界,而且还引起民众对人类和文化的多样性的浓厚兴趣。由于罗马衰败持续了上千年,因此,欧洲很少接触到"野蛮人"这一词汇。尽管他们能够从商人、军人和传教士口中得知远方那些人的生活和习俗,但是对欧洲以外的人们还是有很多离奇的民间传说。

克里斯托弗·哥伦布远航记及人们对之的看法对一手观察资料与二手神话的区别有所阐释。在哥伦布的日记中,相对客观地描述了他在西半球偶遇的人们。他仰慕他们的慷慨、品德和智慧,但是他发现他们的物质环境却很恶劣。然而,当哥伦布回到欧洲时,人们就根据中世纪神话中的人物形象想象哥伦布发现的新大陆和住在那个地方的人,从而形成二手传说。他们想象出来的人非常古怪,例如,用吱吱叫来代替说话的人;没有头,但是在胸前有眼睛和嘴巴的人;裸体的人;没有婚礼的人;完全生活在混乱中的人等(Hodgen,1964)。

即使通过接下来长达一个世纪的探索和接触,还是听到人们把住在非洲西海岸的人描述成"狗的脸、狗牙的人、半人半兽、野人和食人族";而把新世界(西半球或南北美洲及其附近岛屿)的人描述成"骗子、小偷、变态狂和顽固的崇拜者",他们看上去就缺乏理性。由于对他们的谴责,在中世纪,这些新世界或裸体和咄咄逼人的野蛮人,就被认为是人类的怪物。尽管他们被认为是人类,也只不过是下等人。

这些想象画面成为欧洲对世界居民的一种流行看法,就像我们今天所看到的莎士比亚的卡利班。卡利班是不受人尊重但却有人形的人,就像古代的山顶洞人,不能说话。一些欧洲人非常质疑那些与他们差异很大的生物,质疑他们究竟属不属于人类。[2]

希波克拉底关于人类差异是由地理和气候导致的,这一观念在之后的几个世纪被广泛接受。尽管这种观点存在许多不足之处,但是它假定我们现在发现的生物都是属于同一个物种。在16世纪和17世纪,人们用地理和气候的差异来解释非洲人和印第安人的深色皮肤。用环境来解释的传统观点遭受了严重的批评(比如太阳一直照射希腊和罗马,但是他们的特征却随着时间而发生巨大的变化),且这一观点并没有被欧洲以外的第三世界的人群所接受。[3]

欧洲人眼里所谓的野蛮人,即非欧洲人,处在人类与动物之间。俾格米人、拉普兰人和其他人被称为"迷失链",也就是处在动物与人类链中间的。卡罗勒斯·林尼厄斯在他的《自然系统》(*Carolus Linnaeus*,1735)一书中,将人类分为两种,即智人和古猿人:

由于教育和环境的不同,智人可以分为以下几种:

1. 野人:有四条腿,不能说话,长满毛。

2. 美洲人:铜色的皮肤,暴躁,直立行走,他们受习俗的制约。

3. 欧洲人:有头发,乐观,强壮。穿法衣①,他们受法律的制约。

4. 亚洲人:乌黑的头发,忧郁,刚烈。穿宽松的服饰。他们受他人意见的制约。

5. 非洲人:黑色的皮肤,冷漠,放松。给自己涂油脂。他们反复无常。

由于气候和艺术表现形式不同,古猿人可以分为以下几种:

1. 山顶洞人:体型弱小,不活跃,胆小。

2. 巴塔哥尼亚人:体型大,懒惰。

3. 霍屯督人:贫瘠的。

4. 美国人:无胡须。

5. 中国人:圆锥头型。

6. 加拿大人:头是平的。

林尼厄斯的分类显然是一个混合标准的大杂烩,包括肤色、衣着和政治组织。然而,它成为后期将人类分为不同种族的较有影响力的一种判决先例。随着后期生物学

---

① 法衣:道教与佛教的法事专用服饰。凡僧尼所穿的被认为不违背戒律、佛法的衣服,皆可称为法衣。——译者注

的发展,生物学家试图从纯粹的生物学角度来解释人类差异,但是这种解释被种族差异所取代,因为种族差异的解释让人们相信人类差异是由文化差异所导致的。[4]

尽管这样的观念随后受到人们的抨击,但是它一直持续到 19 世纪,并影响着 19 世纪对人类差异的看法,他们认为人类国家之间的差异是由种族差异导致,这一观念就像早期观念一样得到广泛传播。早期观念认为,非欧洲人处于生物链的低级水平上。当奴隶制和殖民主义受到强烈抨击时,这一观念帮助奴隶主和殖民主义者证明他们是对的(Haller,1971)。所以,本杰明·迪斯雷利在 1849 年才能站在英国议院前宣称:"不同种族预示着差异,差异预示着优势,优势导致领先。"他相信他当时说出这番话完全是从科学的角度出发的(Odom,1967,p.9)。

## 社会文化进化论

不管你是认为,人类都是来自同一个源头(因此我们曾经很像),还是相信人类形态上的不同代表不同种类(因此我们之间存在差异),都有必要解释我们随着时间的变化进程。根据书面材料的记载,我们知道,在 16 世纪和 17 世纪,德国、法国和英国的居民被认为是野蛮人,古希腊人也不例外。随着历史的演变,这些国家的居民是如何从野蛮人转变成高级的人类?

他们自己给出了以下两种解释。第一种可以重新解释环境与发展之间的关系。他们认为,北方人要不断面临环境挑战,因此,他们进步得很快,而南方人总是懒洋洋地享受着面包果①。或者,我们可以认为,北方人天生聪慧是因为他们想迅速摆脱恶劣的环境。不管是哪种解释,在科学心理学建立之前的几十年,在北美的学术主流思想和大众的主流想法是,社会所经历的社会文化发展过程对心理功能有深远的影响。

E.B.泰勒,现代人类学创始人之一,在他的文明拟人化中阐述了这种思想的精髓:

> 我们自己可以幻想一下,把文明看做是人的形象,她穿越世界。我们看见她徘徊或者休息,并经常看到她脱离了那条可以带她回到她已走过的地方的路。但不管是直接,还是弯曲的,她的路径都是向前的,如果她想退后几步的话,她很快就会陷入无助的挣扎中。她不是因为安置她身后的脚步而存在,而是为了向前而存在,她是真正的人类模范。

尽管自从泰勒的书稿出版之后,人们探索人类演化和进步的规律的热情有所减弱,但是社会文化进化的观念在社会科学中仍保持着相当重要的地位(Ingold,1986;Hallpike,1986;Harris,1968;Sahlins & Service,1960;White,1959)。

泰勒认为文化就是后期梅尔维尔·赫斯科维兹(1948)所谓的"环境中的人造部

---

① 面包果:面包果树所结果实,产于南太平洋诸岛。——译者注

分"。梅尔维尔认为文化包括知识、信念、艺术、道德、法律和习俗等。这些元素被认为包含在一个复杂的整体中,因此,发展水平上的文化差异都可以归结于它们其中的任何一个元素。泰勒认为,文化进化在不同领域都有很大的影响,尤其是"科学知识、道德原则的定义、宗教信仰和宗教仪式、社会和政治领域"(1874,p.27)。[5]

另外,泰勒是19世纪学者的代表人物之一,他认为社会文化发展水平与人们的心理发展密切相关,因此形成了不同社会群体。他在书中这样写道:"当研究人们的思想和行为时,必须考虑人类的不同社会群体中表现出来的文化。"(1874,p.1)

赫伯特·斯宾塞认为社会与心理过程存在密切联系,因此,一方面他分析了文化发展,另一方面他分析了心理发展。斯宾塞还认为,早期人类过着很简单的生活,他们没有基本的物质条件来构建复杂的心理结构。他让我想象早期人类的最极端的情况。

> 假设永远重复体验相同的经历,那么我们的表征能力就会局限于这些经历的再现。假如你有两种经常重复、却不同的经历,那么你可能会从对这两种经历的表征中找到它们的共同之处;然而这样做意味着在我们意识到之前,我们的表征功能就能形成这两种表征,因此,这种能力是在某种事件多次发生之后才产生的。同样地,只有在我们体验过许多不同的经历之后,并从它们的共同之处表征出它们之间的关系,这样才能更接近高度概括的事实,而不是不同经历本身。(Spencer,1886,p.521)

斯宾塞进一步指出,个体有越多不同的经历,那么他的表征能力也会越强:

> 因此,在人类进步过程中,人类的基本思想都是随着社会经验的多样性和变化性产生的。同时,我们可以观察到,这些社会情境自身也提出了一些基本思想。走向更概括性思想的每一步,都是产生更广范围的社会合作的基础。并且当这些相关的经验组织在一起时,这些思想可能会变得更具有普适性,然后形成进一步的社会进化。(1886,p.522)

斯宾塞将这些思想与进化的概念联系在一起,这最早是由达尔文提出的。斯宾塞假设随着时间的演变,不同世界的人的心理特点和社会文化环境都会产生差异。当不同群体产生冲突时,那么"优胜者"就会把"劣质者"驱赶到"不好的栖居地",这样可能会导致"劣质者"灭绝,这就是所谓的适者生存。同时,他这样写道:"欧洲社会显然战胜了其他社会,因为欧洲人的心理和社会得到了最高程度的进化,他们的社会为评价他人提供了一个标准。"

在这些段落中隐含了三种普遍传播的假设。第一种假设认为社会进化的概念就是社会生活分化和复杂性的增加过程。第二种假设认为,不管人们所在的社会的复杂性,人们的基本心理活动都是由一些简单的规律组成,按照斯宾塞的观点,随着知识的积累会导致这些规则更具有心理一致性(psychicuunity)。在所有的文化群体中心理一致性的核心假设是指,人类学中的人类精神单元。在心理学中的意义就是,人类在某种抽象水平上都是相似的(Segall et al.,1990,p.53)。第三种重要的假设认为文化与心理之间存在密切关联。至今,这三种假设都有自己的支持者。

## 原始人与儿童

个体基本心理过程的一致性信息、社会文化进化和文化与心理的一致性紧密相关。总的来看,那么必然会得出这样一个结论:那些居住在现代工业化社会中的成年人的思维会优于那些居住在不发达社会中的人。当然,评价社会发达或不发达的标准是相对的。此外,尽管我们假定人们的基本心理过程是相同的,但是他们的发展水平却依赖于个体的经验;因此,把原始成年人的思维类比于现代儿童的思维就显得正常了。

然而斯宾塞并不能代表19世纪所有人的观点,在前文的引用中,他的推理可以广泛代表社会文化进化的思维,尤其说明了原始成年人的思维为什么与高度文明的儿童的思维相似的原因,这是一种反思性的结论。下面的话是席勒说过的,他可能因为是"欢乐颂"的作者而闻名,他的"欢乐颂"是贝多芬第九交响曲的词:

> 欧洲旅行者在离海很远的海岸上的发现,让我们可以了解处于不同文明阶段的状态。就像一个有着不同年龄阶段的儿童的家庭,哥哥可以通过观察比自己小的弟弟妹妹,知道他们自己以前是什么样,以及如何成长为一个成人的。一个被否决的普罗维登斯似乎为我们的学习保留了这些不成熟的种族,直到我们可以从这些课程中获益,即我们可以从这些例子中重建那些失去的人类开始的历史。我们种族的孩子们的画面足够让我们沮丧和羞愧,但是我们必须记住爸爸的祖先远没有爸爸这一代人理性(引自 Muller-Lyer,1920,p.32)。

我们假定原始成年人和欧洲儿童共有的许多特点都是令人印象深刻的:没有能力控制情绪,泛灵论,没有进行因果推理和计划未来的能力,保守主义,喜欢比喻和象征等。张伯伦(1901)和泰勒(1865)有一些代表性的说法。例如,泰勒指出,"偶像对野蛮人,就像木偶对小孩子一样,只能站在自己的角度思维。这可以使他对模糊的更高物种有一个存在性的和人格上的定义,如果没有什么帮助的话,他心里很难对之有清晰的概念。"(1865,p.94)

尽管是在几十年后,法国哲学社会学家卢西恩·列维·布留尔还是引用了这一观点,因为让经常把高度工业化社会的儿童的心理和想法类比于原始成人的。然而,布留尔观点的第一部分是对的,但是第二部分却是错误的。

关于泰勒、冯特和其他的一些人(如传教士、旅行者和政府官员)使用的共同的实证证据的说话,布留尔反对这样的观点,原始人的思维特点不能由个体思维的一般性规则得来。他认为,"由于原始人是集体性的生活,他们的观点不是个人的;也就是说它们是信念的产物而不是推理的产物"(1910,p.15)。

布留尔发展出了一个论点,原始社会的集体生活的独特形式,其中情绪和认知,以及事件之间的关系都是混在一起的,它们是神秘的融合,而不是因果的联系在一起。严格地说,布留尔并不认为思维的这种形式是文明思维的前兆,又或者可以等同于欧洲儿童的思维过程。当然,他认为这种是完全不同的思维模式。例如,他直接忠告社会科学家应该"不要在努力解释原始人心理活动缺陷的联系,又或者是观点之间的联系,又或因果规律的应用……简而言之,让我们不要试图将原始人的心理活动比作我们自己的低级品种"(1910,p.61)。他进一步指出,在他们的日常生活中,他们没有被他们的集体性表征所影响或误导,"他们"想"我们"会从同样的证据中得到相同的结论。

总的来说,这些忠告是被布留尔的读者所忽视的,他们吸收了他这样的观点:历史变化反映了文化从低级到高级的进化过程。然而,他们根据自己有关文化进化和心理进化的信念来支持他或者批判他。其中,最典型的就是 F.C.巴特利特的反应,他支持布留尔的观点"原始人的心理代表了一种神秘、前逻辑、心理发展无规律阶段,这些使得那些早期人类与我们的确有很大的差距"(1923,pp.281-282)。

的确,布留尔很容易因这些解释而受到攻击,因为在他文章当中许多部分的语言,如果不在儿童中找到相似的说话,是很难被解释的。然而,他根据不同思维模式来区分不同的社会,被社会科学家所普遍接受。在后面的叙述也会出现布留尔,因为他试图理解文化差异在思维发展中的作用。

## 生物重演假说

原始成年人等同于欧洲儿童的说法可能是基于生物进化或由于"教育"的差异,后者即社会文化进化。由于"种族"的概念还没有一个清晰的界定,因此,生物进化和社会文化进化往往是混淆在一起的,很难区分。种族有时候看上去是生物现象,但有时候确实是文化现象。

非欧洲人不能像欧洲人一样很好地发展的假定的一个普遍被接受的生物解释就是"生物遗传"假说。据此,个体的发展概括出种族的历史,即个体发生重演律。斯蒂芬·杰伊·古尔德将生物起源论追溯到 19 世纪,在那个时期有一个早期的胚胎学家得出这样一个结论,"南非的成年人有一些特定的特质至少是在胚胎环境下就发生了改变"(引自 Gould,1977,p.126)。

基于解剖学和民族学,古尔德的追随者支持这一学说,追随者们提供了一个铁证,来证实原住民的家长式方法,以及向犯错误的孩子们,惩罚他们的权利。卡尔·沃格特在研究中,发现了一个解剖学的证据。沃格特(1864)认为,白人与黑人之间的发展差异可以被这样一个事实解释,黑人成年人的大脑类似于白人儿童 7 岁时的大脑。

关于非欧洲人的假定在人种志中记载的不是很多。在达德利·基德(1906)有关南非部落儿童的书中提供了一个典型的例子:"事实上,当野人刚长到青春期的时候,这是他们最好的时光,他们有智能、情绪化和有道德。当青春期结束的时候,一个退化的过程似乎开始了,先前才能的耗尽,导致他们后期生活甚至没有足够的果实……没有什么比想象的更明显。很多观察者指出卡菲尔人幻想在青春期后播种:更确切地说应该是在青春期后性交"(1906,pp.viii-ix)。就像有关社会发展水平上的差异的观点,有关原始人就像儿童是许多欧洲人的信念系统中的一部分,它进入到普遍的文化中,保留至今。[6]

## 学术争议

观点流行了几个世纪,正值欧洲的学术力量的壮大,以及世界其他一些地方的学术力量的结合,学术争议主要是围绕理解生活模式和思维模式的群体差异的意义和来源及其不同分支的科学有效性。

### 两种知识

与心理学一样,在19世纪后期一直被边缘化的文化最终成为一门学科,此时很有必要考虑发展文化相关的学术理论,以及两种不同的范式来整合不同的论述。这两种范式的争议来自于希腊学者,他们对欧洲学派影响很大,尤其是在文艺复兴末期影响更大。

这两种范式一般是为了寻求特定的知识;它们的不同之处在于如何以及在哪寻求知识。第一种范式延续了柏拉图的思想,这种范式强调心理过程的稳定和普遍性,按照它们的规律,心理过程就是永恒的。[7]第二种范式是继承了希罗多德的思想,他认为要理解过去事件的真相,就必须理解人们当前的生活方式的组织形式,这些会造就人们的思维,反过来又影响他们对过去的信念。

一个历史上最著名的思维实验是,柏拉图有关物体和事件的知识的确定性的探索和实验,他认为"真理存在于我们看到之前"。柏拉图把这一问题类比于:一个在牢房的罪犯只能通过他前面墙上投射的阴影来了解世界,他质疑我们怎么解释人们是如何获得知识的,由于我们经历的世界以前就存在的,而不是现在存在的,因此这就说明了"真理存在于我们看到之前"。将心理规律在任何时间应用于任何人就是一个普遍性问题。任何方案,一旦被发现都有赖于知者或认知载体的普遍性属性,或者我们已经介绍的"普遍性的信息中心加工机制"(LCHC,1983,Shweder,1991)。

### 科学与历史

至少从17世纪开始,非历史的心理普遍理论与历史之间的二分法,与另外一个二分法联系在一起,即"自然"与"文化—历史"科学。柏拉图的观点支持了心理的"自然"理论,但是心理的文化—历史理论可以追溯到希罗多德。

艾塞亚·伯林(1981)认为自然科学和文化—历史的方法在研究人性时的本质差异主要体现在以下三个方面。根据自然科学的假说:(1)任何一个真正的问题只有一个正确的回答;如果不是这样的话,那可能是提出的问题,或者是在寻找答案时的逻辑出现了问题;(2)寻找真正问题的答案的方法是理性的,且是普遍适用的;(3)真正问题的解决方法对于所有人、所有时间和所有地方都是普遍适用的。

对于文化—历史科学,真正问题的答案依赖于特定的假说和文化,以及寻找答案的方法和什么构成问题或答案是偶然的、不是普遍的。文化—历史的理解需要设身处地的理解这样一个过程,它不是理性问题解决的结果。我们有必要区分认识的两种方式,一是拥有独特实例的历史的魅力,这具有个案性;相反,另一种是依赖于对重复现象分析的自然科学(Valsiner,1987)。

这两种观点的交互从 18 世纪到 19 世纪,它们不仅局限于心理学的发现,还有其他的"社会行为"科学。我将简单介绍它们之间交互,因为它就像今天心理学家就文化与心理的讨论一样。

### 科学路径

这一讨论可以追溯到笛卡尔在 17 世纪中期出版的《方法论》一书就是一个很好的开始,因为他与当代心理学的关系早已为人们所熟知(Bakhurst,1991;Gardner,1985)。笛卡尔认为真正的科学是基于公理性的假设,它们应该是从因果应用中推论出的,而不是辩驳的结论。借助数学法则,对事物的属性的量化测量使得理解这个世界与它的内容成为可能。实验的方法是量化和缜密推论的必要的手段。

笛卡尔的学说是基于 17 世纪物理学家开普勒、伽利略和牛顿突破性的工作成果的理想形式,这些物理学家发现了物理定律,这些定律后来成为重要的自然法则。自然法则是适用于所有时间和所有地方的;就像知道在某时某个物体的地理位置,就会知道任何一个过去和未来的给定的时间,这个物体所在的地理位置。

笛卡尔认为自然的科学方法的应用不局限于物理领域。他认为有机生活的全部,包括人类身体的操作研究等领域的研究都可以使用自然科学方法,但是对人类心理或心灵的研究,尤其是心理学相关研究,不可以使用自然科学方法。因此,只有人类和其他动物相同的部分可以成为自然科学的一部分,人类个性品质不应是自然科学的范畴。

笛卡尔明确把一些研究排除在"真正的"科学现象之外,因为它们取决于特定历史环境。由于人文学科和历史学科没有准确的定义、量化的数据、公理或明确的实证证据的规则,这些对于一般的法则的推论都是必要的,因此,总的来说,他很少使用人文学科和历史学科的研究。

他对历史学科的研究持极端的消极态度,在那些时期,他认为历史学是不可信的。在笛卡尔的时期,基于《圣经》,世界历史被分为几个时期,其中最近的一个时期开始于基督受难。根据这一时间表,使徒的生活方式与17世纪的生活方式没有根本的差异。对于后文艺复兴学者,他们都熟知希腊和罗马著作,也不断受到新的科技创新的轰炸。因此,对他们来说,这样一个简单的解释是不可信的。就像伯林所评论的,历史学的研究,相比于自然科学,它的缺陷看上去是很明显的。

然而,当时正值自然科学兴盛时期,如果我们完全把自然科学与人文科学的差距归因于后者在这一时期发展期不足的话,就不对了。历史学法则的问题与人性特殊性的问题是混在一起的,而后者又是被笛卡尔排除在科学研究之外的对人性部分的探讨。在某种程度上,历史是人类心理的产物;其他动物没有像人类一样,拥有历史。像其他生物一样,人类是发展史和个体发生论法则的研究主体;然而,由于人类具有与其他代际的人沟通的能力,即拥有"心理或心灵"的构建能力,因此,与其他生物不同,我们是历史的独特产物。根据这一推理,正是由于人类心理在历史当中扮演着重要角色,历史自然就被排除在科学领域之外。

在笛卡尔之后的两个世纪,撰写欧洲启蒙运动的学者接受了笛卡尔的科学本质的特点,但是否定了他这样的观点:心理研究在科学研究领域之外;学者们认为,科学研究方法可以应用于历史和心理现象的研究,它们是互相紧密联系的。例如,在孔多塞的《人类心理进程的历史图谱纲要》一书中,他不仅提出一些法则来解释过去的历史,还提出自然的一致性使得预测未来成为可能:"如果人们可以根据特定现象的法则来预测的话,那为什么认为预测物种的未来命运就是一个空想呢?"(Condorcet,1822,p. 262)。

## 历史和文化路径

笛卡尔的科学学说的主要反对者,以及一门独特的历史科学的支持者就是这位那不勒斯的学者詹巴蒂斯塔·维柯。在维柯的《新科学》(1725/1948)一书中,他认为人性与人类历史有质的差别,但是他对此的观点有别于笛卡尔。他的"新科学"否认将自然科学的模式应用于人性研究,并指出人性的科学研究必须建立在交互和理解的人类特殊性形式之上。

在维柯看来人造的与自然的或人类构建的与自然之间有不可逾越的鸿沟。不仅艺术和法律,且历史都属于人类构建这一分类。这一点笛卡尔可能会非常赞同。然而,维柯却完全不同于笛卡尔和他的继承者们,他们一直基于物理科学的模式在寻找统一的科学,这些人认为人类活动的产物,例如,艺术、法律和历史,可以比物理世界更好的被理解。伯林是这样总结维柯的观点的:

> 如果拟人论不能赋予无生命的世界以人类心理的话,我们有理由认为人类世

界拥有这些属性。因此,自然科学把人类当做是纯粹的自然实体,与河流、植物和石头一样,这是一个错误。关于我们自己,我们每个人对于自己的内在世界都是一个特殊的观察者:忽视它,而支持一个统一科学的理想,那么应用这样一个简单、统一的方法只能说是对意识的忽视了(1981,p.96)。

维柯指出人性可以通过对语言、神话和仪式的历史分析来理解。他相信,他的"新科学"可以形成人性的一套统一规律,因为即使是两个没有接触的社会也面临同样的生存问题。

在18世纪末期,约翰·赫德倡导维柯的说法,他指出传统造就了语言和习俗,这些又形成一个有机的单元,这个有机单元赋予了人群的认同感。赫尔德介绍了民族学说,一群拥有共同的语言和历史传统的社会群体,这些塑造了成员的心理过程,为他们的发展过程提供了必要的资源。赫尔德被认为是文化相对论现代概念的最早倡导者,他认为民族的多样性是值得重视的,他更明确指出每一个民族都应该站在他们自己的角度来评估:"因此,民族因地点、时间和他们的内在精神有所不同;对每个民族的测量应该是用他们自己的尺度,而不是别人的"(1785/1966,vol.4,p.362)。

在19世纪早期,威廉·冯·洪堡介绍了民族心理学这一术语,用于指对民族感性的学术研究,即"人民精神",也就是我们今天所说的民族性的研究[8]。与赫尔德一样,洪堡也很强调一个民族的语言、习俗和心理智力,他指出语言和思维有内在联系,并暗示不同的文化群体的思维模式会完全不同,为后期形成的萨皮尔—沃夫假说奠定了基础。

调和自然科学和历史科学

在19世纪中期,可以看到大量的学者试图调和自然科学和人文科学的冲突。由于自然科学发展逐渐上涨的气势,学者倾向于将自然科学应用于研究心理生活的过程和产物。然而,为了理解当代心理的历史性的研究,其重要性也得到学者们的认可。因此,在心理学成为一门独立的科学之前的几十年,心理学中开始形成包含世界观的这一分支。

米尔的二重心理学观点。在J.S.米尔的《逻辑系统》(1843)一书中,他指出思维感觉和行为可能确实是科学研究的对象。[9]米尔把心理法则比作"潮汐学"①法则,即潮汐研究。在潮汐现象中,一般规律被看做是有关重力与太阳和月亮的,根据这一规律可以推测出任何地方的潮汐是否会发生。但是这些法则只是外因,当地的一些因素,如风和海底的结构才是当地是否发生潮汐的决定性因素。

---

① 潮汐学是基于海洋水文,利用专业知识对海水受地球月亮的作用而产生的一种规律性的上升下降运动的学科。译者注。

在心理学中,法则是有关个体的一种心理状态承接另外一种心理状态的方式。米尔认为联结的法则,例如,两个观点经常一起出现,导致这两个观点将来会互相唤醒;或者,加强这两种观点一起出现的强度,就会增加它们互相唤醒的可能性,这些法则代表了基本心理法则,类似于物理学中的万有引力定律。他指出,"这些法则已经被实验研究的一般方法所证实;它们不可能在其他情况下被证实。"(1843/1948,p.173)

然而,当我们试图使用心理的基本法则来预测个体在特定情境的真实行为时,问题就出现了。首先,复杂的观念可能是由简单的法则组合而成,但是整体并不等于部分之和。米尔把整合称为"心理化学"。其次,从基本法则的组合所获得的结果并不是普遍和永恒的。当然,基本法则真正的组合是依赖于当时它们组合的情境,"由于个体行为发生的所有环境我们是无法预测的,因此,个体的行为不能被准确的预测"(p.170)。

米尔指出基本思维的自然产物应该是结合当时个体的环境要素,也就是个性。他曾写道:"个性的研究应该是人性科学研究的主要对象。"推测和实验都不能应用于个性的研究,这两种方式只能用于探索自然法则。推测之所以会失败是由于个性是一种自然展露的现象,不能等同于其前因变量。而实验方法是不可能和不合适的。之所以说其是不可能的,是由于"只有东方的暴君"才有力量去控制一个人从出生开始的经历。之所以说其是不合适的,是由于尽管试图去全局控制,也有可能无法阻止一些没有探测到的经历,这些都会导致污染后期的分析。

米尔的解决方式就是创建一个二重科学:"我们为研究心理基本法则的科学取名为心理学;而个体行为学用于进一步描述和研究与这些基本法则相符的个性特点的科学。"(pp.176-177)

这个二重科学需要一个二重的方法论。其中心理学使用实验和推论法来形成基本的心理法则。而个体行为学,是对个性的研究,则基于"近似概括",从元素到整体的过程。米尔进一步指出,个体行为学与教育之间关系密切;即使是在没有精确的因果知识的情况下,个体或国家赖以成长的环境都可以塑造,而且往往会比我们想象的更好(p.177)。因此,不管是对个体还是国家来说,教育领域都可能为他们提供一种测试,来检验什么是所谓的"人性的精密科学"。

*民族心理学运动*。米尔的观点与洪堡派一致,后又被莫里茨·拉扎勒斯和海曼·司汤达两位德国学者继承。在1860年,拉扎勒斯和司汤达开始出版发行文化心理学和语文学杂志,这一杂志被看做是平衡自然科学和文化/历史科学的讨论区(Jahoda,1992;Krewer and jahoda,1990;Whitman,1984)。拉扎勒斯和司汤达受到洪堡深远影响,他们明确指出他们的民族心理学版本与米尔个体行为学的概念相似。这个杂志包括引领那个时期的历史、语言学和人类学的文章。[10]这些文章提供了对语言("感叹句、疑问句和山米特语系的考虑")、神话("神话与宗教的关系")和其他文化现象(算术系统、谚语、日历的设备和民间药方等)的分析。这些都是为了解释"民族精神",这一同时具

有科学性和历史性的行为。

拉扎勒斯和司汤达调和自然科学和文化科学的努力受到了严重批判,因为他们忽视了心理化学的观念,此外,他们认为可能可以将从个体心理研究的数据,应用于形成解释文化和历史现象的法则,他们这样做让学者们直接看到了米尔的观点的弊端。

*描述心理学。*威廉·狄尔泰是对当代的学术界影响较深远的一名学者,他的研究可以被看做是文化研究,他试图平衡自然科学和文化科学。他认为心理学应该作为所有人类科学的基础学科(如哲学、语言学、历史学、法学、艺术和文学等)。他指出,没有这样的一门基础科学的话,人类科学不是一个真正的科学系统(1923/1988)。

在狄尔泰生涯的早期阶段,他曾经思考过实验心理学是否可能是一门基础科学。然而,他逐渐否定了这种可能性,因为他觉得当心理学家试图为了形成心理元素之间的因果法则时,他们已经剥夺了人与人之间真实生活关系的心理过程,而这些真实生活关系可以赋予心理元素意义。他并没有拐弯抹角的抨击 19 世纪后期的学院派心理学:"当代的心理学是对感觉和联结的拓展学说。心理生活的根本力量超出了心理学的范围。心理学已经局限于心理过程形式的学说;因此,心理学可能只抓住了我们心理生活中的一部分"(引自 Ermath,1978,p.148)。

狄尔泰提出了另外一种方法来研究心理学,这一方法可以追溯到维柯用于研究人性的方法。狄尔泰认为由于解释心理学只涵盖了心理生活的一部分,因此,它必须隶属于历史—社会方法,其中历史—社会方法是用于研究个体的,而个体又是与他们的文化系统和社区相联系的(Dilthey,1923/1988)。他将这一方法称之为描述心理学。它建立在分析真实生活情景中真实生活心理过程,包括人们与个体的思维之间的相互作用的过程。作为进行这种分析的一种方法,狄尔泰认为应该深入研究像奥古斯丁、蒙田和帕斯卡尔所写的生活哲学的著作,因为他们对真实世界有深刻的理解。

*冯特的妥协。*冯特所提出的心理学系统采用了米尔的策略:认识到现实的两种不同的规则,并创造出了分别使用这两种规则的两种心理学。一方面是"生理心理学",即直接经验的实验研究。这一半学科的目标是揭示意识中低级感觉的规律,以及这些感觉相互联系的普遍规律。冯特心理学系统中的"生理的"这一词是有失偏颇的,因为在他的实验当中很少有生理测量。当然,在自我观察或自省方法中,人们认为被试经过严格训练之后,他们对词语的报告最终会变成生理过程。实验目的主要是关注低级心理功能,意味着感觉经验的特质和简单反应的成分。

冯特同样也展开了对高级心理功能的诸多探索,这些高级心理功能来自于一些低级功能的融合和连接。高级功能包括复杂记忆、推理和语言。冯特继洪堡之后,将心理学的第二分支称为民族心理学。冯特认为,民族心理学不能采用训练式内省的实验室方法,这种方法只关注了意识的内容,而高级的心理功能是超越个体意识范围的。因此,例如,"由于语言不可能是个体创造的,因此个体不能理解语言使用的心理活动。

的确，个体发明了世界语和其他的一些语言。然而除非语言在这之前已经存在，这些发明是不可能的。此外，没有一种语言可以一直保持不变，它们中的大部分语言之所以可以存在都是从自然语言中借鉴了一些重要成分"（Wundt，1921，p.3）。

根据这一观点，高级的心理功能必须采用描述科学的方法进行研究，如人种学、民俗学和语言学。冯特关于这一主题的卷册里包含了很多来自于有关语言和世界文化习俗的历史和人类学解释的数据（Jahoda，1992；Wundt，1921）。他所书写的这一心理学分支，被认为要统一所有有关许多被看做是语言、宗教和习俗的心理发展的大量结果（Ibid.，p.2）。

冯特认为心理学有两大领域，即生理心理学和民族心理学，它们必须相互补充，只有整合了它们各自的观点才能形成完整的心理学。对于那些认为应该把民族心理学纳入到实验心理学中的人，冯特是这样回应的："把那些由人组成的社区的心理产物联系在一起是很困难的，同时它们也很难用个体的意识来解释。由于个体意识受到早期历史的制约，并不能为我们提供任何知识，因此，个体意识并不能呈现出人类思维发展的历史。"（p.3）

冯特认为方法论是文化心理学研究过去与现在的核心问题。关于方法论他提出，民族心理学是研究心理起源的重要内容。也就是说高级心理功能的研究需要应用发展历史方法学。因此，冯特相信民族心理学必须涉及人种学的方法，人种学被认为是研究人类起源的学科。

冯特不研究个体发生学，即个体生命的起源，而是研究文化历史，因此关于起源分析的这两个水平是如何联系的，他没有什么见解。但是他认为这些历史研究的结果，可以为人类呈现出的心理发展的不同阶段提供依据（p.4）。在得出这样的结论时，冯特继承了文化—历史哲学的德国传统。他认为民族心理学可以揭示原始环境如何通过一些中间的连续步骤，最后转变成高度发展的文明。

冯特采用了关于区分原始人类与文明人类的心理产物的不平等的文化理论，而不是种族理论。他相信欧洲文化的优越性，以及原始人类的智力资质与欧洲人一样。与斯宾塞相似，冯特认为原始人类与文明人类的差异不是由智力资质导致的，而是经验导致的；其中，原始人类几乎是在一个非常局限的环境中锻炼他们的能力（p.13）。他们这些有限的经验让冯特在头脑中想到这样一个画面：原始人居住在热带，食物就在手边，自娱自乐，因此，当地人不需要去征服大自然。

## 文化应归何处？

正如许多评论家（如，Danziger，1990；Farr，1983；Van Hoorn and Verhave，1980）所指出的那样，当冯特刚被认定为科学心理学或实验心理学的创始人时，就有心理学家开始批判他的研究方法或取向。

冯特的科学心理体系中唯一被广泛接受的就是他所提倡的,以实验的方法作为心理学学科的评价标准。但不幸的是,冯特的继承者通过他所提出的科学方法的研究来反对他。例如,一些符兹堡学派的人,他们声称通过使用冯特的研究方法,发现了心理规律,但结论却与冯特的相反,集中在低级心理功能与高级心理功能之间的关系方面。格式塔心理学家报告了一些实验证据,表明冯特相信较低级心理功能依赖感觉心理元素基础之上的观点是站不住脚的。他们不认为低级心理功能与高级心理功能是不同的,他们认为感觉也是受到这些规则所制约的。[11]另一些反对冯特的方法的原因是,冯特的一些实验证据是通过内省方法得到的,这类证据不科学且不可重复。行为主义把冯特所提出的心理特征,根据反应原则改成了心理组成的元素。

不同于冯特的实验研究方法,心理测量和标准问卷已经被用于研究所有的心理功能。一门统一的科学需要一种统一的研究方法,自然科学为我们提供了这样一个模型。

埃米莉·卡恩和谢尔登·怀特(1992)在讨论冯特有关两种心理学的时候,他们总结了统一的方法的一些主要特征:

1. 方法论的行为主义——使用实验室研究方法来探讨知觉和学习机制,这是心理学统一科学的基础。

2. 依赖于实验程序,根据"被试集体"或不同群体多人的心理过程来推测个体的心理过程。

3. 使用推断统计来分析群体数据。例如,基于心理测量结果来做相关研究,或者采用经典的实验组和控制组来分析变量的作用。

正如卡恩和怀特指出的:"行为理论、实验心理学和推断统计共同形成了心理学的新气象,即基于更加成熟的心理科学的分析的心理学视角。"(p.8)

当我们关注于普通心理学是如何将文化纳入到其心理规则中这一问题时,主流心理学的其他一些主要的特征可以看做是与以下的科学方法相伴随:

1. 研究中得到的功能之间的关系,即心理规律,一般来说是符合人类行为的,而不是局限于收集数据时,特定的实验情境下,或者特定的历史时期和文化背景下。

2. 揭示普遍的心理机制的主要手段是心理学家的实验程序,这个可以用物理实验中采用真空管进行操作来分析。在真实的世界里,具有同样质量的树叶和小球在掉落的时候具有不同的速度,且具有不同的下降路径,但是在真空管里,"噪音"元素被去掉了,因此,潜在的引力规律就呈现出来了。

3. 普通心理学中获得的心理规律的统一性,一般是指不仅具有跨情境性,同时还具有跨种族性。这样的定论是基于达尔文的主张,即有智慧的人和我们的近亲"只是程度上的差异,但其本质是相同的"。[12]

普通心理学的任务是发现人类心理组成的普遍性规律,这并不意味着要忽视文化。

然而,当我们在学习任何一个领域的入门教材时,都会发现文化扮演着举足轻重的作用,当文化出现时,这就意味着具有文化差异。

当理查德·史威德在探讨文化在普通心理学的作用时,他认为尽管心理活动看似受到文化巨大的影响,但是心理学家假定文化对心理活动的影响是通过一些普遍的机制起作用的,这是心理学家真正感兴趣的:"普通心理学的主要动力是心理处理装置。这想象出来的处理器超越了运行过程中的任何东西。它包含了文化、情境、任务和刺激材料所有的东西"(1991,p.80)。

总的来说,将文化纳入到普通心理学的主流范式的早期尝试,并没有在真正意义上去考察文化的影响。当文化成为一种研究主题时,是以跨文化研究的形式存在的。这些研究都是以方法论的行为主义的视角进行的,在这些研究中文化是作为自变量。不同的文化给人们提供了不同的刺激,形成了不同的反应模式。因此,在特定时间和地点下习得的行为的总和被认为是文化的操作性定义。

### 第二种心理学的命运

尽管冯特的民族心理学的观点并不为方法论的行为主义所接受,但是行为主义者也没有完全否定它的存在(Cahan and White, 1992; Jahoda, 1992; Judd, 1926; Farr, 1983)。学者们从不同角度对普通心理学中的主导范式提出了许多批评意见。

20世纪初,一位来自于德国的哈佛心理学家雨果·缪斯特伯格,试图向美国人证实生理心理学与民族心理学之间的区别。缪斯特伯格(1914)指出冯特心理学大纲中的实验部分,是因果心理学,这种因果心理学可以用于解释心理状态,这正是缪斯特伯格所对比的目的心理学,他认为目的心理学是一种解释的科学,它所关注的是意义和自我。

按照因果心理学的套路,他这样写道:"我们应该把人格纳入到心理元素当中,且把这一切都纳入到一个包含因和果的闭合系统中。"但是在目的的部分,我们应该看到自我真正的内在单元与人格终极自由之间的一致性。这两种解释并不是相互矛盾的;它们相互补充,它们互相支持对方,且它们需要对方(p.17)。同时,他强调由于心理学的不同研究方面都有其独特的研究方法、概念和原理,因此让它们保持相互的独立,以及认识到它们有不同的原理非常重要(pp.16-17)。缪斯特伯格认为只有当心理学家试图将心理生活的一些规律应用于人类服务的目的时,即应用心理学,这两种心理学才能被整合在一起。

当然,冯特并没有将民族心理学和心理学知识的应用联系在一起。但是缪斯特伯格却做了这样的一个明智的举动。目的性的人类活动包含了冯特所说的高级心理功能所有的特征。人类活动受到语言的调节,并吸纳了群体的信念和习俗。实际上,对实践的参与意味着人类的心理过程是与时间和地点相伴随的。因此,就像卡恩和怀特所指出的那样,那些反对普通心理学中所提出的人类行为普遍性规律的人,认为心理分析应该从对人类日常活动的分析开始,而不是在实验程序中提取出一些抽象的规律。

从人类参与目的性活动开始进行心理分析,到心理过程离不开活动这一观点之间只有一步之遥,但是心理过程并不是由活动组成,活动只是部分。按照格式塔心理学的准则,整体的结构决定了部分的操作。

这些认为有第二种心理学的许多人都反对种类的延续性的观点。在承认达尔文的进化理论的基础上,许多学者认为智人与其他种群不管是在程度还是在种类上都是有差别的;智人是进化组织的一种新的水平,也就是我们人类,因此同样也导致了心理功能的新规律。

评价这种质的改变的标准因不同的作家而有所差异,他们一般都是关注人类语言和制作工具的能力,因为语言和制作工具的能力共同构建了一种特殊形式的生活。这种生活方式的不断繁衍,让我们假设,它既是历史的生产者也是历史的产物。思维是文化的生产和再生产,因此,人类思维和文化是缠绕在一起的。

第二种心理学的另外一个特征可能已经提过了,但是下面我们还有足够的机会再思考一下。我想指出的最重要的一点就是冯特所强调的重要性,即前人类心理活动的文化产物并没有从美国心理学中完全消失。

第二种心理学在许多国家的传统文化中都崭露头角。在文化—历史理论最受热捧的德国,许多学者力图用他们自己的理论范式,重新建构冯特有关民族心理学的观点。尽管格式塔心理学家在知觉方面取得了不错的成果,他们同样也以不同小群体的成年人为被试来进行比较研究。他们也研究儿童、原始人、脑损伤人和黑猩猩的语言、问题解决和其他的高级心理功能。他们在这些领域的理论建树对研究人类心理的发展历史具有决定性作用。

在法国,埃米尔·涂尔干和他的学生布留尔对创造人类意识形式中社会生活的重要性产生质疑;他们主要关注共享的文化符号的调节作用(Durkheim, 1912)。在皮亚杰的早期生涯中(1928),他推测在原始文明中的代际关系的文化组织会阻碍自发的道德思维的发展。

在那个世纪,美国许多杰出的心理学家都曾经在德国接受过博士学习的训练。因此,在美国出现一些支持民族心理学的心理学家。如此,他们批判将方法论的行为主义应用于心理的理论,就显得非常自然了。

例如,查尔斯·贾德(1926)是著名的教育心理学家,他曾写过一本关于社会心理的书。他是冯特的支持者,他认为语言、工具、数字系统、字母、艺术等都是经过上千年社会资本积累的形成。个体必须适应这些社会制度;个体的心理正是在社会过程中形成的。因此,人们认为社会心理基于个体心理属性发展而来这种想法大错特错。相反,民族心理(Volkerpsychologie)必须是一门完全独立的科学,它的研究方法来自于人类学、社会学和语言学。

这也正是美国实用主义兴起的时期，它在哲学上继承了黑格尔的思想，在日常生活中探讨知识的起源，这些知识是社会群体的、文化组织的、历史演变的活动（Mead，1935；Dewey，1938）。第二种心理学在我后面几章的叙述中是非常重要的。

相比于主流的范式，第二种心理学的多个分支的共同特点就是非常零散；它们发现其与旧范式之间的区别很容易说清楚，但是对于研究方法和理论准则却很难达到共识。由于第二种心理学零散的特点，以及很难使不同学派的观点达成一致，它们被分成了很多派系，进一步延续了"心理学危机"。此外，它们也非常虚弱无力，因为它们所关注的主题，即发展、教育、社会生活和精神病理学，都相当的柔弱和不科学。

俄国是第二种心理学继冯特二种心理学之后崭露头角的一个国家。列夫·维果茨基、亚历山大·鲁利亚和阿列克谢·列昂捷夫所发展出来的范式，并不是为了成为心理学的某一特殊分支或方法。它被当做是"心理学危机"的革新，它是一种综合心理学视角，在这一视角下代表劳动分工规则的心理的传统的不同亚领域，而不是同一研究客体的不同研究方法。

他们制定的文化—历史理论，以及相关的方法论绝不是在隔离的情况下发展出来的。维果茨基和他的同事广泛的阅读和翻译了大量的心理学资料，并且为杜威、詹姆斯、珍妮特、皮亚杰、弗洛伊德、布留尔、涂尔干和格式塔心理学家等的著作写序。同时，他们完成了其他人做不到的事情；他们创立了文化心理学，它可以兼顾冯特两种心理学。他们发展的方法论，可以指导社会视角的不同领域的理论，这一方法论得到了社会赞许（Vander Veer and Valsiner，1991）。

前瞻

我自己与这些理解文化与心理相互对立和竞争关系的范式之间的关系是非常复杂的。在我的生涯的开始阶段，我是作为普通心理学的支持者，其中普通心理学试图通过实验来获取量化的数据。当我开始研究心理活动中的文化时，普通心理学的理论和方法是我最基本的工具。当我逐渐涉足跨文化研究时，我开始质疑我最关键的方法学的假设。我的不满导致我试图改进这些研究方法。这种对方法的改进使得我借助其他学科。最终，我找到了一种理论视角，使得我可以更好的处理我收集的数据。这种视角很大程度上吸收了心理学的俄罗斯文化—历史学派、20世纪早期美国范式，以及其他学科的观点。

接着我将会呈现我眼中的心理文化—历史理论版本。我倾向于"开门见山"，直奔主题，总结当前心理学中的文化—历史理论。在本书中它指什么，我们如何理解它。这就像本体论和认识论一样，这两者构成了认识过程的两个方面，我将会在这本书里一并介绍这两个方面。

　　我的叙述将会关注文化和人类发展的问题。这个主题的选择是很显然的,正如我们所看到的,文化和心理是与 19 世纪的历史变化与发展联系在一起的。就像我们看到的,这些问题在接下来的几个世纪里会依然存在。

　　在文化和发展领域中,我将特别关注教育和发展的意义,尤其是作为重要的社会文化机构的正式学校教育。由于我的研究的大部分都是在这个领域展开的,我可以以我个人的经历来介绍我在研究中所学到的东西。

　　注释:

　　1. 研究者表明,父权归属是一个未解之谜(Blumenthal,1975;Brock,1993b)。同一谜题也得到德国学者,如赫尔姆霍茨,或者其他国家的学者,如美国学者威廉·詹姆斯、英国学者弗朗西斯·高尔顿和俄罗斯学者别赫捷列夫们的认可。

　　2. 普罗斯珀是这样描述卡利班的:"憎恶的奴隶;没有善良的一面;我可怜你;教你说话很费劲;当你不知道自己是野蛮的,我知道这意味着你们自己也不喜欢;最残忍的是我赋予你的目的;使用让他们理解的语言"(The Tempest 1.2)。

　　3. 然而,这种生态观被基于不同地理和气候条件提出的经济实践和社会制度理论复杂化了,它在 20 世纪仍然是人类学思想中的一个重要方面(Harris,1968,p.41)。在基因文化协同进化理论中还能够发现生态观的变型(Lumsden and Wilson,1983)。

　　4. 例如,卡尔·沃格特在马恩的讲座(出版于 1864 年伦敦人类学会),指出解剖学的研究证实,黑人是介于类人猿和白人之间的进化物,并提供了如下的假定事实:(1)大猩猩的脚比其他猿类更像类人猿,黑人的脚比白人的脚更像猿类;(2)通过比较脊髓和神经干的厚度发现,黑人与白人,以及类人猿之间存在许多不同之处;(3)类人猿的大脑和"低级的人类"之间存在惊人的相似性。

　　5. 近来,更多复杂的标准应用于定义历史发展和进化序列的水平(Levinson and Malone,1980)。例如,莱斯利·怀特(1959)关注于人均能源消费水平;卡内罗(1973)使用统计分析建立了社会机构日益复杂的社会序列。尽管它们之间存在一些差异,但是方法是一样的,都是选择了单一标准或者是一些标准,将文化作为整体来定义其发展水平的特征。

　　6. 关于这个过程的例子,没有比英国作家拉迪亚德·吉卜林的"白人的负担"的著名哀叹更好的例子了:"承担白人的重担;送出最好的品种;行动,把你的儿子捆起来流放;为俘房的需要服务;在沉重的马具中等待;在民间和野外飘扬;你新来的,闷闷不乐的人;一半恶魔、一半孩子。"

　　7. 为了从认知科学的视角更深入地分析柏拉图对当代心理学思想的贡献,见加德纳(1985);为了更深入的分析柏拉图关于文化融入心理的思想见史威德(1991)。

　　8. 在这一章的后部分,我将具体讨论民族心理学概念。仅此说明,这个概念在英语中很难令人满意。布卢门撒尔（1975）撰写了大量的心理学史，他指出民族心理学可以看做文化心理学。关于翻译的问题，他是这样写道的："民族心理学是德语特有的一个术语，它经常被错译为'民间心理学'。然而，沃尔克这个前缀的意思是'民族的'或'文化的'。"（p.1081）

9. 米尔继承了大卫·休谟的传统，休谟试图探索牛顿引力理论模型关系的规律。随着物理学家找到行星运动的规律，他指出同样可以在自然界的其他方面找到相似规律。毫无道理，休谟会这样写道："如果付出同等的能力和谨慎，那么对于寻找出心理能量和经济方面同样找到规律会感到失望。基于其他方面的心理的一个操作与规律是可能的。"（1843/1948，第一部分，pp.14-15）

10. 我非常感激贝恩德·克鲁和古斯塔夫·杰何达（1990）对拉扎勒斯和司汤达的研究内容和背景的总结。我的讨论是源于他们的工作（Jahoda，1992）。

11. 近代史显示，大部分这些批判者并没有基于心理学家所记忆的官方足够理由（Brock，1993b）。

12. 卡恩和怀特（1992）指出 E.C.托尔曼在阐释普适性观念时提到的一个有趣的例外，而这种情况与此处的论述相近。托尔曼可以看做是行为主义先驱者中最强调"认知"的。托尔曼在捍卫以老鼠作为研究对象建立起普通心理学时，他提出了如下的"信仰告白"："我相信心理学中一切重要的规律，除了建构超我，这涉及社会和语言，其他都可以通过对在迷宫中决定老鼠选择行为的因素进行持续的实验分析和理论分析。"（1938/1958，p.172）托尔曼所说的例外明显是第二种心理学的标志，这些我们可以追溯到米尔、冯特和缪斯特伯格。

# 第 2 章　早期跨文化研究

已有许多方面的研究者曾经力图以跨文化比较为基础,采用科学的方法对心智中的文化进行研究。下面我将选取三个这样的研究项目并展开相关的讨论。其中每个项目阐述了采用跨文化方法来研究心智中的文化作用,也揭示了运用这一策略所涉及的难点。第一个项目集中研究人类的感觉和知觉。这些功能是普遍的,并且对基本心理有还原性,这与冯特基础心理学研究或实验心理学方法相一致,因此很适合实证研究。第二个项目是关于智力的研究。这一主题和"更高级"心理功能相关,而这却是冯特反对用实验法来研究的,即使这类研究是研究者在自己熟悉的文化里开展的。第三个项目主要研究记忆。这一主题普遍认为与低级和高级心理功能皆相关。20世纪初期,流行的观点认为,文化差异在心理功能的所有三个层面上都存在。但在不同社会文化中哪一种心理功能的发展程度最高还存在争议。感知能力和记忆力的发展在原始种族文化中占优;而智力,这种相对高级的心理功能,在科技发达的社会文化中占优,即在所谓发达的欧洲和美国地区中占优。

关于这些主题的研究时间其实是在心理学成为一门独立科学后不久,因此可以比较心理学早晚两个不同阶段中的理论和研究方法。通过比较早期和随后的研究,我们应该注意到普遍心理学对跨文化研究的忽视其实是早期研究在方法论上的缺陷所导致的。

从狭义上讲,这三个研究项目的内在逻辑是非常重要的,这有助于我们理解为什么在本章的介绍和讨论中我们要把它们当做例子,以此阐释普通心理学是如何致力于理解文化及其在心智中所发挥的作用。

但是需要注意的是,社会文化也是塑造研究者自身世界观的重要元素。我们必须看到,研究者所做的研究价值判断也是带有他们所处文化环境的印记。

## 社会历史情境

埃米莉·卡恩和谢尔登·怀特指出,心理学作为一门科学的崛起和其在高等院校的发展,这和已有人文科学的劳动分工是分不开。在三十年内,心理学,社会学,人类学,经济学,政治学等学科的兴起组成了行为科学。[1]在学术界之外,大量的新官僚主义和商业结构及需求的迅猛发展,这在很大程度上要求人们能对这些新兴结构进行有效运作。学校,工厂和军队面对大众媒体文化和工业社会中的社会和经济问题也正在寻求帮助。在世界格局中,欧洲曾是世界的中心,影响着亚洲,非洲及南美洲。在此方面,除了因为第一次世界大战对人类发展的影响外,20世纪早期的心理学家们仍沉浸在19世界晚期的世界观里。无论是科学家还是平常百姓都没有找到困扰他们几代问题的答案。

从以农业为主的乡村生活到拥挤不堪,电气化为主要动力的城市生活,美国人经历了一个激烈的转型期。美国黑人被合法隔离,南部的欧洲人大量涌入美国城市的各个大街小巷。这些都给科学注入了新的动力以求解决人类面临的各种困惑。

从科学上来讲,心理学也许应将社会关系和社会情境归为一种纯粹的归类分析,但是文化,种族,进化和历史变迁等问题,科学家也和寻常百姓一样认为主导文化价值不是"心之外"孤立存在的。在这方面,整个世纪的心理学并没有改变什么。

## 知觉过程和文化

当科学心理学还在摇篮中时,第一个关于文化的精细实验是在19世纪到20世纪的世纪之交展开(Haddon,1901)。半个世纪后,这个文化的实验为许多研究奠定了基础(Segall,Campbell,& Herskovitz,1966)。

1895年,一支由A.C.哈登带领,装备精良的远征队从剑桥大学前往现在英属新几内亚岛和托雷斯海峡。哈登(现为剑桥大学人类学系主任)曾学习海洋动物学。当他组织人种志学调查时,他遵从自然科学的传统,认为"人种志研究如果没有研究人类心理是不完整的研究"(1901,p.v)。

在这支远征队中,擅长实验心理学方法研究的是W.H.R.里弗斯,他在人种志学研究中有杰出的成就(Slobodin,1978)。里弗斯学习过医学,他对实验心理学非常感兴趣。在1897年转入剑桥大学前,他曾在伦敦大学求学。在他研究的助手里就有C.S.迈尔斯和威廉·麦克杜格尔(两位后来都是心理学大家)。和冯特的传统实验研究方法一样,里弗斯和他的同事主要关注感觉能力(即基础心理功能)。他们采用一系列实验研究设置和技术来研究视觉、触觉、嗅觉等。

他们的一个主要关注点就是要验证那些曾去过"未开化世界",之后回来的欧洲人口中的一个传言。那些欧洲人认为"半开化而野蛮的种族比欧洲人在感觉上要更敏锐"(Rivers,1901,p.12)。里弗斯在他的记录中举出了这些种族英勇过人的实例:"在所罗门群岛上的人们,有着像山猫一样好的眼力,从很远的地方就能看见微小的事物。他们可以发现躲在树丛绿叶中的鸽子……新爱尔兰岛上的人们可以看到我们必须要通过望远镜看到的岛屿,他们还能在天气很坏时发现小船。"(p.13)

19 世纪 80 年代在《自然》杂志上出现了关于上述现象的争论。有些人认为"野蛮人"比"文明人"有更敏锐的视觉。另一些人认为视觉上的差异原因是野蛮种族需要更关注他们生活环境细节,因此锻炼了更强的观察能力。

研究者们进行了各种关于知觉研究。里弗斯研究视觉敏锐度,颜色视觉和视觉空间知觉(包括视幻觉的敏感性);迈尔斯研究听觉敏锐度,嗅觉和味觉;麦克杜格尔研究触觉,重量辨别和月亮错觉。

里弗斯在一项经典成果中所获得的灵感来源于司机申请驾驶执照的一项测试。测试者给被试展示一张每排只有 E 字母的图纸,并且让被试离图纸有一段距离。然后测试者指图纸的 E 字母,要求被试告诉测试者他看到 E 的方向。这种研究方法可以测量无文字能力的被试者。从里弗斯的结论来看,他们的准确度随着目标刺激的缩小而降低,或者是随着距离的增加而降低。

里弗斯收集了 170 位托雷斯海峡当地人的资料。他们都是在户外接受测试以保证光线的充足。结果是距离比例和视敏度是有线性关系的。比例越高,视敏度越高。总的来说,视敏度的得分是 2.1∶1。

为了使结论更完善,里弗斯需要一些比较数据。但这是有困难的,正如他这样写道,"这个结论对欧洲人来说是正常的,但欧洲人平均的正常视力还没有找到固定值"(p.14)。而测量视力准确度的方法也不是只有这一种。

许多跨文化研究的难题也接踵而至。因为在跨文化研究中必须统一使用 E 字母测试,如果使用其他方法,结果就不具有可比性。这种平衡技术在实验材料中不能严格执行,必须在测试条件和过程中保持一致。里弗斯针对这些困难在选择对比数据和标准上进行严格控制。

他的对比数据是在海尔格兰收集的。海尔格兰这座岛临近德国的海岸。样本由100 位男性组成,有广泛的年龄跨度,是能够代表整体的。这些人和托雷斯海峡的人们一样以捕鱼为生,受教育程度不高。他们的平均准确度是 1.77∶1。

虽然里弗斯认为这些数据是可靠的,但是这两组的差异程度并不明显。通过其他方法检验这些数据后,他认为,"总的结论是,虽然野蛮或半文明程度的种族在视力敏锐度上是高于普通欧洲人,但差异不显著。这些种族并没有展示出像远征队口中所说的那种优异的敏锐度。"(1901,p.42)

其他知觉研究也和此研究有类似结果。里弗斯使用穷尽法,列举颜色词汇。他的被试似乎对蓝色的知觉尤为微弱,并且相对于欧洲被试,他们对某种视觉错觉更迟钝。麦克杜格尔在他的研究中发现,当测试在皮肤上两点距离区分时,托雷斯种族被试报告能侦查的两点距离是欧洲被试报告的二分之一。他还发现,托雷斯种族在重量比较知觉时,有更低的阈限。但是,迈尔斯发现欧洲被试有更强的听觉感知力,但在嗅觉上和其他人没有明显差异。

很多人质疑这个研究。E.B.铁钦纳,美国冯特实验方法论主义倡导者,认为获得准确的心理研究数据能让研究者对他自己所在文化圈中进行初始的排序(1916,p.235)。他对文化研究所面临的困难感到理解,并对托雷斯种族研究所付出的劳动和精思巧计进行了肯定。当然,他也指出了实验的不足,"测试并没有完全达到他们所预想的目的"。铁钦纳的评论随后也被运用到以后的跨文化比较研究中。

在这样的研究中有一个很明显的问题,也是常常被忽视的,即这种实验在原始社会中不能重复。因为这种实验的代价巨大,被试人群经常变化。[2]为了降低此误差,铁钦纳进行"平行和演示"实验来求证假设。这种权宜实验以勉强的逻辑为基础,正如他所说的,在实验心理学中,可重复性意味着用相似的方法和工具在那些受到相似训练的被试的测试中能得到相同的结果。他解释结果时又回到了心理一致性的辩解中。例如,他这样描述托雷斯海峡民族:

这个种族告诉我们,人类的天性在全世界是相同的。默里岛的一位女士,当要求她说出一系列带有颜色纸的颜色时,她喜欢用她和她朋友的名字命名。还有人当他被要求按照他的喜好来排列颜色顺序,他会按照之前主试发给他的顺序来排列。如果我将我同事的观察和巴布亚长官的观察来比较,我可能不会陷入谬论中(1916,p.206)。

铁钦纳对托雷斯海峡民族的实验有两点谨慎的批评:麦克杜格尔和里弗斯的实验都很有趣。他们都希望通过基础心理学的研究方法揭示不同种族的差异。

麦克杜格尔的实验有很强的依据。他通过比较托雷斯和英国被试说明了两种知觉在种族的差异。但是,他的实验可重复性很低。

铁钦纳引用麦克杜格尔的话来说,"过程应该是可行的,与被试无关。"在实际中主要取决于各种暗示效应,这将会影响对任务的理解。其次,他认为虽然英国被试的平均分较高(意味着低敏感度),但是两个民族的分数跨度大,也就是说不同的被试可能有不同的任务。然后他将指示归零:"麦克杜格尔发现的阈限是有意义的,不是说这两点的距离能被区别开,而是这种距离是由两个点产生,而不是一点。"(pp.207-208)

这一点虽然不太突出,但铁钦纳提出了一个可接受的解释。麦克杜格尔所观察到的文化差异是因为两个不同文化的被试在理解指示语和接受刺激不同而造成的。首先,他认为麦克杜格尔理解的距离是在一点和两点间的中间感觉。所以有些被试报告"无感觉",有些报告"有感觉"。这些刺激的确是有差异的,但从感觉上来说是没有分别的。因此,铁钦纳认为,有些人只是当距离稍微不同于一点的感觉时就判断为两点;而有些人则是当刺激超出了实际阈限后他才判断为两点。

随后,铁钦纳进行了所谓的"冒险"实验来检测麦克杜格尔的结果是否正确。他把自己当做被试,使用类似的工具测量他能否判断一点距离,而不是两点。在此条件下,他表现得很好。他认为麦克杜格尔的英国被试并不是感知能力低,而是对他们任务的理解不同,因此提高了他们的感觉阈限。

铁钦纳没有说明两个种族的感觉阈限是相同的,而麦克杜格尔也没有证明他们是不同的。铁钦纳认为,"英国被试比野蛮种族被试更容易忽视细枝末节,我们可以假定,他们对此的理解更少,而更多的注意力放在了工具上。他们关心的是明显的双重感觉。"(p.211)铁钦纳认同麦克杜格尔的观点,受教育越高的英国人,他们的阈限越高。"我们越深入的研究野蛮种族的感觉阈限,我们的阈限就会越高。"(Ibid)

铁钦纳还对里弗斯的另一个研究进行了谨慎的批评。里弗斯认为托雷斯海峡种族的人们在感知蓝色上能力较弱。铁钦纳认为是光照会影响颜色的感知力。经过重复里弗斯的实验,结果否认了基础心理过程中文化的差异。

### 托雷斯海峡项目:一种评估

从托雷斯海峡的远征队到铁钦纳的批判研究,我们可以总结出以下经验。总的来说,一个多世纪的后续研究说明感知觉敏锐度的文化差异坚持了一个结论,即,在感知觉敏锐度方面,文化差异是微小的或不存在的;只有当以复杂材料,特别是图片材料当做刺激时,文化差异才会出现(参见 Berry,Poortinga,Segall & Dasen,1992;Segall,Dasen,Berry,& Poortinga,1990)。基础心理学的逻辑虽然没有受到文化的影响,但过程却是依靠文化惯例。这正好是人们基于这种假设所期望得到的倾向:尽管有赖于文化习惯的心理过程(如二维画中的线性视角)受文化变化的影响,但基础的心理过程却不受文化变化的影响。

然而,托雷斯远征队和铁钦纳的研究证明,甚至在对所谓的基础性的(和被假定为具有普遍性的)心理过程的研究中,也很难绕开一个事实,即,在文化中形成的解读任务的方式会影响人的行为。铁钦纳在实验中没有消除文化影响,而是操作它,告诉人们文化一开始就存在于那里。[3]

里弗斯的研究对维持人类的基本生存功能和心理功能的一个严格界限有特别的启发。研究也说明了文化信念在数据不能产生明确科学结果时可以填充这个缺口的作用。

里弗斯向我们展示了托雷斯种族在视觉敏锐度上并没有超凡能力,但他需要感谢被试激发了他的研究动力。当他在海上航行时,当地的三个人告诉他有另外一艘船正从岛的另一边向他驶来,他发现他们的视力很好但非超常。他推测他们应该可以看得见船上桅杆。这种证据足以让他做出结论,"那些生活在自然状态中的人们在视力上有特殊的能力"(p.43)。目前,以我们的数据来看至少野蛮种族比普通的欧洲人视力要好。长期的锻炼,对周围细节的记录成为野蛮种族的习惯,这使得他们在远距离观察和辨认物体的能力特别突出(1901,p.43)。

他认为这种能力是在特殊环境下才有的,例如澳大利亚的纤夫就不善于他们习惯之外的行为。虽然里弗斯没有提出更明确的证据,但是有必要证明认知功能是和特殊技能无关的:比如那些当地人虽然有敏锐的视觉,但却没有灵敏的听觉。

里弗斯的另一个想突破文化与心理研究中的"零—和"或"补偿"理论,这个理论认为低级和高级功能此消彼长地发展。他认为,我们都知道智力的增长取决于由感觉提供的物质,因此表面上思维上对感觉的精细加工有可能成为智力发展的阻碍。但是如果仔细推敲,我认为这没有什么不对。如果过多的精力花在感觉加工,那么智力的上层建筑力自然就会匮乏(pp.44-45)。

里弗斯认为"野蛮种族对周围事物的注意力可能会是高级认知能力的阻碍"(p.45)。

对于这样的观点,我想提出的反对意见可能是关于这种理论和数据联合的适当性的研究方法。他们既然已经有效地推翻了有关高级感知能力的结论(借助铁钦纳的帮助),人们就会认为,他们应该根据相同的资料对于低级推理能力的相关观点提出质疑。不幸的是,他们并没有提出这种质疑的观点。这一方面是因为,当时还不存在大家认同的此类技术,而且人们所接受的由冯特影响下的实验心理学所提出的教条说,这样做不行;另一方面是因为认为前期关于"本土心理"信念让这样的工作没有必要。

总之,托雷斯海峡的研究是模糊的。一方面,此研究展示了对于文化和认知关系的争论;另一方面,严格来讲,基础心理功能的研究方法并没有触及主要的遗留问题,留给研究者们对这个问题解答的假象。

### 视错觉的易感性:现代研究数据

里弗斯研究得到的一个较少人知道的结果,是关于视错觉易感性。这结果让人们对野蛮种族的偏见有一定否定。有人认为野蛮种族很容易产生如图2.1的横竖错觉。

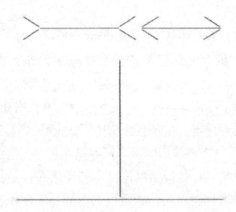

**图2.1 跨文化研究中广泛使用的两种错觉:(上面)缪勒-莱尔错觉;(下面)水平—垂直错觉。** 同样长度的线因为背景不同,看起来不相等。

里弗斯发现托雷斯海峡的当地人和印度乡下的人们在缪氏错觉上比欧洲对照组的被试敏感度更低,但在水平—垂直错觉上更高。虽然他的发现是基于欧洲心理优越感,但对于是什么产生了这些文化差异并没有弄清楚。

19 世纪 70 年代,马歇尔·西格尔和他的同事重新整理了里弗斯的研究。现代的研究团队有更专业实验心理学方法和人种志的实地研究经验。[4]他们致力于研究环境对视知觉的影响。

他们的基本假设为不同的环境塑造了不同的视觉感知能力。当向被试发出他们不熟悉的刺激时,就有可能出现不正确的解释。例如,缪氏错觉实验里,研究者认为生活在复杂环境中的人们会基于三维视觉解释图画,而生活在简单环境中的人们可能不会。他们还认为那些习惯看远景的人们在看横竖错觉图时更敏感。

西格尔和他的同事为了保证测量的信效度。他们不仅测量了当地人群和欧洲大学生被试,还包括了 14 组非欧洲被试组(13 个非洲组,1 个菲律宾组),3 组欧洲裔(1 个南非组,2 个美国组),每组样本量从 30—334 不等,一共有 1900 位被试参加。

由于语言的沟通障碍,研究者在每个测试前,先让被试比较一些图片,确保不同文化的每个被试理解指导语,还在每个部分涂上不同颜色作为区分。在每个被试都能理解任务和表达自己的判断时,研究者才让他们判断线段长度。

和假设一样,欧洲被试在判断缪氏错觉时比其他乡下和非欧洲的被试更敏感。而对于横竖错觉,不同文化的被试结果不一样,那些习惯看远景的被试比住在热带雨林和现代欧洲城市的被试更敏感。因此,研究者认为文化对感知习惯有影响。

西格尔和他的同事(1990)认为,他们做的这个结论并不一定意味着他们对此现象的另一种解释。罗伯特·波拉克(1970;Pollack,Silvar,1967)发现当视网膜的色素沉淀褪去,对错觉的敏感性也随之下降,说明并不一定是生活环境造成差异,而是天生的种族差异。贝里(1971)的发现支持了这个观点,他发现被试的敏感度差异是可以根据皮肤的染色程度确定的。但是也有人(见 Deregowski,1989;Pollack,1989;Segall 等,1990)提出了相反结果。

文化是否能影响感知这个命题被很多实验验证。例如,博尔顿,迈克逊,怀尔德,和博尔顿(1975)研究了两个分别居住在 4500 英尺和 13000 英尺高的中央安第斯山脉的秘鲁群族。他们认为如果色素沉淀假说正确的话,那么居住在海拔更高的群族对错觉有较低敏感性,因为他们居住的环境是较长时间暴露在日照下的,这会增加色素沉淀。结果发现,这两个族群对缪氏错觉敏感度上并没有显著差异,而是居住较高的群族对横竖错觉更敏感,因为他们有更开阔的视野。

回顾 19 世纪 90 年代的这些数据,西格尔和他的同事评价为"这些研究假设绝对是站得住脚的,就像当初一样"。简·杰列科夫斯基(1989)在他的综述中认为,波拉克并没有确认视错觉的敏感度差异是否是由色素沉淀造成的。我认为,尽管在这个问题上有大量的研究,但仍没有触及问题关键,许多因果关系没有探明。

## 智力和文化

在实验心理学成立,科学心理学在欧洲和美国出现的 20 多年后,推动心理学探索人类复杂问题的一个主要动力是来自一个非科学的圈子。这个世纪的早期,在法国的公共教育里学业成绩下降日趋显著。一些儿童比其他儿童接受知识的速度慢,而一些儿童却能很快接受,导致了教学进度快慢不一的现象。艾尔弗雷德·比内和泰奥菲勒·西蒙被要求去解决这些问题。比内和他的同事被要求去区分那些在早期教育中接受能力慢的儿童。如果他们成功,这就可以为那些儿童提供特殊教育,让他们的学习更有效率。对于 IQ 测试是如何发展而来的,大家都已经是耳熟能详的。但作为基础的研究策略是非常必要的,特别是作为跨文化中理解文化如何影响智力发展的背景。

一开始,比内和西蒙对他们的测试就做了这样的定义:"对于我们来说,在智力测试中有一项很基础的能力—判断,或者是好的感知。判断能力好,理解力就强,推理能力也好。这些都是智力的基础。"(Binet and Simon,1961,p.43)

然后,他们准备测试儿童在"实际生活"中完成各项任务的能力。而对于儿童来说,他们的实际生活就是学习。比内和西蒙通过在教室的观察,向老师和助教的询问,对儿童在学习中应该掌握哪些能力有了初步的想法。

首先,理解图形表征,例如字母和数字的能力。但是仅仅能识别是不够的,儿童还要应该会应用这些表达信息,根据需求重新编码这些表征,利用表征来解决他们从未遇到过的问题。因此,需要测试儿童能否记住这些文字的定义,能否辨认出单词中缺省的部分,和其他有关学习问题。

其次,掌握复杂的字母书写系统里的基础知识也是必要的。儿童必须学会管理自己的行为。他们不仅要做大量的处理信息的脑力活动,还要按照老师的要求,集中他们的注意力。

要达到学校所有要求不是一件容易的事。学校要求儿童在不同的年龄阶段有不同的能力。比内和西蒙认为评估一个儿童的天资是由他在入学前学到多少决定的,尽管这样,这样的评估对老师来说还是很重要的。

他们为每个年级设计了一套和学校作业相类似的任务。任务包括所有的基本活动,难度依次增加。由于没有基础的高级心理学理论支撑,他们按照自己的常识和逻辑分析和安排任务。(例如,你必须在能够记住四个数字之前,首先可以记住三个随机呈现的数字;你必须首先认识字母才有可能阅读等)

比内和西蒙让儿童自己报告,以确定测试题目的恰当性。然后根据某个年龄段的大多数儿童都能解决的题目作为测试题。那么,这个"平均"儿童在他自己的年龄段上是可以解决这些问题的。让不同的题目难度针对不同年龄段的儿童,这种测试方法是现代智力测试的重要基本方法。这些早期的题目搜集和研究工作奠定了测试的基础，他们有一个共同的逻辑：这些取样的活动都是基于文化的要求（由学校文化产生）。那些儿童没有在某个年龄段达到所应该掌握的能力，其实是他们所在文化里要求他们达到的能力。

我们只要坚持这些选择测试题目的原则，事情就变得很简单。但是，我们仍要看到方法的弊端。虽然比内和西蒙对测试的过程要求很严，但是他们测量的只是被试的解题能力和在学校教育情境下的知识掌握程度，而不是广义上我们所说的能力。其中也忽略了儿童文化背景的不同。

实施这个测量的前提应该是保证每个接受测试的被试在学习测验材料的机会上是平等的（Oliver，1993a；Woodworty，1910）。然而在实际操作上，他们并不能保证这样的平等。此外，对于这类基本判断能力和推理需要研究者冷静地反思。

很多心理学家对于能力的定义都有自己的见解（Goddard，Terman，Yerkes，见Gould，1981）。西里尔·伯特给出了一个综合的概念：

> 心理学家理解的智力是先天的，全面的智力活动。它是有遗传性的，至少是先天决定而不是后天学习或训练得到的。它是理智的，非情感的，也不涉及道德，是抽象的概括而非具体。它不是由某种工作或活动限制的，但它操控我们的工作或思想。它是最难达到的。（Carroll，1982，p.90）

对 IQ 测试的效度有着足够的信心，研究者们对此测量的跨文化研究有了极大兴趣。（Gould，1977；Wober，1975）

在 1935 年的一次美国人种志研究协会上，弗洛伦斯·古迪纳夫提出"对智力测验的兴趣扫去了科学谨慎的空白"（1936，p.5）。古迪纳夫认为，对智力的研究有三分之二的文献在材料上都是针对北美或欧洲白人。这使比较气质和性格的异同显得十分仓促，它的效度是令人怀疑的，即使是针对白人被试。[5]

20 世纪美国心理学界最有影响力的心理学家之一罗伯特·伍德沃思，通过检验圣·路易斯博览会在 1904 年对原始部落被试的智力测量（Woodworth，1910）发起了对此测量效度的批判。他梳理了不同智力测验的结果和研究方法，认为智力的确是有不同的，而不是抽象概括的。但是有些人提出了不同看法。例如，斯坦利·波蒂厄斯开展了一项迷宫实验。他采集了各文化的被试数据，认为他的测试是测量广泛意义的智力，并有跨文化的一致性。不过他也说明了南非样本的特殊性和不一致性，因为被试在测试前已经知道了迷宫实验的内容，导致测试数据的无效。（Porteus，1937，p.256）

古迪纳夫认为在这些测验中有一个容易让人忽略关键的弊端，"那些智力测验或者所谓的人格测量都不是测量工具，而是取样工具。"（1936，p.5）当这些工具运用到美国社会中，智力测验代表的一个合理的取样工具。因为他们区辨的是那些在美国社会里被提倡的一些表现行为，但是这些测验并不代表其他文化下情况也是相同的。因此他们的比较是不正确的。将这些在美国文化中得到的结论运用到其他文化中去当然是不正确的。生活在美国文化的子群大众比那些在经济上不如美国的人们要更认同此观点。

基于古迪纳夫的批判,关于文化对智力的影响问题可能会被搁置很久。但是,关于智力测验的跨文化应用的争论仍然继续(Irvine,Berry,1983;Segall,Dasen,Berry,& Poortinga,1990)。

在我看来要保持测量获得文化中立的测量的唯一办法是建构的条目必须是适合所有文化,包含所有文化相同的体验。[6]

按照比内的逻辑,我们必须在所有文化中搜集有价值的成人活动(或者至少在两个文化中),然后区辨出在结构,价值和频率上相同的活动。对此,我不再赘述。这个项目目前还没有人来做。

实际上,我们没有测验是跨文化一致的,也没有很好的理论来解释为什么文化能影响行为。现在的跨文化智力测验正在努力找寻适当的研究结构和理论模型。弗农(1969)认为,智力测试应该包括三个方面:(1)先天智力。指一般的,与生俱来的能力。(2)文化智力。指由生活环境塑造的智力。(3)具体智力。指在完成某些具体任务时要求的能力。

对我自己来说,这种努力是有限的理论价值。这是因为,我们所缺乏的东西正是我们一直在寻找的东西,即,使我们得以阐明文化体验和行为之联系的指导方针。没有这些方针,想以独特的方式来将变量中的成分分离开来是完全不可能的。这并不是说,智力测验作为预测行为表现的工具或样本就没有必要在社会中运用。许多当代研究者是反对把统一的智力测验当做是一种测量智力在文化差异的工具。因为智力测验只是区分那些在现代工业社会经济条件下,能以最少的训练完成指定任务人们的权宜之计(Segall,Dasen,Berry,& Poortinga,1990;Ord,1970)。但是,瑟普尔(1993)指出,这些测试的发展是依靠工业国家的教育机构的发展。在这样的条件下,不同的测验是需要的。

尽管我有一种模糊的观点,即跨文化的智力测验是找到心智中文化影响的一种方式,但是,我的确发现智力测验作为与正式教育相关的智力活动模式是十分有趣的。原因很简单:比内测试题以学校活动和学业内容为基础。不管智力测验与什么无关,但是能肯定它与学校教育有关。

## 记忆和文化

20世纪的早期,研究文化和记忆的研究者们认为原始部落的人们有惊人的超常记忆力。例如,在高尔顿(1883,p.72)的记录中,霍尔认识了一位爱斯基摩人。这个人没有借助任何记忆工具可以画出近六千米的海岸线形状,并且准确度和英国地图的一模一样。不久后,一位研究利比亚种族的人种志学家,沃伦·阿兹维多报告说,记忆力差的老人在其他老人眼里是"小孩子",可能也会被年轻人轻视。(1962,p.13)

最早对文化和记忆开始做实验的心理学家是 F.C.巴特利特(1932)。他提出记忆的组织有两个原则。第一个是结构记忆的过程。他认为,文化是一个群体共同认同的习俗,约定和价值观。在这些活动中,人们形成强烈的感情。这些价值观和表达方式通过文化使人们形成某种心理趋向去选择特定的信息记忆。被吸收的知识组成了图式,对于整个记忆是一个重组过程。图式在内容方面被很详细的展示出来,那些价值较小,没有强烈的感受,用回忆很有用,也较少需要用到图式。

举例来说,巴特利特在东非的斯维斯做了一个非正式的实验。一位农民向巴特利特推荐他的放牧人。他一年前买了一些牛,并在本子上记录了每一头牛在购买时的情况,用来测试放牧人的记忆力。巴特利特要求放牧人说出任何他记得的细节,这位放牧人将当时所购买的价格,标记甚至是这只牛的前主人,除了两个细节外,都记得一清二楚。比如说:"那只有红色斑点的白牛产自冈波巴,花了 1 英镑;那只黑白斑点牛产自洛拉乐拉,花了 3 英镑,其中两包谷子加 1 英镑。"(Bartlett,1932,p.250)

虽然这位放牧人的表现出色,但巴特利特认为表现一般:"这位放牧人对他的牲畜特征保持着精准的记忆。"因为牲畜们经常会混在一起,如果放牧人不能区分出他们的牲畜,就很难将它们顺利赶回农舍。久而久之,他们需要训练自己在这方面的记忆力。

巴特利特还假设有另一种回忆方式,即现有顺序作为组织原则:"有一种低级的回忆水平。它来自于机械的死记硬背。这种记忆相对有较少的兴趣,也没有主要内容。"(p.266)

他的证据来自于当地一个法庭。一位男子因为涉嫌谋杀一位女子而被控告。而这位女子自己就是目击证人。

> 法官:现在请你告诉我你的头是怎样受到打击的。
>
> 女子:好的。我早上起床……(省略无关细节)喝了些啤酒……
>
> 法官:不要提些无关紧要的事情,我需要知道的是你的头如何被打击的。
>
> 女子:好的,好的。我马上就要说了。我没有去过那里,牛栏也一样,我说了话……(又是无关紧要的内容)然后,我们继续……
>
> 法官:你看,如果你继续这么说下去,我们可能会聊一整天,请你说重点好吗?
>
> 女子:是的。但是我没有去那里。所以我们一直都……(很长时间都在讲一些琐事)。我没去那里,牛栏也一样……然后有了争吵,接着就有东西敲了我的头,我就被打晕了。这些就是我知道的。(p.265)

巴特利特不是人种志学家,他关于斯维斯文化的判断必定会受到质疑。他对斯维斯文化的死记硬背的概述有这样的表述:

> 消息在当地人中传得很快。虽然他们没有本土的传播信号,但是无论什么时

候,两个人碰面时,他们都会交流他们的所作所为,所看到的,所学习到的,明确而且清晰。死记硬背是最简单也是最有效的方法。它同样也用在非正式的冗长议会中。这说明了,这个群里有大量的空闲时间,和不协调的兴趣点。每一件事物的兴趣都是相同的。因此,个人的脾气和社会组织都对回忆有一定的影响。(pp. 265-266)

在巴特利特的论断中,他和里弗斯犯了同样的错误——用欧洲文化的模式去判断其他文化,这使他过度推断了他所搜集数据的结果,缺乏逻辑。

关于实验效度,他意识到他所说的死记硬背有点夸大,这种记忆方式可能是在特定社会条件下。这也唤起了心理学对文化因素的重视。他写道:

> 将听众置之不理,回忆的方式也发生改变。最重要的一点是,必须考虑叙述者他自己的文化圈,他与他听众的关系。如果听众是顺从的,谦卑的,他就会变得自信,对于他的夸张也能被他的圈子所接受。如果听众是主导且高傲的,听众可能使叙述者变得死气沉沉,不管他是否有趣,听众只接受他们喜爱的东西。那么叙述者可能在记忆上进行改变来迎合他的听众。每位人种志学家都很清楚,或者应该清楚这一点。社会环境决定回忆方式,而这方面的研究还远远不足。(p.266)

巴特利特的观点很快受到一位人种志学家 S.F.纳德尔(1937b)的检验。纳德尔对约鲁巴和尼日利亚的努佩族进行了现场观察。这两个种族在物质环境,经济条件,社会组织甚至语言上都很类似,但是却在很多方面不同。

根据纳德尔的观点,约鲁巴的宗教以"精细且等级分明的神明"为特征(p.197),每一级都有自己的特殊职责和功能。约鲁巴文化在写实绘画和戏剧上都很发达。相比之下,努佩文化关注"一种抽象模糊的,理性力量。他们在装饰艺术上有很高造诣。和约鲁巴相比,他们没有戏剧的传统"(p.197)。

纳德尔建构了一个故事实验可以同时测试两个文化群体的记忆。这个故事讲的是一对夫妻有两个儿子。这两个儿子都爱上了同一个女孩,而这个女孩更喜欢小儿子。于是,大儿子就杀掉了小儿子,这个女孩知道后,伤心地离开了,再也没有回来。纳德尔认为在这个故事情节上,两个文化群体在记忆上会有不同的侧重点。比如,情境部分(上帝会报复),逻辑线索部分(当这两个儿子长大)。他假设约鲁巴群族会关注故事的结构逻辑,而努佩群族更关注背景和细节方面。因为这些特征会适应他们的社会习惯和连接图式。纳德尔抽取的是这两个文化群体中 15—18 岁的男孩,要求他们在听完故事的几个小时后,进行回忆。之前并没有告诉他们有这样的要求。

纳德尔的结果验证了他的假设。约鲁巴的被试回忆起更多的故事的逻辑结构而努佩的被试回忆起更多的事实和细节。例如,只有 3/20 的努佩被试回忆起了"当这两个儿子长大后"的句子,而约鲁巴被试的数量则占 17/20。有更多的约鲁巴被试回忆起两个儿子的争吵过程。这个过程是引起谋杀动机的关键因素。

相比之下,更多的努佩被试能准确的回忆背景部分,并且喜欢添加他们自己的演绎,让故事更加的有画面感(p.201)。例如,一个被试回忆时,两个兄弟是在"旅行"时遇见了女孩,而另一个被试认为是在"他们的镇上"遇到了女孩。努佩被试回忆谋杀的细节也更为详细,会添加"当天黑的时候"这样的描述。[7]

和那些拥有出色记忆的原始部落人们相比,在这两种文化中没有人能很完美地记住这个故事。然而,在现在的情境下,令人注意的是在经验和图式上的质性差异。这和"约鲁巴人和努佩人谁的记忆力好?"无关。问题的关键是,正如巴特利特的理论所预料的,两个部落的记忆都是基于他们的文化兴趣点的。

关于死记硬背的概要人口学数据也应用了巴特利特的观点。作为关于亚蒂穆尔(新几内亚的一个族群)的认知研究之一,格雷戈里·贝特森发现在他们中受过教育的人们在对图腾和在辩论中出现的"名字歌"里的名字的记忆表现得尤为出色。那些歌里的名字的数量多且难度大,贝特森推测那些受过教育人们的脑中大概有一万到两万个名字左右。

这些材料似乎为检验机械记忆能力提供了很好的素材。于是,贝特森记录了被试在不同情况下记住名字的顺序。他发现人们在不同情境下记住名字的顺序是不同的,并且不苛求顺序一致。当他们对某组名字回忆不完整时,他们不会重头再来一遍,这样就意味着是机械记忆。当向被试询问过去发生的事件时,他们也不会按照事件发生的事件顺序来回答。针对巴特利特的说法,贝特森认为,"虽然我们可以说机械记忆对于亚蒂穆尔的认知来说不是基本过程,但我们不能否定它有可能是更高过程的基础。"(1936,p.224)

## 记忆和文化的现代研究

基于巴特利特,贝特森和纳德尔的研究,我和同事们在利比亚的中部对克佩列种植稻谷的农民进行取样,针对他们的记忆做了一系列研究(Cole, Gay, Glick & Sharp, 1971)。这一系列研究有很多研究目的,其中之一是检验巴特利特关于未受到教育的非洲农民的记忆问题。巴特利特认为当他们面对一些很难触动"强烈感情"的记忆任务时,有可能使用机械的死记硬背的方法。

我们使用的任务很多都是在心理文献中被称为"自由回忆"中常见的任务:给被试一个列有记忆条目的名单,要求被试自由回忆上面所列项目,不强调记忆顺序。这个过程在 20 世纪 60 年代成为经典。研究发现,当所列项目明显属于一类范畴时(衣着,事物,餐具,工具),即使是随机的排列顺序,被试也不会按照所给顺序来回忆。他们会按照自己的想法将项目聚集起来(Bousfield,1953)。对于(受过教育的)美国成年被试,当重复复习时,回忆的数量和分类会增加;而对于年龄小的儿童被试来说,很少会分类,即

使重复也没有很大提高。(见 Kail,1990)

我们认为这种自由回忆的列举不会唤起强烈的社会情感,因此当未受教育的克佩列农民要求记忆名单上的条目时,他们很可能有机械记忆的倾向。在研究中,我们创建的回忆条目是当地熟悉且已分类的。

虽然实验过程可能在每个实验中有稍微的变化,向被试一次只展示一个条目名单,间隔最长为两秒。然后要求他们回忆出条目。当所有条目都展示出后,要求他们报告出他们记住的内容。这整个过程重复至少五遍。

和早期巴特利特预期的结果不同的是,我们并没有发现机械记忆的证据。实际上,我们也没有发现被试在回忆时有任何的组织模式。被试既没有按照我们给出的顺序来回忆,也没有按照适合自己文化的重新分组回忆。

和大众强调的未受教育的族群有较好的记忆力这一观点相反的是,在美国的研究中他们的表现并不好。即使在多次重复学习后,效果也并不理想。20 个项目重复 15 次,被试也只能比最初回忆时多一个或两个条目。

这些差强人意的结果促使我们改进实验,来检验是否真的有方法能够提高回忆水平。改进如下:

(1)被试每回忆出一个字,我们都会付给被试报酬。这样检验出被试是否真的有努力回忆。被试在回忆中报告了很多字,但他们的记忆仍没有提高。

(2)我们向被试展示他们所要回忆单词的实物。这样可以让单词具体化有利于回忆。结果显示,实物的确有利于记忆,但对于美国被试来说,这种方法并没有预期的效果。

(3)我们尝试各种操作让名单的结构能够突出(如写出分类或在不同位置展示条目),但回忆程度并没有受到影响。

(4)我们没有要求被试回忆条目,而是让他们回忆那些放置条目分类的地理位置(四个椅子一排)。如果条目根据他们的分类关系放置在椅子上,被试则很快学习并能聚类他们的回忆,这意味着当分类结构足够的清晰,克佩列民族有能力在分类信息的帮助下记忆。

基于之前我们在讨论智力测验那一章里谈到的测验材料能否适应被试的文化背景问题,在这里我们也需要考虑我们所要求的记忆任务是否合适克佩列民族的记忆方式。面对单词列表或物体名词,对他们来说这种记忆任务是否只是单纯的记忆? 我们如果用其他更适合克佩列民族的记忆任务,所得到结果还是一样吗?

我们用两个研究来验证这个假设,每个研究中所用材料都是叙述性故事。第一个研究中的实验的材料是相同的 20 单词,分别属于四个类别。这一次的条目是包含在一个传统故事中,不同程度上反映了分类的标准。

实验材料都是以故事的形式呈现。故事讲的是求婚者用所要求记忆的条目作彩礼向镇长的女儿求婚。故事有两个完全不同的版本。在一个故事中,第一个求婚者提供的是衣服;第二个求婚者提供的是食物;第三个求婚者提供的是工具;第四个求婚者提供的是餐具。在另一个故事中,一个男人企图绑架镇长女儿,绑架途中她掉了许多东西。虽然这些掉的东西和分类无关,但在她所丢失东西的顺序是可以随着故事发展理解的。

在这些条件下,故事的情景是会影响要求记忆的那些条目的。在第一个故事里,被试所能回忆起的条目都是群聚在一起的。第二个故事里,可以回忆的东西却是由故事发展的情形而定。故事结构对回忆的影响是显著的。在这些被试中,不同的人对作为彩礼的条目分类是不同的。人们只对那些能赢走姑娘芳心的条目分类记忆深刻。当我们要求被试说出其他条目时,他们认为那些条目是多余的。

不久后,我们对邻近利比亚的另一个族群,瓦伊民族,做了另一个实验。我们测量了他们的回忆水平和模式,所用的材料和在美国用的一连串故事是一样的(Mandler,Scribner,Cole & DeForest,1980)。为了适应当地文化,这些材料使用了当地人和动物的名字。但是整体回忆水平和模式对于瓦伊族和美国成年人是完全一致的。[8]

## 对标准跨文化研究方法的评估

以上三个心理过程的选择性综述绝对不能完整的提供在跨文化研究领域中的成果和问题。但是综述中所列举的研究为跨文化心理学家们展示了在这个领域中长期存在的问题。

从拖雷斯海峡的实验来看,文化环境似乎没有影响视敏度,但是却影响了视觉对模糊刺激,例如视错觉的解释。我们假设视敏度是基于基础的心理过程,"感知推理"属于更高一级的心理功能。对于这个假设是非常理想的,但我们也不能确定它是否为真。感觉阈限的文化一致性被不同文化的解释所混淆,因此阈限的大小就变得不确定。视错觉的存在是确定却又饱受争议的。主要问题在于是否存在这个文化的自变量。被试的文化背景不同,眼睛的生理结构也不同。事实上,文化不是真正意义上的自变量,因为它在实验上无法操控,被试无法随机分配,它存在于实验的整个过程。

关于智力测验的跨文化研究没有发现智力的本质,反而让人更加怀疑在跨文化研究中使用这种工具的可行性。智力测验的确能区分出哪些人能够在现代的工业社会具有更高的适应力,但在心理学上的意义却并不突出。

这些限制让跨文化研究使用标准化的智力测验来解决先天和后天的争端,研究者们也努力寻找适合研究的实验被试(例如双生子研究;Plomin,1990;Scarr,1981)。然而这些研究仍然是有争论的,因为有些实验设计在道德上并不符合要求。

和感知敏感度实验一样,记忆的研究提出了和以往观点相反的意见。他们并不能说明未受教育的族群有超常的记忆能力。而且并非是那些传统居民比那些受教育的被试有较好或较坏的记忆。他们认为所谓文化差异是由于日常生活活动中的组织方式的差异,文化的差异对记忆的影响是最少的。当一个社会热衷于制度化的实践活动而另一个社会没有,那么我们可以推断在记忆的过程总文化差异通过具体的记忆方式体现出来了。

如果我对这三类研究的举例能够说明一些其他心理学领域的成果,那么跨文化研究的边缘性对于主流心理学来说就不言而喻了。它本质提供的价值是微小的,基础地位也是令人怀疑的。

但是,这个结论让科学心理学处在了一个尴尬的位置,因为宣称是"行为准则"的观察法让文化这个变量无法测查。这种位置就像一个人沿着昏暗的路灯在寻找他丢失的车钥匙。那些在实验中忽视文化因素的心理学家认为这些钥匙已经不复存在,因为他们根本就不在路灯下。

然而,那些认为文化在人类本性上有重要影响的心理学家们一直寻找着能够让灯光照得更亮的方法,以便去发现开启认知和文化间关系的那把钥匙。接下来的一章,我将会对近几十年来人们特别关注的认知发展领域中的跨文化研究作一介绍,详细说明认知领域中现代跨文化研究的标志性成果和存在的问题。

注释:

1. 威廉·克森(1990,p.12)提供了一个社会科学各领域研究组织成立时间的目录:1880 年,政治学会;1884 年,美国历史学会;1885 年,美国经济学会;1892 年,美国心理学会;1899 年,国家社会科学研究所;1902 年,美国人类学会;1905 年,美国社会学会。

2. 我知道想在同一个文化群体中用相同的程序都不可能重复任何一个跨文化的心理学实验。然而,已经有人尝试通过相同的程序在有相同因果关系的群体里做实验。比如,1976 年 A.R.鲁利亚演绎逻辑的研究,得到的多数结果都得到了验证。( Cole, Gay,Glick 和 Sharp,1971;Das 和 Dash,1990;Scirbner,1977;Tulviste,1991)

3. 铁钦纳没有完全反对跨文化研究。实际上,他认为实验室研究者和现场观察研究者能相互合作,并大胆的假设认为通过精确的工具能够在基础心理学功能上作出有效的比较。然而,当我们认为研究者的感受性测量工具受到自身主观影响时,不可否认初级和更高级的心理过程都会涉及。

4. 在此我所提供的细节只是为了让读者对研究项目和主要发现有一个大致的了解。想进一步了解原始研究及结果可参考 1990 年西格尔、大森、贝里和帕尔汀格的研究以及 1977 年瓦格纳的研究。

5. S.F.纳德尔,一位人类学家,也同时对这个话题做过回顾,他总结了多数人类学家的观点,认为这些研究里的得分完全超过了那些曾经研究过这个群体的想象。不仅在时间上,而且当地人在社会化和适应环境的得分上都如此之低。

6. 伊尔斯(1951)提出了文化测试中的三条标准:(a)在问卷中的条目必须对于多数亚文化群体所熟悉(或不熟悉的);(b)所使用的文字或符号,对于多数亚文化来说都是熟悉(或不熟悉的);(c)对于不同亚文化群体来说,测验必须具有相同的吸引力或动机。

7. 多年后,杰列科夫斯基(1970)比较赞比亚城市和农村的青少年上,得到了相似的结果。他正确的预测道:城市被试比农村被试会在故事中更强调时间因素,对于城市被试来说,时间和日期在他们的生活中是最基本的构成因素。在两组被试的回忆故事中,非时间方面的因素都没有显著差异,但城市被试对时间词显示出强烈的回忆。

8. 杜布(1977)和罗斯,米尔索姆(1970)两个实验都用了回忆材料。发现非洲被试比美国被试要回忆的更好。

# 第3章　认知发展、文化和学校教育

　　在心理学成为一门独立科学学科之前的几十年里，根据19世纪那些关于人类心理的理论，我们很明显地可以看出：第2章中讨论的三种研究思路都不能解释心理发展的问题。发展导向的研究似乎是解释文化与认知之间关系的一种自然途径，这种方法也能解释这样一个普遍的观念：欧洲社会在一些社会发展的关键指标上，无论是在认知上还是在经济上，都比欧洲以外的其他国家更为发达。然而，也有一些例外（如玛格利特·米德在1932年对"万物有灵论推理"的发展研究，以及一些俄国的心理学家如鲁利亚在1931年和1976年开展的研究），这些跨文化的发展研究由于第二次世界大战前长达几十年的研究停滞而显得十分突出。

　　对于早期的跨文化心理学家来说，可能有许多原因致使他们将研究的关注点放在了成年人身上。首先，主流的科学心理学在研究方法上毫无发展性可言。这是因为，为了探究心理活动最普遍性的规律，研究者可以使用包括小白鼠、猴子和人类在内的被试进行研究。因此被试的选择主要取决于便利性而不是根据被试之间心理功能的差异性。其次，发展性的比较为跨文化比较研究已有的严重问题增添了新的方法论问题。（Cole and Means，1981）。处理成年人跨文化研究所伴随的交流和实验控制的问题已经十分困难，那为什么还要要求与儿童进行清晰的沟通交流呢，这无疑只会增加研究的难度。

　　即便存在这些问题，发展性的研究在20世纪60年代以及随后的几十年里依然成为跨文化研究中最流行的研究范式。跨文化发展性研究的关键在于当时的国际大环境，即第二次世界大战后为了重新划分世界格局的共同努力。

　　在第二次世界大战期间的最初几年里，大批社会心理学家和联合国的多家机构（特别是UNESCO，联合国教科文组织）一起合作，致力于规划战后的世界（Lipset，1980；UNESCO，1951）。战后世界的重建显然包括了殖民地的独立，以及先前的殖民地必须以更加平等的地位和处于工业社会的国家交流，这一点是十分明确的。这种变化被认为是一个在社会、政治、经济和心理各个层面上的发展过程。

　　查阅联合国教科文组织在20世纪40年代和50年代的档案记录，我们会产生这样一种强烈印象：19世纪有关文化和心理的观点完好无损地保存了下来。联合国教科文组织的规划文件有一个基本前提：较低的经济、政治以及社会的发展水平与一定程度的愚昧无知有关,因为愚昧无知会阻碍规划师所预期的未来世界经济所应有的发展变化。

经济学家丹尼尔·勒纳也持有同样的想法,他认为现代思维的一个关键特质就是从他人的角度出发去理解他人想法的能力,以及领悟他人的观点(Lerner,1958)。对于心理的现代化与现代经济活动的关系,勒纳进行了相当具体的阐述。对于理解他人观点的能力,他认为"这是推动人们从传统社会环境得以发展的一项必备技能……我们的兴趣在于探究那些理解他人观点能力强的个体既是财富的拥有者,也是电台的收听者以及选民的内部机制是什么"(Lerner,1958,p.50)。按照勒纳的观点,那些没有接受教育的原始人,由于缺乏理解和同情他人的能力,因此就无法步入现代经济和政治关系。

将文化带到欧洲之外世界的策略基石是,通过现代教育使人们从贫困和愚昧无知中挣脱出来。对于完成这一任务的最好方法,有两种不同的观点。第一种观点认为应该给人们提供"基础"教育。基础教育的核心是一种"在实践中学习"的教育模式,旨在为他们提供更多影响他们生活的世界大事的相关信息,以提高他们对地方环境的掌控力(UNESCO,1951;Van Renberg,1984)。基础教育并不需要像正规的教育那样。许多人认为,在日常活动的情境中进行非正式的教授知识其实是最好的方式(UNESCO,1951)。

基础教育是知识灌输的一种文化保守主义的策略,因为它假定知识会服务于人们现有的价值观,而且人们会像以前一样,在同样的地方继续生活,做着和以前基本相似的工作。相反地,正规教育假定,儿童会经历一种不同于他们传统群体的全新生活方式(Serpell,1993)。虽然这一观点吸引了教育改革者的目光,但是支撑正规教育方式的观点夭折于联合国教科文组织总部和当地教育部门的沟通协调过程中。实际上,许多地区正规教育的模式大多仿照欧洲或者美国的形式,这主要取决于谁是这些地方以前的殖民国。我们经常可以看到孩子们在学校的情况,五十或更多的学生挤在一间教室里,读着在明尼阿波利斯市(美国城市)已经被抛弃很多年的教科书。

在 20 世纪 60 年代和 70 年代期间,整个心理学,以及关于发展问题的跨文化心理学研究才真正起步。[1]教育对发展的影响是跨文化研究关注的一个焦点问题,这是因为教育被假定和经济以及认知发展相关。

这些研究项目在 20 世纪 60 年代蓬勃发展,研究项目中对发展问题研究的基本分析单元,文化对认知发展影响的理论解释,以及研究方法上的取向都不太相同(参见 Berry,Poortinga,Segall,and Dasen,1992;LCHC,1983;and Segall,Dasen,Berry,and Poortinga,1990)。下面我将对一些主要研究进行总结和比较。

## 利比里亚的新数学规划

在那些我们现在称之为"欠发达国家"中,用教育作为经济和社会发展动力的努力使得我有机会进入跨文化研究领域。在 20 世纪 60 年代，在联合国以及国际开发署，以及和平队等国家项目的支持下，许多非洲国家扩大了他们的教育系统。尽管外部支持是一件好事，但这些努力也导致了各种各样的问题，最重要的是当地的学生表现较差。心理学家和其他一些专业团体，被呼吁为他们提供必要协助及提出意见和建议。

1963 年，我参与了其中一个项目，它的目的是改善西非国家利比里亚儿童的学业成绩。该项目的发起者是约翰·盖伊，他在坐落于克佩列人聚居地的一所小型主教大学卡廷顿学院任教。在学院以及附近村庄的十来年教学生涯中，约翰注意到当地青年比美国学生在数学知识掌握上有更大的困难。在一次汇聚了来自全国各地的撒哈拉以南非洲地区教育工作者的数学教学研讨会上，约翰遇到了对当时时髦的"数学新课程"的应用感兴趣的学者。约翰认为，需要更加根本的一些变化才能使那样的课程对他所教的孩子有用。他赢得了支持，带着一群学者到利比里亚考察土著的数学知识和实践，以期待他能根据本土知识设计课程。我就是被派去帮助他的心理学家之一。

在当时来说，这其实是一个奇怪的选择，因为派我去帮助约翰主要是基于我正好用得上而不是基于我的任何特殊专长。我在研究生阶段接受的训练是心理学的一个分支，即数学学习理论，它是用代数和概率论构建学习模型。这种形式的理论基于实验数据，这些实验模拟简单的学习和问题解决任务。我在本科阶段修过人类学导论，但我从没有接触过现场研究方法和人类发展或教育。我被派往利比里亚两个星期，除了所需的疫苗接种，并在地图上找到利比里亚，几乎没有足够的时间做其他安排。

当我到达那里的时候，我特地去问那些经常与孩子在一起的人，了解孩子在学校的困难，特别是他们在数学学习上的困难。结果发现，他们在诸多方面都存在智力方面的困难。比如，他们难以区分不同的几何图形。有人告诉我，那些孩子有严重的知觉问题。这使得他们几乎不可能解决那些即使很简单的拼图游戏。我几次都听到："非洲人不能做拼图游戏"。我也了解到，非洲人不知道如何分类，当他们面临思考和记忆之间的选择时，他们将采用死记硬背，他们总是被认为死记硬背的能力是很强的。

这些断言，即欧洲人所谓的原始心智已经被重复一个多世纪了，虽然我当时并没有意识到这一点，这个断言是基于文化差异的缺陷模型。一个不会做拼图游戏的人，一定有知觉上的问题；孩子通常采用死记硬背的方式并不是学校教学形式的缘故，而是源于根深蒂固的文化习惯。纯粹直观来看，我发现这些概括很难令人信服。不能做拼图游戏与一般的知觉能力缺陷还是有很大的区别。

通过访问那些学校，我了解到了一些上文提到的那些断言的缘由。在许多教室里，我看到学生都在死记硬背。那些孩子不仅被要求背诵那些自己并不理解的长段欧诗，他们还似乎相信数学也完全是记忆问题。教师抱怨说，他们在课堂上呈现"2+6＝?"这样的例子，然后在测试时问"3+5＝?"，学生们可能会抗议该测试是不公平的，因为它包含的题目并没有在课堂中出现过。虽然这样的情况在美国课堂中并不陌生，但据我观察,这在利比里亚教室里却非常普遍。

我接触到一些当地人,他们生活中充满着土著文化实践而非以教育来改变生活的现代经济文化,这些使得我对克佩列人的智力技能产生了完全不同的印象。在拥挤的市场中,人们买卖各种商品,从传统物品如稻米、屠宰肉类、布料等,到现代商品如婴幼儿配方奶粉、硬件和建筑用品。在的士小巴我经常与出租车司机讨价还价,他用一个对他们有利的简单公式来计算英里、道路质量、汽车的轮胎质量、乘客人数和乘车距离时,似乎没有困难。

这些观察引起的问题直到今天仍然困扰着我。若根据他们在游戏拼图以及在学校学习数学时的表现判断,克佩列人似乎比较傻;若根据他们在市场、出租车以及其他场合的行为判断,他们似乎比较聪明(至少,比一个去当地的美国游客更聪明)。人怎么会同时很傻又很聪明呢?

我们最初的研究基于两个简单的假设。首先,我们认为,尽管克佩列儿童可能缺乏特定的经验,但他们并不是一般的愚昧无知。与第一个假设密切相关的假设二是,熟能生巧,即如果个体经常参与一定任务,则其表现会变得更有技巧。

因此,如果我们想理解为什么克佩列的孩子在数学相关的问题解决任务中有困难,我们需要考察克佩列人在生活环境中遇到的一些数学问题。也就是说,我们需要研究他们的日常活动,涉及测量、估算、计数和计算等,这都是从学校教育的角度理解本土数学的前提。我们还考察克佩列人如何安排他们的孩子习得成人所需的知识和技能的方式,以此作为评估学校教育困难的背景。

在我们的研究中,我们不仅选择了一些直接来自于美国已有的某些任务,还选择了可以模拟克佩列人做事方式的任务。前者包括简单的分类任务,一个拼图游戏,以及在智商测试中经常可见的词汇测试任务。这些研究有时候揭示了当地人预期会存在的困难,但是有时却没有困难。例如,在一个分类研究中,我们要求把八张卡片按照大小、黑白、三角形和正方形分别分为两类。结果发现这个任务对于当地人来说是非常困难的。成人在根据颜色分类卡片时往往会表现得比较痛苦。只有极少数人能够将其按照形状或大小分类。当我们用典型的男性和女性图画替换几何图形的卡片后,这种困难仍然存在。但是在那些模拟克佩列人做事方式的任务中,结果却是截然不同的。

### 对稻米数量的估计

克佩列人的传统是稻农出售额外的稻米来补充他们(较低)的收入。陆稻种植是当地人勉强维持生计的农耕产业,大多数村庄会经历一个所谓"饥饿期",即在头一年食物供应结束到收获新作物的那两个月。

可以预料,单一的谷作物作为他们生存的核心,克佩列人在谈论稻米时有着丰富的词汇。我们特别关注的是他们谈论稻米数量的方式,因为我们已经知道克佩列人往往

"不会度量",我们想检验在对他们生活至关重要的领域中这种情况是否依然相同。约翰发现他们测量稻米的最小标准尺度是科皮(kopi),是一个可以装一品脱的罐头。稻米也通过桶、铁罐和袋子存储。科皮充当一个共同的度量单位。当地人认为,一桶是24科皮,一罐是44科皮,两桶相当于一罐。一百科皮为一袋,其中包含约两罐。按照我们的标准,杯,桶,罐,袋之间的关系是不精确的,但也比较接近,它们反映了一个共同的度量单位,即杯(度量科皮的器具)。

我们还了解到,稻米以杯这种重要的方式进行交易买卖时略有不同。一位当地贸易商买稻米时,他让科皮的底部凸出来,以增加容器的容积,当他卖稻米,他则用一个平底的科皮。我们推测,这种小差异对那些一年中有两个月会挨饿的人来说具有重要意义,所以我们决定使用当地的测量工具,科皮做实验,考察那些人估计一个碗里的稻米有多少的能力。

用这些工具,我们进行了一项"回溯性的"跨文化实验,即基于克佩列人生活实践的实验。被试是80个美国工作阶层的成人,20个美国10—13岁还在上学的孩子,20个克佩列成人,20个克佩列还在上学的孩子。给每位被试呈现四个容积相同的碗,每个碗里盛了不同数量的稻米(分别是1.5、3、4.5、6科皮),让他们以科皮作为基本的测量单位,估计每个碗中有多少科皮稻米。克佩列成人估计得非常准确,平均只有1%—2%的错误率。可是,美国成年人,估计1.5科皮的稻米超过了总体的30%,而估计6科皮的稻米时超过了总体的100%。在最小容量稻米的估计上,美国上学的孩子与美国成人的估计准确率差不多,在其他容量稻米的估计上,美国学龄孩子与克佩列学龄孩子的准确率接近。

这个结果支持我们的基本假设,即人们会发展出重要生活领域中的文化工具和相应的认知技能,这些工具和技能非常重要,就像稻米对克佩列人很重要一样。不论文化差异对于数学能力上的差异贡献有多少,但对于测量概念和技能的缺失并非数学能力产生差异的原因。

在估计稻米数量的实验中,不仅融合了本土的知识系统,比如克佩列人关于估计稻米的知识,还有本土的与估计有关的一些过程:在超市,人们经常会遇到一些女人用大碗来作为卖米的工具。因此,我们的实验任务中,给克佩列人呈现的是与他们生活息息相关的内容和过程。

### 实验人类学和民族心理学

在我们开始关于克佩列人数学问题的研究中,我们发现上过几年学的孩子与没上过学的孩子相比,在我们实验任务中的表现截然不同。学校教育对他们的思维产生了很大影响,尽管他们的学业成就水平较低。

1966年,我们得到一个继续扩展我们实验的机会。与以往仅关注于某一个特定的内容领域不同,我们考察了学校教育对于孩子认知发展的影响,以增加研究结果的可信度。这些研究的目的是提高学生的学业成就,我们认为这样的研究必须基于人们的日常经验。不过,相对于第一次的实验尝试,这次的研究更多地立足于"基础"而非"应用"。[2]

我们对人们每天的活动进行民族志的观察,以此来开始这个研究项目,这些观察则可以作为后续实验研究的参考。我们雇用了一个年轻的人类学家,贝丽尔·贝尔曼,让她住在那个遥远的村庄,以便于学习那里的语言,从而可以为我们研究合适的活动(如盖房子、处理法庭案件、为去市场做准备等)提供建议。

我们也用对这些日常活动的民族志观察,作为当地人智力的标准。如果人们在每天的讨论争辩中都富有逻辑性,我们则不太愿意根据他们心理测试的结果作出他们在争论中没有逻辑性的结论。

最后,我们根据当地的活动和分类的知识去确定各种实验任务。比如,约翰·盖伊设计出一种扩展分析克佩列人分类系统的方法,作为在第 2 章中讲到的记忆研究的设计基础。

从心理方面来说,我们开展了很多源于美国认知发展研究的实验任务。但是标准程序,如语言的和民族志的观察,仅仅是分析的一个起点。当我们遇到非常差的表现时,就修正我们的程序,找到那些更具有心理过程意义的条件。第 2 章中讲到的自由回忆记忆研究就是这种研究方法。

### 分析本土活动

以观察和分析当地人智力成就的一个活动作为例子,我们研究人们在一种叫做玛琅(malang)的传统棋盘游戏中使用的策略,这种策略在非洲和东南亚等地大量的游戏中都比较常见。这种游戏在一个有两排六孔的棋盘上进行,最开始有四颗棋子分别在一个孔中,玩家需要根据一定的规则占有所有的棋子。我们组织了一场由 16 岁的人参与的比赛,从而观察他们使用的策略。从中我们得到了几条策略:建立稳固的防守、引诱对手过早行动、灵活分配棋子等。这些观察使我们确信所有的人都在使用这些智慧的策略,其中某些策略是比较复杂的。但是,我们并没有把这种游戏成功用于实验之中,一旦成功在实验中应用,就可以把那种行为与来自心理学文献的任务中使用的策略联系起来。同时,由于很少有成年玩家上过学,因此,我们也没有比较接受过学校教育的人与没有接受过学校教育的人之间的差异。[3]

类似地,为了考察在辩论中使用的策略,我们研究了法庭案件。同样,我们可以提出几个可能的认知技能:我们发现人们从证据中进行逻辑性的辩论,同时从给他们选择性的呈现证据中寻找避免不利的判决。但是我们并不能用法庭案件中的语言辩论作为模型,提出一个满意的实验。[4]

根据我们在这个领域的经验和人类学的文献，我们知道当接受过城市教育的美国人和欧洲人来到非洲农村，他们通常在辨别那些当地人乃至当地的孩子都非常熟悉的不同种类的植物上会存在困难。与我们项目合作的民族志学者贝丽尔·贝尔曼，对当地的医疗实践非常感兴趣，但由于不能辨认一些医用植物而受到了阻碍。

当地有一个游戏，孩子们用绳子穿叶子，穿得越快越好，并对每一片叶子进行命名。我们决定考察人们对叶子的命名和分类，作为考察克佩列人分类和记忆研究的一部分。我们安排了一群美国和加拿大的大学生，和平队的志愿者和一群文盲农民去尝试识别当地树上或藤蔓上采集下来的 14 片叶子。

每一组被试被安排到三种实验条件中的一种。条件一，即对于第一组的被试，给他们呈现每片叶子，然后分别告诉他们该片叶子来自于树或者藤蔓，把全部的叶子打乱后，再呈现每片叶子，并问他们刚才的叶子是来自于树还是藤。条件二，呈现给第二组被试的叶子与第一组的叶子是完全一样的，但是告诉他们这些树叶（或藤叶）属于苏莫（Sumo）或托格巴（Togba），苏莫和托格巴是当地人非常熟悉的两个小说人物，然后分别问每片叶子属于谁。在第三种条件下，仍然说叶子属于苏莫或托格巴，但是这些树叶或藤叶均是随机分配给苏莫和托格巴的，这样当地人对叶子的分类（即叶子是树叶还是藤叶）在此时是无效的。在所有的条件下，实验程序都是一样的，一旦被试回答错误，均会给被试提供正确答案。对于两组人和三种条件，在正确识别所有的叶子前，叶子需要被呈现的次数如下：

|  | 树或藤规则 | 苏莫和托格巴规则 | 苏莫和托格巴随机 |
| --- | --- | --- | --- |
| 利比里亚文盲组 | 1.1 | 7.3 | 6.8 |
| 美国人/加拿大人组 | 8.9 | 9.8 | 9.0 |

美国/加拿大学生，不论对于哪一种学习条件，完全正确识别所有的叶子平均需要呈现 9 次。当地的农民学习得更快，但是对于不同的学习条件，学习效果差别很大。当问他们叶子来自树还是藤时，他们正确率几乎百分之百。当问他们哪些叶子属于苏莫，哪些叶子属于托格巴时，不论是在第二种或第三种条件下，他们的正确率没有明显差别（尽管在两种条件下，他们的表现都好于美国人/加拿大人组）。在第二种条件下，他们并没有采取他们熟知的类别差异策略。

在这个后续的研究中，我们发现在某些情况下，美国的大学生很专注于成对的类别差异，比如所有藤叶属于其中一个人，所以树叶属于另一个人，但是对于那些具有明显分类结构的却不是成对的任务上有很大的困难，比如叶子是随机属于某一个人的情况。在这些情境中，当地的农民很难发现潜在的分类结构，但是他们在学习杂乱的分类列表时，反而比美国人更快。

树叶研究很有趣同时也让人困惑。当地人能够根据合适的分类清楚地识别叶子，并对它们进行正确的分类。但是当我们创建一个虚假的分类，毕竟，为什么所有的藤叶都属于苏莫，所有的树叶都属于托格巴，是没有原因的，即使他们已经知道这样的分类，但是这种分类方式并没有影响他们的行为。这些结果与第二章中自由回忆记忆的研究结果是吻合的。相对而言，接受过高等教育的外国人，树叶分类学习较慢，不能利用类别的差异，尽管其他研究显示他们善于寻求和利用其他信息去帮助自己的学习和记忆。

当我们对第二次的研究进行总结的时候，我们得出的结论是，认知上的文化差异更多是因为特定认知过程的情景差异，而不是相应认知过程在某类文化中是否存在（Cole，Gay，Glick，and Sharp，1971，p.233）。

关于这个结论，值得注意的是，我们并不否认由于一些特殊的经验差异，导致特定的文化群体存在某些认知差异的可能性。学校教育就是这样的经验：实验证明正规的学校教育会使人们学会把没有联系的信息整合起来以便于记忆，比如上面提到的文化/认知差异。不过我们也并没有假设在我们实验任务中较差的表现就一定意味着巨大的认知差异，比如不能够在记忆中组织概念性的经验。我们认为在实验中表现不好可能是由于任务本身或者我们对于任务与当地活动之间关系的理解的原因，而非人们的心理差异。有些时候，我们能够在制定的实验任务中发现所谓"能力缺失"的现象，有时候则不能。

### 使用民族志的例子

当我们根据民族学，修改了实验任务，但没有导致被试较好的表现时，我们为他们提供一些我们从民族志观察中获得的有关认知能力的例子。例如，我们进行了一系列研究去评价人们就特定的物体与他人沟通的能力（Cole，Gay，and Glick，1968）。这个任务是模拟罗伯特·克劳斯和萨姆·格拉斯博格（1969）在美国孩子身上的研究。克劳斯和格拉斯博格报告显示 10—11 岁之前的孩子在这项任务上的表现都较差，这种较差的表现可能是由于孩子们较强的自我中心的缘故。我们关于这个任务的修改版是让一个人（讲话者）告诉另一个人（倾听者）桌子上都排放着什么物体（只能描述物体的特征，不能直接说出物体的名字）。这两人面对面坐在一起，但由于中间有一屏幕相隔，他们并不能看见彼此。

即使使用当地有意义的刺激物，且由于这些刺激物具有不同的物理特征而很容易区别开来的时候，讲话者给倾听者的信息通常较少。例如，当他们谈论的是一个小的弯曲小棍时，讲话者需要表达"棍"或者"小"，事实上，只有大小和形状这两个特征会导致它们很难与其他一些可能的物体区分开来。即便他们重复练习这个任务，他们还是存在很大困难。在这些任务上，我们没有发现参与者使用更细微的参考特征。但是因此就得出正常的克佩列成人也像孩子那样具有自我中心的局限性的结论是非常荒谬的。

此时,看看我们或者其他人的观察,一些在我们实验任务中没有表现出来的认知能力,在其他文化背景中却是明显存在的。比如,在法律诉讼的记录中,一帮老年人会说"深度卡佩列语言",这种语言作为一种语言的隐喻形式,用来在老年人群体中交流,但是他们在与其他群体交流时往往显得没有足够的能力。

另外一个例子来自埃文斯·普里查德(1963)的讨论,这个讨论谈到的是肯尼亚阿赞德地区一种叫桑扎(Sanza)的话语模式。桑扎是一种语言风格,人们利用语言的模糊性控制别人,以避免敌意带来的报复。为了进一步解释,埃文斯·普里查德举例说,一个男人,在他妻子在场的情况下,与一个朋友的一句对话:朋友,这些燕子,它们是如何在那里飞来飞去的(p.211)。这时候,妻子和朋友都会把这理解为对妻子的一种批评,于是妻子就生气了。当她指出丈夫不诚实时,他就说她太敏感了。埃文斯·普里查德把这种策略解释为,为自己留一定的掩护,同时又保持开放的态度接受他人的回击,因为你的语言可能冒犯了别人。

桑扎似乎是一个足够微妙的沟通行为的例子。这种沟通行为可以同时记住他人所指具有意义复杂性、社会规范,以及其他人对相应事件的看法。对于肯尼亚当地人来说,当对他们进行心理测试的时候,他们在相应的领域并不比克佩列人强多少(Harkness and Super,1977)。

这类"民族志吸引"就像米德(1978)所谓的"人类学否决",来自其他文化的反例,被用来反驳有关普遍性结论,而强调"自然性",即自己独特文化的印记。然而,不论埃文斯·普里查德描述的是一种多么令人信服的真实现象,以及策略观点采择都仅仅是他们自己的一套说法,心理学家并不能接受这样的数据。因为他的研究没有采用实验方法,没有控制组,也没有任何可以相互比较的对象。不过,建构实验的行为模型也非常困难,因为这样的任务太依赖于特定的人在特定的时候和特定的情境下可以承受的语言模糊性水平。

## 日常问题解决和学校教育:墨西哥尤卡坦的演绎推理

19世纪70年代,我们进行了另一项研究,来探讨学校教育对个体认知发展的影响。在墨西哥尤卡坦半岛的玛雅和混血儿中,重复了在利比里亚的研究(Sharp,Cole,and Lave,1979)。相对于利比里亚,尤卡坦最大的优势是学校教育已经普及好几十年,但是仍然没有足够的合适的人群,用来对比研究不同年龄和不同受教育程度的人。从方法论的行为主义的角度看,我们分别把年龄和受教育程度作为自变量,以分析这两个变量对其他变量的影响。

这项研究的主要发现与我们在克佩列人研究中的发现是一致的。我们关注的重点是学校教育对实验测试的影响,但是这一结果相当依赖于我们对实验程序的修订情况。

总的来说,我们的数据似乎支持学校教育对认知发展具有根本性的影响。我们在一些认知任务中重复了这一结论,即精细记忆、利用分类学的方法组织分类和记忆,以及三段论中的形式推理,只有当儿童接受学校教育时,他们在这些任务中的表现才会随着年龄的增长有所提高。但是,当任务要求人们根据功能性的标准进行分类,当材料中潜在的组织原则在任务中被凸显出来的时候,人们在任务中的表现是随着年龄的增长而增长,而不是教育程度。

在逻辑演绎推理方面,我们有一个具有代表性的例子。在我们关于克佩列人的研究中,我们重复了亚历山大·鲁利亚关于演绎推理的研究。结果发现没有上过学的被试多依赖于自己经验性的知识而忽略逻辑上的启示。例如:

> 如果胡安和乔斯喝很多啤酒,这个镇的镇长就会生气;
>
> 胡安和乔斯正在喝很多啤酒;
>
> 你是否认为这个镇的镇长对他们生气了?

人们通常根据自己关于某个特定人的了解给出答案,而不是根据显而易见的简单逻辑推理。比如他们可能会回答说:“不,这么多人在喝啤酒,为什么镇长要生气。”

根据鲁利亚和西尔维娅·斯克里布纳(1975a)的研究,我们把答案分为理论性答案和经验性答案两类,其中理论性答案是基于问题提供的信息,而经验性答案是基于日常经验的信息。图 3.1 呈现了不同年龄和不同教育程度被试的理论性回答的相对频率。如图所示,受教育年限越高,被试越可能给出理论性答案,而那些没有接受过教育的孩子和成年人更多是根据自己的经验进行回答。

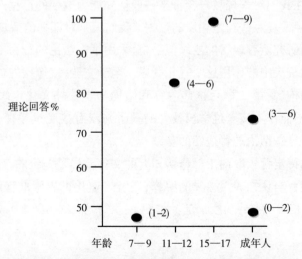

**图 3.1　不同年龄和受教育年限者演绎推理问题中理论性回答的百分比。括号中的数字表示受教育年限。**
横轴:年龄;纵轴:理论性回答的百分比。

这个结果不仅与我们早期的研究发现吻合，也与其他人的研究发现一致，即学校教育对认知能力具有广泛的影响（Greenfield and Bruner，1966；Stevenson，1982）。[5] 尽管研究结论证据充分，但是通过我们的研究，我们仍然对这一结果的普适性感到质疑。因为我们开始意识到我们的调查程序其实是评价学校教育实践的一种隐蔽模式。我们注意到实际上我们所有的实验任务都来自于比内和西蒙，这些任务都是预测学校教育的效果的。比内和西蒙的任务，多数是用来检验学校课程效果的，使用的材料都是与学校教育有关的。在第 2 章中，认知任务中的表现与学校教育的关系在比内西蒙的程序中有所展示，他们精挑细选测试项目，因为这些项目可以区分出不同学业成就水平的孩子。我们认为接受过教育的孩子在我们的实验任务中理应表现得更好，因为他们在学校教育中已经对这些任务进行了大量的练习。从这个角度来说，所谓的认知表现的教育效应，还不如说是熟能生巧的结果。

用更专业性的术语来说，我们开始意识到儿童在认知任务中的表现并不是独立的指标。我们选择的因变量，可以说是与学校教育这个"自变量"存在某种联系。我们把这一点戏剧化地表述如下：

假设……我们想评价一个木匠学习的结果。锯子和锤子作为感觉运动协调一致的例子；学习测量，斜切角和建立直角墙面需要掌握一系列知识技能，才能产出有用的产品……当然，我们愿意证明谁已经掌握相应木匠技能的人才是一个木匠，但有我们这种说法的普适性如何？一个木匠学到的运动技能是否能使他成为一个熟练的电工或芭蕾舞演员，更不必说一个具有"更高度发达的感觉运动和测量技能"的人？（Sharp，Cole，and Lave，1979，p.81）。

值得注意的是，在我们对学校教育会带来一般认知能力改变的证据产生质疑时，我们并不是说，我们已经发现一些与之相反的证据。[6] 我们只是对证据的瑕疵感到遗憾。

我们这些年来的研究所有取得的成绩似乎是，采用了方法论的行为主义范式，重新发现关于文化在问题解决中的作用这个百年疑虑。至于实验，就像比内智商测试，模拟学校课程的内容和结构（见第 2 章），这些内容和结构与学校外文化组织经验不同，然而，这些实验任务并不能作为接受过学校教育的孩子与没有接受过教育的孩子具有一般认知能力上的差异这一结论的普适性的基础。

这个结果与采用特定背景取向来解释认知上的文化差异是一致的。之所以对之怀疑是为了尊重学校教育与认知表现差异的解释，以及工业化世界标准程序与那些基于发展理论进行研究工作的跨文化研究者的做法并不那么一致（Dasen，Berry，and Witkin，1979）。

## 皮亚杰取向

皮亚杰的研究工作对很多探讨文化在认知发展中的作用的跨文化研究具有启发。

皮亚杰(1928/1995)早期的研究指出思维过程中存在重要的文化差异。引用卢西恩·列维-布留尔(1910)和埃米尔·涂尔干(1912)的研究,他区分出两种社会,即列维-布留尔所谓的"原始的"和"文明的",也就是现代人所谓的"传统的"和"现代的"。他认为不同的社会组织有不同的"心智","原始的心智对应的是循规蹈矩的或者说分离的社会,而理性心智对应于社会分化"(1928/1995,p.191)。然而,皮亚杰并不同意列维-布留尔所说的这两种心智之间没有发展的顺序。皮亚杰认为原始的心智是文明心智的初期形式,正如孩子的思维是成人思维的初期形式一样。

很多皮亚杰早期的著作包含了一些原始成人具有孩子般思维的文献。然而,他自己并没有进行这方面的研究,少数尝试去证实他这一观点的研究之一是来自于玛格利特·米德(1932),但是她的研究却并没有发现她声称的童年泛灵论。

直到19世纪60年代中叶,皮亚杰又回到认知发展的文化差异这一问题。在一篇广被引用的文献中,他把影响认知发展的潜在因素主要归为四个,每一个因素都可能会对里程碑式的认知发展阶段产生影响:

1. 生物因素。皮亚杰提到了营养和一般性的健康。这个因素主要影响生理成熟的速度。

2. 个体动作的协调。这个因素主要是指平衡,积极自我调节的过程产生于同化和顺应的协调平衡。平衡是发展的近端机制。其他的所有因素都是通过对平衡的影响产生作用。

3. 人际调节的社会因素。指孩子"问问题、分享信息、一起工作、争论及提出反对等"的过程(Piaget,1966/1974,p.302)。

4. 教育和文化传递。皮亚杰说儿童通过在特定的文化社会情境互动中获得特定的技能和知识。某些社会会提供更加全面的发掘世界本质的经验,所以发展速度和最终水平的差异由此产生。

皮亚杰承认这四种因素是相互紧密联系的。这种紧密联系使得确定所观察到的发展速率差异的原因变得很难。他说希望未来的研究更加细致地去区分这四种因素。

皮亚杰对学校教育能够提高认知能力的特点感到质疑。他认为,教师和学生的不对称权力关系产生了不平衡。因为儿童顺应教师意见的压力远远超过了教学对儿童原有图式同化的压力。其结果是表面上或浮浅地学习一种东西并能从根本上改变认知。他相信,认知能力根本性的变化更可能会发生在非正规的活动当中,在这些非正规活动当中,不平等的权利减少,使得同化和顺应更加平衡。直到19世纪60年代中叶以前,对于这种说法的证据很少,更多是一种推测。

一般来说,皮亚杰派的研究始于19世纪60年代,研究结果的各种不一致超出了皮亚杰的预期。在一些情况下,很少或者没有发现皮亚杰所谓的认知发展阶段(Price-Williams,1961)。然而,在另一些研究中,研究者发现来自传统的非工业化社会的孩子比西方工业化社会的孩子具体运算阶段出现晚至少 1 年(Dasen,1972)。也有少数几个研究发现 12—13 岁的孩子甚至成年人并没有能够理解皮亚杰任务中的守恒原则(DeLemos,1969;Goodnow,1962;Greenfield,1966)。在 19 世纪 70 年代早期,皮埃尔·大森综述这些研究证据时写道:"再也不能假设所有社会中的成人都可以到达具体运算阶段"(1972,p.31)。因此,孩子在什么年龄达到皮亚杰的各个认知发展阶段存在一些争议也就不足为奇了(见 Berry et al.,1992;Dasen,1977a,b,1984;Segall et al.,1990,有关这方面更详细的讨论)。

　　1972 年,皮亚杰找到了他的运算任务上文化差异的证据。然而,关于孩子获得具体运算的数据仍然是争议的来源,有些发现了文化差异,有些则没有。而在很多文化中都一致的是,尤其是没有接受过正规教育的孩子,皮亚杰任务中需要具有的运算思维并未得到发展(Qahoda,1980;Neimark,1975)。

　　皮亚杰为运算思维上表现出的变化率差异和掌握程度差异提供了三个可能的理由。第一,某些文化可能为孩子提供了更多的智力性的刺激。第二,某些个体更擅长某个领域的知识,形式运算可能在不同智力的个体上更具有认知特异性。第三,皮亚杰假定所有的人都达到一般的形式运算思维水平,但是形式运算首先在成人专业化的领域被达到(或者唯一被达到)(Harris and Heelas,1979,被描述为地方建构主义)。这种观点算是对皮亚杰理论的一种和解,因为它的确认为是有文化差异的。

　　在 19 世纪 70 年代期间,大森发表了很多研究论文,为文化建构主义提供了支持(Dasen,1974,1975,1977b)。这些研究的基本观点是,特定实验任务的概念内容有不同的文化价值功能,这种文化价值功能的不同使得特定年龄段的表现会不一样。在大森(1984)之后的文章中,比较了巴乌莱人(科特迪瓦)与因纽特人(加拿大)对液体守恒(主要是液体的量)以及判断液体水平状态(判断不同倾斜角度的液体来进行评估)的表现。他认为,巴乌莱人应该重视量的概念,因为他们在市场经济下生产、储存和交换蔬菜和其他食物。相比之下,因纽特人对量的精确性并不那么在意,而是更重视空间及其相关的概念。根据植根于日常活动中"经验密度"是概念发展重要影响因素的观点,再加上经验密度在文化中不同活动中又是不一样的,大森推测狩猎者(属于因纽特人)在空间判断相关的任务上表现会更好,而不是在与量相关的任务上,而巴乌莱人则恰好相反。他的预测被证实了。

　　大森及其同事还进行了一系列训练性研究来确定表现上的文化差异现象是否反映了相对更深刻的、潜在认知能力的差异,或者仅仅是实验语言有关的表面上的表现因素,或者仅仅是实验过程带来的表面差异(Dasen,1977b;Dasen,Lavallee,and Retschitzki,1979;Dasen,Ngini,and Lavallee,1979)。他们通过测量儿童最初的表现水平来开始这些研究。儿童在相应任务上失败了则通过训练使他们达到与相应任务相关的水平。在很多情况下,训练能够很快消除发展的滞后,但是在其他一些任务上训练效果比较缓慢,甚至还有较少的一些任务根本没有训练效果。

其他研究者在皮亚杰框架下,采用修正任务呈现的方式或者使用与当地内容有关的任务去探索任务中表现差异的问题。道格拉斯·普赖斯-威廉姆斯,威廉·戈登,和曼纽尔·拉米雷斯(1969)发现在成人专门从事制陶的村子里长大的墨西哥儿童们对液体守恒的掌握要快于其他村子的孩子。

朱迪思·欧文(1978)采用修正的实验任务以适应当地文化背景进行了一项关于沃洛夫人液体守恒的研究,这项研究是接着帕特里夏·格林菲尔德(1966)的早期研究开展的。格林菲尔德发现相对于观察实验者倒液体的儿童而言,那些自己倒液体的儿童更可能知道液体守恒的含义。她推测这种程序的改变减少了沃洛夫儿童把实验解释为一种魔法秀的倾向,但是在她的结论中,她并没有强调这一点(见 Greenfield,1976,她之后对这一问题的思考和讨论)。

欧文要求孩子解决液体守恒任务,然后让他们担任实验任务解释者的角色,因为要把实验任务用相似于或与沃洛夫术语一致的语言表达出来。在一项关键性的测试中,一个水杯的水倒入一个高烧杯中,沃洛夫被试给出了错误的回答——水在杯中看起来越高,杯子中就包含更多的液体。但是对于担任实验任务解说者角色的被试则回答两个杯子中的水实际上是一样的。欧文和格林菲尔德的研究结果为表现因素的不同会阻碍能力的实现提供了很好的例子。

基于孩子任务操作水平的策略与研究中被试的表现比较接近,罗伯特·莱文和普赖斯-威廉姆斯(1974)以及帕特里夏·格林菲尔德和卡拉·蔡尔兹(1977)利用亲属关系这一属性也在探索这一策略。在尼日利亚豪萨、奇纳坎坦的玛雅和夏威夷的一个偏远渔村的研究中,孩子处理三个层次的亲属关系的能力似乎符合皮亚杰的序列和时间表。格林菲尔德和蔡尔兹发现,比如,在奇纳坎坦,大多数 4—5 岁的孩子能够回答自我中心的问题(水平 1),但是并不能回答更复杂的问题。大多数 8—10 岁的孩子能够回答关于两个兄弟姐妹关系的问题,但是这种关系不能包括他们自己。大多数 13—18 岁的孩子能够回答兄弟姐妹和包括自己的问题。正如格林菲尔德和蔡尔兹指出,这些发现与皮亚杰阶段的概念是匹配的。甚至与不同运算阶段的起始时间也大致一致。

从一项研究到下一个结果的残余变异使得对如何整体评估研究结果产生了一些不确定性。我同意最近大森及其同事关于这一问题的综述(Berry et al.,1992;Dasen and de Ribaupierre,1987;Segall et al.,1990)。他们认为具体运算思维是普遍存在的,因为所有社会的大部分人在某些相关的实验任务中都会表现出一定的具体运算思维。但我并不能解释为什么某些地方完成任务的比例非常低,且训练并不能缩小任务表现差距的情况。从日内瓦或明尼阿波利斯的一些孩子得到的研究证据显示,他们并不能达到主流的皮亚杰心理学中相应年龄应有的认知发展水平。为什么在跨文化比较中,同样的证据不能得出同样的结论呢?

大量有关发展滞后及伴随的不确定性的发现使某些人得出原始人确实是像工业化社会的孩子那样思考的结论（如 Hallpike，1979）。我应当指出的是这些跨文化研究中的不确定性在皮亚杰对欧洲和美国的研究中也有差不多的结论。关于美国和欧洲这个阶段的研究综述指出，孩子具体运算思维比之前估计的要更早（Donaldson，1978；Siegal，1991）。

目前，很多研究都在努力去修正皮亚杰的理论以解释被试内的、跨文化领域的，以及掌握不同运算思维的平均年龄的变异性（Case，1992；Fischer，Knight，and Van Parys，1993）。不论对于跨文化还是单一文化下，总体的趋势是希望把这些差异归于既是由于特定神经系统成熟相关的普遍性的模式，又是与特定文化实践和价值下不同经验导致的特定领域和内容上的差异。

总的来说，使用皮亚杰任务的研究得出的结论并不认为教育对认知发展是有影响的。教育对发展的影响，他们的研究所报告的，可能与熟悉测试程序有关，并不是与潜在的认知能力上的差异有关。

## 认知风格

另外一种在认知发展领域中有关文化差异的主要观点是不同的文化造就了各自不同的思考方式。这种观点在19世纪30年代那些对文化与人格之间相互关系感兴趣的人类文化学家中非常流行（Bock，1988）。

19世纪60年代，在赫尔曼·威特金（1967）和约翰·贝里（1966）的引领下，文化与人格关系的研究演变成了文化与认知风格的研究。事实上，威特金之前的研究已经关注到了知觉的发展，特别是不同风格的知觉推理和分析（Witkin et al.，1962）。

威特金认为知觉风格上的个体差异反映了"心理分化"差异的程度。他认为"分化"与系统结构有关。根据威特金及其同事的观点，尽管所有的系统都表现出异质性的结构，但是每个分化的系统都包括了与特殊功能相关的多层子系统。就心理认知系统而言，分化意味着诸如感知、感觉、活动等特定领域内相应的心理功能的分离。

文化风格取向的基本预期是分化的水平与文化个体层面的分析存在对应关系。正如工艺专业化和社会分层可作为社会文化分化的一个指标，各种行为指标可被用于评估个体的分化。另外，从一定的心理领域到另一个领域，在分化水平上应该具有一致性。贝里（1976，p.26）总结了个体不同心理功能领域的一致性预期："[分化]是有机体的特性，对之的预期是不同任务中行为的样本差异应产生大致相同水平的分化。"

作为对这种观点的补充，贝里和其他人开展了一些跨文化的研究并指出社会文化的分化程度有所不同。他们在研究中所用的行为指标来自威特金过去有关心理分化的研究。研究的基本过程可以用两种应用广泛的知觉分化测试进行说明，即嵌入图形测验(embedded-figures test,EFT)和棒框测验(rod-in-frame test,RFT)。在嵌入图形测验中,每一个不同的图形都是某个更大的图形的一部分,被试必须找到这个图形的具体位置。而在棒框测验中,当垂直的定义本身还不明确的时候,被试需要调节棒使之垂直。因为该棒是在一个框中,但是这个框相对于地面可以以任何角度摆放,而且被试的座位也可以倾斜。棒框测验的关键问题是被试到底选择哪一个位置作为参照:垂直是相对于框、房间还是被试自己身体的位置而定义的?

对于这个任务,在美国进行的研究区分出两种截然不同的反应风格。在棒框测试中,有些被试并不是以框为参照,而是根据自己的身体位置来定义垂直,这些人在嵌入图形测试中更善于从测试图形背景中"抽离"出图形,这种风格被称为"场独立"。"场独立"的个体表现更加自主,因为他们的行为是根据内在的线索进行的。相比之下,"场依存"的个体不易从背景中抽离图形,他们更依赖于测试环境,往往会依据棒所在的框的位置来垂直。

贝里(1976)研究了从西非、北加拿大到澳大利亚 18 种不同文化下孩子的认知风格,并让其填写有关他们家庭中社会习俗的问卷。这些有关人类区域的档案可以被用来对有关生态、文化元素和社会实践的信息进行编码。然后应用相关分析技术来比较收集到的数据与生态文化模型预期的结果之间的关系。贝里总结结果如下:

> 以狩猎和采集为生活模式、聚落形态的游牧民族,并生活在宽松的社会政治文化中的群体(个人),其认知风格明显不同于那些是农业、久坐不动并且社会政治文化较严的群体(个人)。在该生态文化适应的范围内,那些处于生态文化中间位置的文化群体也会表现出中等水平的行为适应……总之,不得不承认,该假设关系已被证实(p.200)。

尽管贝里对自己的研究非常自信,但是关于他的结论也存在很多问题(见 LCHC,1983,p.650)。有人指出,虽然该变量之间假设的一阶关系是显著的。但是并不能认为生态→经济活动→社会组织→孩子养育实践→认知结果这几个变量之间存在因果联系。这个问题也被称为多重共线性,这意味着所有的自变量之间都是相关的,但是并不能确定每一个独立变量对其他变量以及因变量的因果贡献。[7]

对该理论的另外一个质疑聚焦于理论的假设:对于某一个心理领域的反应风格与其他心理领域的反应风格是一样的。换句话说就是,认知风格应该有跨越领域的自我一致性。心理学家对这一自我一致性提出了两个方面的质疑。一方面有实证研究显示,在假定的某一心理领域内不同任务之间的反应风格并不一致——例如,被试棒框测试任务中的表现与嵌入图形测试中的表现并不一致。另一方面,有人指出很少有证据表明确实存在这种跨领域认知风格的一致性——例如,知觉领域的结果与社会交互领域期望的行为方式并不相关(Jahoda,1980;Serpell,1976;Werner,1979)。

在 19 世纪 70 年代进行的第二项大型研究中(但是发表较为滞后,Berry et al.,

1986；Van de Koppel，1983），对中非刚果族群的俾格米人和居住在伊图尔维森林边缘的农业群组人的认知风格进行了比较。该研究小组由人类学家和心理学家组成，在广泛查阅人种学文献的基础上，对当地的文化进行了深入研究，并为当地文化量身定做了一些特殊的测试（例如在嵌入式图形测试中，用自然环境背景中的动物图片或一个人拉弓射箭的图片代替了几何图形）。他们也试图从多个不同但有相关性的文化风格领域中采样，例如他们创造了一个"社会自治"的任务去测试社会交互中的场独立性。然后与他们的认知和知觉测试建立关系，以检查是否有自我一致性。

但是罗伯特·瑟普尔（1990）指出，结果未能达到研究人员的预期，主要表现在三个方面。

1. 测试成绩表明认知风格之间的相关性通常很低，社会行为的测量结果（对在许多不同领域建立的"风格"的概念很关键），与知觉测试结果并不存在相关。

2. 对文化适应两个指标（一个是和西方国家相联系的复合型社会指标；另一个是心理适应性指标）的预测效力进行比较，这两个指标能够适应测试环境，同时又对表现具有较好的预测效果。正如瑟普尔指出，尽管花了大量心血来设计文化敏感性测试，最终的测试程序与比亚卡和巴甘多当地的文化还是格格不入（p.120）。

3. 父母的社会化（自变量）模式与认知风格的个体差异（因变量）没有相关，导致作者得出结论："尽管经过了人种学的理论分析，并且进行了精细的量表建构和统计推断，但是社会现象本身或者社会现象与测试中表现的关系，似乎都说明我们的努力白费了。"（p.212）

很难忽视贝里在两个大型项目中的巨大努力和付出。但是依我看来，这些努力的最终结果没有提出令人信服的理由让我们相信认知风格的文化差异确实存在。因为相关性的数据总是会遭遇对因果关系的怀疑，但是即使我们接受贝里及其同事的分析逻辑，这种相关也并不够显著。可是这并不意味着，认知风格就是一个不解之谜。这也正是我想要继续研究探讨的原因之一，我对那些行为中未被解释的变异部分印象会更加深刻。

此外，贝里样本中既包括受过教育又包括没有受过教育的个体。尽管学校教育也与其他的人口学变量存在共变关系，比如城市化，但它与场独立性的增加还是存在一定关系。如何去解释这种效应是很困难的：有可能是接受学校教育的人更熟悉刺激材料或者实验的呈现方式，或者其可以反映认知风格上更普遍的变化。

## 总结

研究者们在20世纪70年代末到80年代初这二十年中，对文化和认知发展领域的深入研究得到了丰硕的成果（Berry，1981；Dasen and Heron，1981；Eckensberger，Lonner， and Poortinga, 1979; LCHC, 1978, 1979; Marsella, Tharp, and Ciborowski, 1979; Munroe, and Whiting, 1981; Rogoff, 1981; Serpell, 1982; Triandis and Lambert, 1980)。而这些成果中最值得关注的是,他们到底包括了多少种具有实质意义的关于文化的结论。尽管研究者们在该领域有超过十年的努力,但是仍存在一些普遍性的问题:

(1)跨文化研究的方法论问题;(2)由含糊不清的数据而得到的理论具有缺陷性。

表面上看,评估学校教育对认知发展的影响似乎是一件有意思的事情。但是如果接受过学校教育和没接受过学校教育的两组被试之间存在显著差异,那么接受过教育的被试在实验中当然会有更好的表现。

如果仅从这些表象就得出结论说学校教育可以明显促进认知能力的发展,这显然是站不住脚的。大多数认知发展的跨文化研究能够得到支持是因为大家普遍认为来自农村、贫困地方的儿童大部分是文盲,而且在学校表现不佳。关于这一点,参与这项研究的心理学家证实其实是存在一种"本土"的思考方式。但是根据他们的测试程序,学校教育确实能够克服这些认知问题。如果学校真可以实现认知改变,是不是这也足以促进联合国教科文组织那些政策设计师们所希望的经济和社会的变革?

跨文化心理学在那个时候似乎没有认识到这种不一致。毕竟,这些是根据收集的数据以及对数据结果的解释而得到的。从 1964 年我第一次访问利比里亚时,我就看到学校教育中存在的不足。约翰·盖伊在和我的讨论中,经常把学校教育作为文化失调和社会重组系统中的一部分。但是我们并没有系统地思考通过研究实践创造的心理现实和人们的日常行为的心理现实之间存在何种关系。而且当有第二个机会来解决这些问题,我们仍然没有完成在人们日常活动的基础上重建心理学的任务。相反,我们的贡献是越来越清楚地揭示了我们在这个学科分工协作方面所存在的缺点。

注释:

1. 在 19 世纪 60 年代这整整 10 年,在这一学科,发表和出版了比过去的 80 年的任何时候都多的关于文化和心理的有影响力的文章和专著。包括第二章讨论的西格尔、坎贝尔和赫斯科维茨(1966)关于文化和知觉的研究、威特金(1967)关于文化和认知风格的理论、皮亚杰(1966)关于文化与认知发展的论述,以及格林菲尔德、布鲁纳和其同事(1966)关于认知发展、文化和学校教育的专著。1966 年,国际心理学杂志以皮亚杰关于跨文化的证据及其理论发行了第一期。直到 1973 年,跨文化心理学杂志出现之前,国际心理学杂志一直是文化和心理研究的主要传播媒介。在接下来的十年,跨文化发展研究真正大量涌现。

2. 这个项目的参与者包括托马斯·齐博罗夫斯基、约翰·盖伊、约瑟夫·格利克、弗雷德里克·弗兰克尔、凯勒姆斯·约翰、大卫·莱尼和唐纳德·夏普。项目由美国国家科学基金会支持。

3.许多年以后,在与来自科特迪瓦和计算机模拟技术的玩家详细的临床采访的基础上,珍妮·李特奇斯基(1989)得出的结论是玩家的策略需要具有形式逻辑运算的思维特性。

4.这并不是说,这样的模型是不可能的。在之后的数年中,人类学家和心理学家(包括我们)确实成功建立了各种基于土著生活实践的实验模型。但是,当时我们并没有好好整合我们对日常实践的观察研究与学校教育效应的实验研究。

5.学校教育对演绎推理的影响已经多次被发现,但是戴思戴茜(1990)在关于印度儿童的研究中,并没有发现学校教育对演绎推理有显著的影响,因为未接受教育的儿童的表现也非常好。

6.布朗和弗伦奇(1979),与金斯伯格(1979),在他们对这本专著的评论中,认为我们的研究证据不会被视为表明学校教育与发展是无关的。然而,现在我们认为厘清学校教育对认知心理变量的效果仍然是有挑战性的。

7.见 LCHC(1982)对这一问题的讨论。弗利达和雅霍达(1966)认为文化与行为之间相互交织的复杂关系使得因果分析是不可能的。

# 第4章 从跨文化心理学到第二种心理学

如果心理学必须为了了解多数人而改变,那么这种改变就具有深远的意义。

——哈里·特里安迪斯

如果威廉·冯特现在还活着,让他来评论这些用实验心理学/定量心理学的方法来证实这种具有文化包容性的心理学的尝试的话,他一定会这样声明:"我早就告诉过你了。"毕竟,当初他早就警告过我们,把自然科学的方法应用到最基本的、普遍的和永恒的人类活动以外的其他任何方面都是很愚蠢的做法。冯特还曾指出人类个体的心理加工是由儿童早期共同体中的那段历史所决定,尽管对此他们别无选择。他还主张我们在对待受文化中介或影响的、偶然的、更"高级"的心理过程的时候,需要应用发生学(历史的和发展的)的方法。在第一次跨文化研究开展之前,冯特似乎就已经正确地指出了如今人们对跨文化研究的反对意见。

在寻找一种更好的方法来将文化因素融入单一的心理学事业中的时候,我并不想简单放弃近一百年来第一种心理学的研究结果,包括跨文化的实验研究。特别是当跨文化实验研究能有效地反映当地组织的活动时,跨文化实验研究是可以有助于反驳一些民族中心主义的推论的。这些推论包括由于对其文化不了解而导致的"那些人们"所遭遇的普遍的认知障碍。不时地,这些推论甚至还使那些第一种心理学的追随者们去反思他们的结论和试验方法。我相信这个已经发生了,比如,第一种心理学的学者们,尤其是那些关心认知发展的学者,越来越关注背景问题(Siegal and Cohen,1991;Wozniak and Fischer,1993)。

然而,如同我在之前的章节试图证明的那样,第一种心理学框架之下的跨文化研究由于自身的限制,无法为文化在心理生活中的角色提供积极的解释。这也证明了其对实践的无力导向。现在我们需要构建一种不同的研究心理的形式。现在是时候完善第二种心理学了,因为前人往往把第一种心理学和第二种心理学孤立起来,而第二种心理学则是两种心理学的有机结合。

## 反思两种心理学

如果我们要制定一种更适当的方法来界定心理和文化的关系,那么第一步就是需要承认心理学(如同所有的社会科学一样)是被严格划分的学科(Koch and Leary, 1985)。

20世纪60年代和70年代,是高水准跨文化心理学实验研究的标志性年代,同时也是"认知革命"席卷心理学的年代。研究也因此可以把理论上的心理实体或过程作为心理学刺激和反应之间的心理研究的焦点了,这类研究不仅可行,也流行起来了。认知心理学和人的关系就像是信息处理系统和电脑的关系一样。主导方法在方法行为主义的框架中依然有效;改变的是投入和产出结构之间增添了一个复杂的中间环节。

20世纪70年代见证了一个探寻精神本质的新的学科资源组织的发展:认知科学。认知科学中的主导声音,如同在认知心理学中的一样,被牢固地保留在第一种心理学的传统中。在将神经科学与围绕现代计算机科学与人工智能的社会行为联系到一起时,认知科学理所当然地拓展了冯特关于生理心理学的想法。

当然,这幅图像中缺少了第二种心理学在发展过程中所扮演的角色。认知革命中的领导人物杰尔姆·布鲁纳认为这场革命不仅是要大幅度地改进行为主义,它的宗旨还在于建立一种把意义加工过程作为中心的心理学(Jerome Bruner, 1990)。

用布鲁纳的话说,认知革命最初的意图已被那些研究人工智能的人所劫持。他和一些学者担心从认知心理学到认知科学的转变以及人工智能技术的便利,会使越来越多的人减少对人类认知的兴趣。而革命的先驱者们所想要营救的正是人的认知。

在这几十年的时间里,其他的社会行为科学也正经历着它们自己的转变。在时代变革之际,心理学放弃了对社会群体和文化的研究,社会学和人类学也再次对劳动分工进行了批判,而起初正是因为劳动分工才形成了这些学科。这些批判与对人类本性新框架的研究同时存在。

对一些人来说,伴随着学科间的合作以及哲学与语言学重新融入社会科学,认知科学有可能将文化重新融合到心理研究中(Hutchins, 1995)。对于另一些人来说,比如布鲁纳,认知科学仅仅代表着人类对技术和技术理性主义的迷恋的最新形式,以及用机器衡量人性的妄想。因此,需要开展新的学术讨论。许多人支持"解释学转向",其中,研究者会将社会科学与人文和艺术学科结合起来,摆脱深深伤害了心理学一个世纪的实证主义(Edwards, 1995; Gergen, 1994; Ortner, 1984; Rabinow and Sullivan, 1987)。沟通是我目前所研究的研究领域。它可以看作是一门新学科,因为在其中这些问题正是该学科关注的核心。

我的学术造诣无法提供对这些事件的综合解释。我在这提到它们仅仅是为了提醒读者,心理学和它的姊妹学科都没有一个单一的、统一的知识结构。恰恰相反,我们似乎处于一个正统学科无法保持其影响力,充满新的可能性的时代。其中一个可能性与现代调查尤其相关:如果我们回到心理学早期并考虑别人没有考虑的可能,那么可能存在这样一种可能,文化在塑造个体人性时与生物学和社会学处于同等位置。目前这一学科的名字是文化心理学,它是 20 世纪晚期第二种心理学的主要表现形式。

## 文化心理学的愿景

标题给出了当前的兴趣所在,我觉得很有趣的是,促进文化心理学形成的言论在 20 世纪心理学文献中贯穿始终。尽管早期的构想各不相同,但是他们都强调了本书前几章中经常出现的观点:从固定任务的心理学实验中得到的见解是有限的,而社会文化背景是心理功能必不可少的组成部分(Stern,1920/1990;Krewer,1990,从这些文章中得到一些提示)。

以文化为中心的第二种心理学在这个世纪的大多数时间里并未得到明显的发展。然而,在最近几十年,部分是因为跨文化方法在研究中所遭遇的困难,部分是因为对心理学或者社会科学进展的普遍不满(Koch and Leary,1985),使用"文化心理学"这一术语的提议开始变得多了起来。

史蒂芬·图尔明(1980)力劝心理学家重新考虑冯特对于 *Volherpsychologie* 的提议。*Volherpsychologie* 被他翻译成"文化心理学"。几乎与此同时,道格拉斯·普赖斯-威廉姆斯(1979,1980)提议将跨文化心理学扩大到文化心理学中,他将文化心理学定义为"一个探究心理过程的情景行为的调查分支"(1979,p.14)。他认为这种新方法应该借鉴符号学,语言语用学和更多的文化研究。

卢茨·埃肯斯贝格尔,伯恩特·克鲁和他们在萨尔布吕肯的同事们开始争论以厄恩斯特·伯施的思想为基础的文化心理学,厄恩斯特的心理理论与德国的历史传统结合在一起,这种传统导致了冯特声称我们需要一种具有行动理论和皮亚杰的构建主义形式的文化心理学(Boesch,1990;Echensberger,1990;Krewer,1990)。伯施确定了位于文化心理学核心的智力问题,他写道:"这是心理学作为一门自然科学的一个困境,因为它的目标是创造历史。"(引自 Cole,1990,p.279)

萨尔布吕肯小组强调,文化心理学需要一个发展的方法来研究人性。他们相信他们的研究文化心理学的行动理论方法至少从理论上"能提供将发展概念的三个主要层面互相关联的可能性,在这些概念中,存在着相同的理论语言:实际的起源(加工),个体发育和历史起源;它允许将历史变迁与个体转变充分地联系起来"(Eckensberger,Krewer,and Kasper,1984,p.97)。

除伯施的行动理论以外,这个小组还借鉴了以罗杰·巴克和他的学生们为代表的生态心理运动(Barker,1968),德国的和美国的批判社会科学(如 Habermas,1971;Ortner,1984 等文章),以及各种各样来源于欧洲、美国的人类学。

我已经在引言部分简略地讨论了理查德·史威德关于文化心理学的观点,他既关注人类思想的情境和内容的特异性,又关注通过意义符号起中介作用的中心性。他认为文化心理学的一个重要观点是:"当人们都有自己的主观性,并通过在社会文化环境中获得价值和资源改变精神世界时,没有一个人是可以脱离社会文化环境去获得价值和资源并独立存在的。"(1984,p.2)文化形成和被形成的对偶过程,暗示着人们居住在"有意"(被构建)的世界中,在这个世界中对于主体与客体、人和环境等的传统二分法,不能被拆分和暂时地组成因变量和自变量。所有将符号中介作为分析人性的核心原则的学科都与史威德预想的新的学科有关。

杰尔姆·布鲁纳(1990)勾勒的文化心理学观点同样强调了人类的经验和行动是由我们的意向心态所左右这一前提。它将心理过程的出现和机能展现解释为是在以社会符号为中介的日常生活中发生的。布鲁纳认为,这些事件是"民俗心理学"的主要组成部分。民俗心理学提供了一个人们将他们的经验、知识和交易与社会世界联系到一起的系统(p.35)。民俗心理学的中心是思想如何运作,权威言论如何建立,事件如何表现,"组织"人们在日常生活中的意义创造过程。这种方法使布鲁纳和他的同事有很多不同的尝试,比如自发性和引诱性叙事的话语分析,正常和自闭症儿童发展心理理论的比较研究,儿童的个案研究甚至是家庭的个案研究(Bruner,1990;Feldman,1994;Lucarielo,1995)。他的文化心理学汲取了人文学科中的理论结构,以此来综合分析这些数据。

我不想掩盖这些观点中的不同。比如,布鲁纳和史威德非常重视人文学科中的解释和分析方法的中心地位,但普赖斯-威廉姆斯和德国行动理论家并没有如此关注。他们在文化心理学的特殊历史根源和提供核心经验基础的数据种类上的观点也有所不同。比如,史威德将文化心理学视为心理人类学家的问题,而布鲁纳则将其视为发展心理学家的问题。史威德大量地汲取了西欧和美国的社会文化理论,很少提及德国人和俄国人的成果。而布鲁纳最初的构架就是由维果茨基提出的。

我将在最后一章回过来考虑当前关于文化心理学的讨论。这个衔接章节主要是突出他们的意见。如果我们将那些把自己看成文化心理学家的人提出的文化心理学的特征联合到一起,而不是坚持与某方一致的话,那么,这些特征的联合会为我自己的构想提供一个有前途的起点。

以下是文化心理学的主要特征:

1. 它强调在情境中的中介行为。

2. 它坚持遗传方法的重要性,因为它被广泛地包含在历史、本体和微观层面的分析中。

3. 它通过分析日常生活寻求依据。

4. 它假定心理是在人们中介活动的联结点中出现的。那么,心理就具有重大意义,那就是"共同建构"和散布。

5. 它假定个体在他们自己的发展过程中具有主观能动性,但是不完全按照他们预想的那样活动。

6.它拒绝因果效应,刺激-反应,解释学。它喜欢强调心理的应急性质存在于活动中的科学,并在它的解释框架中承认解释的核心作用。

7.它同时借鉴了人文学科以及社会科学和生物科学的方法。

## 文化—历史方法

需要澄清的是,我十分同情那类被文化心理学信徒所推崇的科学事业。从他们分享的核心观点可以看出,他们的任何建议都可以被当做是第二种心理学精心设计的十分有用的出发点。然而,正如我之前指出的,我采用文化—历史方法来研究文化心理学。文化—历史心理学的概念适用于许多民族传统的思想者,然而它与俄国学者阿列克谢·列昂捷夫、亚历山大·鲁利亚、列夫·维果茨基存在着普遍的联系。正是基于他们的观点,我才想起明确地表达文化心理学。这种方法,我将之称为文化—历史活动理论所采取的方法,是在将文化纳入心理的同时,提供一种富有成效的方法推翻冯特两种心理学的二分法。

### 文化—历史方法的吸引力

在莫斯科师从亚历山大·鲁利亚做我的博士后研究时,我才第一次接触到文化—历史学派的概念。如我在其他文献中指出(Cole,1979),我还未准备好用鲁利亚的心理学方法来完成我的学业。我在莫斯科工作十多年之后,我才开始将他的观点作为我自己思考的可行框架。

最初,我粗糙地将文化—历史心理学等同于 20 世纪 60 年代美国的新行为主义。维果茨基利用中介的刺激反应公式来图解行为的文化习惯。中介的刺激反应公式这种表达方式看起来就像克拉克·赫尔和肯尼思·斯彭斯等知名学习理论家的学生所绘制的。这些学者对普通心理学认知发展的研究有着重要的影响(Hilgard,1956)。在我所熟悉的那一部分鲁利亚的著作中,行为的文化习惯被称作第二信号系统。第二信号系统是由巴甫洛夫和他的同事应用于语言学的一个概念。我对巴甫洛夫的工作较熟悉,他的工作作为美国学习理论的一个部分被广泛的接受。但是,我并非一个发展心理学家,因此我认为第二信号系统是研究中介刺激反应学习的另一种方法。中介刺激反应学习在当时受到了广泛的关注(比如,Kendler 和 Kendler,1962)。然而,我并未关注过这个讨论,我当时正在通过研究老鼠和成人来发现学习的普遍规律,并未关注文化背景下的儿童。

当我去非洲的时候,是我第一次开始使用文化—历史心理学,我好奇我会进行一个什么样的实验来研究儿童在学校学习困难的影响因素。我知道维果茨基非常重视读写能力的获取,鲁利亚也对推理做过一些并未完全发表的跨文化研究。1966 年,我在莫斯科花了一个夏天学习鲁利亚工作的具体内容,系统地仔细检查了他从中亚收集的数据(这些数据随后被发表:鲁利亚,1971,1976)。正如前面章节提到的,在之后的几年,我和我的同事们复制并且扩展了鲁利亚的一些实验技术,我们开始使用文化—历史方面的著作中的观点来解释我们的结果(Cole 等,1971;Sharp,Cole,and Lave,1979;Sccribner,1977)。

在我学习文化—历史思想的重要一步是从四本著作开始的,第一本是维果茨基的著作,其他的是由鲁利亚编写的。我在对文化和认知发展进行长达 10 年的研究后,回过头来看维果茨基的观点,我依旧觉得很难读懂他。我再也不能误会他是一个穿着俄语术语外衣的美国学习理论家。然而我并不了解他所关注的那些 20 世纪早期的心理学家。我不知道他们的工作是否足够好以至于我不赞同维果茨基的观点,而且我也不认为我现在关心的主题与他们的研究有任何关系。毕竟,他们不是已经被我在研究院里学习时所知晓的那些理论家取代了吗?

尽管如此,我说服鲁利亚让我参加出版维果茨基的书籍,因此我不得不足够了解维果茨基的观点以使这本书值得一读。我的第一步就是去寻求比我更了解相关课题的同事,维拉·约翰-斯坦纳,西尔维娅·斯克里布纳和埃伦·欷柏曼。我最后和他们共同编辑了大量维果茨基的论文,这些论文被叫作《社会中的心理》(Mind in Society)(1978)。数年间,我们彼此交换信息,聚在一起讨论如何使其具有更高的解释力。我们发现想要在某些观点上达成一致非常困难,因此我们对相关课题分开进行评述。[1]令所有人都觉得很惊讶的是,本书激起了人们对维果茨基著作的广泛兴趣。

《心理建构》(The making of mind)(1979)是对鲁利亚的自传,编辑这本书也是一项相对简单的任务,因为大部分文本已经作为纪录片的脚本写好了。它包含大量简单易懂的实证研究。尽管如此,我发现我还是很困惑,因为鲁利亚的大量文献都来自于 19 世纪和 20 世纪早期的心理学学者,而我从来就没听说过他们。

在尝试理解为什么"过时"的观点对于维果茨基和鲁利亚如此重要时,我花了大量的精力学习心理学的历史。编辑鲁利亚的两个纵向案例研究(记忆力强大的人和一个满脑破碎世界的人,Mind of a mnemonist and man with a shattered world)帮助我了解了如何将理论从成人应用到儿童,也使我重新思考收集和解释数据的方法。

这本书是对鲁利亚 50 年的职业生涯的总结,它为文化—历史心理学奠定了基础、提供了清晰的范式。它解释了他和他的同事所从事的许多明显不同的研究领域之间的联系:智障儿童的语言和思维及思想上的跨文化差异,有关大脑损伤的神经心理学,记忆与注意的发展,同卵与异卵双胞胎的比较等。最终我相信是俄国的文化—历史心理学者们提出了这样一种心理学理论的整体重构。这也是哈里·特里安迪斯曾经提及的当文化成为学科中心时可能会出现的结果。不同于大多数倡导文化心理学的当代学者,俄国学者既不是提倡建立一个新的文化心理学也不是提倡建立心理学关于文化研究的分支。反而,如果他们的观点能够盛行,所有的心理学都会将文化,与生物和社会互动共同作为学科的核心。

在争论整个学科的重组时,维果茨基和他的同事认为心理学不同学派之间存在的不兼容性可以追溯到学科最初的两个具有鸿沟的分裂学科:自然与文化科学。他们相信文化—历史的方法可以带来解决"两种心理学"的问题。[2]

这种分析吸引了我,因为它清晰地解释了我在尝试解决跨文化心理学方法上的困境时所遇到的许多矛盾。它也提供了一种系统的方法来思考如何使该课题更有意义。然而我不能简单地沿用俄国学者提倡的文化心理学范式。在我研究的基础上,我批判了他们的跨文化研究的方法。我不接受他们关于文化差异的推断;在书写与教学对认知的广泛影响方面,我也对其结论的普适性有所怀疑。

然而,随着时间的流逝,我开始寻找方法来将文化—历史方法与同样重要的美国学者的方法结合起来。在描述过去十年里出现的综合方法之前,我想先从俄国文化—历史心理学的观点开始,讨论建立文化心理学的优点和困难。

### 文化—历史心理学的基本原则

俄国文化—历史学派的中心主题是人类心理学进程的结构和发展,这种进程伴随着文化中介,历史发展以及人类的实践活动。这种构想的每一个术语都是与他人紧密相连的。冒着有过于简化的风险,我总结了如下核心概念。[3]

#### 人工制品的中介

文化—历史学派最初的前提是人类的心理进程与一种新行为同时出现,而这种行为中,人们以物化了的客体为中介,连接他们与世界及彼此关系的方式。(当时将这种中介机制当做工具是很正常的,但是我更倾向于使用人工制品这个普通的概念。我会在后面澄清原因。)

鲁利亚(1928)在第一篇发表文化—历史心理学观点的英文文章中主张:"人类与动物的不同之处在于人类可以制造和使用工具。"这些工具"不仅仅从根本上改变了人类生存的状况,这些工具甚至还反映了人类精神上的状况。"(p.493)

当鲁利亚和其他学者研究"工具"的中介作用时,他们并不是只想到了锄头和碟子这样的实物。他们认为语言是贯穿文化中介过程中必不可少的部分,是"工具的工具",而且他们明显对于这些工具中介的运作过程有两个方面的观点。工具的创造或使用对人类行为的基本结构所产生的结果是,儿童并没有将工具的自然功能直接地应用到特定任务的环境中,而是将工具当做功能与任务间的某种辅助方法……儿童通过管理这种媒介工具来完成任务(Luria,1928,p.495)。[4]

有关工具中介的观点并非俄国早期文化—历史心理学者的原创。它也是约翰·杜威的核心思想。约翰·杜威是为俄国所熟知的教育学家和心理学家。他主张:"工具和工艺品仅仅是为了更有效地完成某种行为而被重新塑造的更重要的自然物。"(Dewey,1916,p.92,quoted in Hickman,1990,p.13)。用亨利·伯格森的话说:

> 如果我们可以抛弃我们的骄傲,如果我们如历史和史前时期时代告诉我们的那样来定义我们的种族,成为永恒不变的典型的人和智慧的人,我们可以说自己是工匠,而并非智人。总而言之,考虑到智力最初的特征,智力是制造人工客体/物品的能力,特别是用来制造用具的工具和所引发的制造过程的那些不确定性的改变。

美国一位曾与冯特一起学习的心理学家 C.H.贾德(1926)提出一个非常简单的构想:

> 人类发明的工具在人类文明的过程中有着十分强大的影响力。在人类发明工具并学习如何使用它们的很长一段时间里,个体反应的方式经历了改变。人类不再一心依靠攻击来捕食以提供自己食物。人类不会再学习更多使用爪子和牙齿的技巧来应付大自然的种种困境。人类采取了一种间接的行动模式。人类会使用由父辈发明或从邻居那借来的工具。(pp.3-4)

**历史发展**

除制造和使用工具之外,人类还会在之后的年代不断地发现已被发明的工具新的功能。成为文化存在和帮助他人成为文化存在形成了一个单一的过程,这个过程叫做文化适应。作为这种活动形态的结果,

> 我们从出生到死亡都生活在充满人和物的世界里,始终都在跟随前人的脚步寻找自己。当这个事实被忽略时,经验会被当做个体身体和灵魂中唯一的东西。我们没必要说真空中没有经验。个体外也能产生经验。(Dewey,1939/1963,p.39)

根据这一观点,文化被理解成在其历史长河中被社会群体积累起来的人工制品的合集。作为总体,文化,一个群体积累起来的人工制品,后来被看做人类发展的特殊物种媒介。[5]它是"现在的历史"。这种在媒介中发展并使后代继承这种发展的能力是我们这个物种的独特特征。

**实践活动**

根据马克思和黑格尔的观点,文化—历史方法的第三个基本前提是分析人类心理功能必须扎根于人类的日常生活。马克思认为,只有通过这种方法,唯物主义和唯心主义的二元性才能被取代。因为在实践中,人们可以经历前人实践剩下的唯心或唯物的遗留。

一些其他的文化心理学重要原则会在前三个原则之后介绍。也许最重要的是人工制品的历史积累和他们在实践中的应用会影响人类思想进程的社会起源。维果茨基(1929)提出,文化行为(在我的术语里叫人工制品)的所有方式在本质上是社会的。在它们起源和变化的动态过程中它们也是社会的,维果茨基所发表的"文化发展的普遍

规律"指出：

> 在儿童文化发展中的任何功能都会出现两次，或两个层面。起初它出现于社会层面，然后出现于心理层面。一开始它作为心理间种类出现在人群中，然后作为内在心理种类出现在儿童个体中。然而不言而喻的是内在化自己改变了发展并改变了其结构和功能。社会关系和人与人之间的关系成为所有高级功能和关系的基础。

根据现有的规范，社会起源的观点要求人们特别关注成年人对儿童环境的影响力，以利于儿童的发展。这就形成了"最近发展区"的观点。这种观点提供了与发展经验相近相关的环境。在理想世界里，这是儿童教育被组织起来的基础。

## 研究宏图

在第一种心理学视角下将这些原则统一起来的理论框架的构建是极其广泛的。它要求心理学研究不仅仅包括标志着发展的改变和个体发生改变过程的那些即时性改变，也包括系统发生的历史性改变。此外，这些领域必须要考虑两种改变的关系和相互影响。人类发展过程的研究也不可避免的是对人类起源的探究。

在维果茨基和他的同事于 20 世纪 20 年代和 30 年代早期发表的重要刊物中，尤其是在维果茨基的《高级心理功能起源》(*Genesis of Higher Psychological Functions*)(1930/1956)，《儿童发展的工具和符号》(*Tool and Symbol in Child Development*)(1930/1994)，还有他与鲁利亚共同发表的《行为历史研究》(*Studies on the History of Behavior*)(1930/1993)中，我们可以发现有关文化中介与种系发展和文化—历史关系的起源的论述。[6]维果茨基和鲁利亚(1930/1993, p.36)声称"他们的目标是计划性地提出人类从猿到文化人的心理变革的道路"。他们的模式包含现在所熟知的发展的"主要路线"：进化的，历史的和个体的。每个路线都有它自己的"转折点""每个关键的转折点都代表某种新的事物从它本来的阶段进入到一个新的阶段。因此我们把每一阶段都当做进一步进化的起点"(p.37)。种系发展的转折点是从猿使用工具开始的。人类历史的转折点是从劳动分工和符号中介的出现开始(也许还包括后来文字的出现)。个体发展的重要转折点伴随着历史和种系发展，以及语言的获得。

整个故事的经过是这样的：随着猿的发展，使用工具成为类人猿发展的重要标志(这是维果茨基和鲁利亚研究科勒的大量工作得出的观点)，这预示着种系的实践知识的发展。但是比起使用工具，存在更多明确的人类发展方式：

> 区分猿和人的行为因素用一句话说就是：尽管猿展示出了发明和使用工具的能力——所有人类文化发展的前提条件——劳动活动还是未曾在猿类身上发展起来……这种行为模式没有组成它们适应的最主要的形式。我们不能推断猿利用工

具的帮助使自己适应环境。

完全相反的是人类使用工具却能够帮助自己适应环境：澳洲土著的生存依靠回飞棒就如同英格兰人依靠他们的工具那样。把土著人的回飞棒拿走，他就成了农民，然后出于必要他不得不完全改变他的生活方式、习惯、所有的思考方式和他的本性。（p.74）

在描绘猿到人的转折点时，维果茨基和鲁利亚利用了恩格斯的自然辩证法（1925）。恩格斯假定人类起源的过程，也就是劳动，这种活动形态，起到了核心的作用。[7]劳动不仅仅包括使用工具，还包括在使用工具的过程中克服了种种困难，最后达成了目标："总之，动物很少利用外在环境，仅仅是利用它自己造成改变；人类则利用外部环境为其服务并掌握外部环境。这就是人类与其他动物最重要的区别，再次声明是劳动造成了这种差别"（引用维果茨基和鲁利亚，p.76）。

最后需要加入到猿使用工具的能力的要素是语言和符号媒介，"掌握行为的工具。"这个新组合的产物是一种全新的中介模式，其中工具和语言在实践中统一起来。这时，"原始人"出现了。维果茨基和鲁利亚表示使用"原始人"一词时，他们指的是抽象的概念，"历史发展的起点。"然而，他们认为，关于史前人类（最底层地位的文化发展）以及当今不同文化的种族的资料都可以提供关于原始人心理的证据。

从原始人到现代人的历史改变发生在两个维度。第一，越来越多的文化的/中介的/高级的功能取代了自然的/无中介的/低级的功能。第二，中介工具它们自己也有发展。记忆的发展是这一过程中维果茨基和鲁利亚最喜欢的例子。在原始文化中，自然记忆的影响很大。一种自然记忆是遗觉像，"图像记忆"，它在那样的年代是被普遍接受的。在事件中的偶然记忆，或者我们可以称之为"日常记忆"，作为自然记忆也是合适的。它被当做是人类被动地记录世界的过程，但不是主动的利用记忆去改造世界或他们做自己的行为。

这种日常记忆的"自然"（针对人类来说）形态并未经历历史变革。它建立在初级心理进程上，并将通用于文化和历史时期。"文化"记忆在更加复杂的"记忆工具"的苦心经营中发展，这种"记忆工具"与以人工制品为媒介的经验联系起来。"文化"记忆还伴随着自然进程在整个功能系统中所扮演的角色的转变。其中，功能系统是由更加复杂的中介系统所创造的。记忆的历史发展并不是"记忆能力"的改变。现在，记忆的变革通过记忆的完成，变更为完善的"中介方式"。印加人奇普（quipu）通过"行为文化"为维果茨基和他的同事的思想提供了清晰的例子。

带着对记忆功能的敬意，书写的艺术在文化—历史思潮中起到了举足轻重的作用。因为书写是一种早期的，长久的以及高度可视化的新媒介形式。它是人类通过重组记忆活动创造出的新型互动。有了书写，人们可以获得系统的知识，科学的概念和教育。这种教育是能让人适应某种文化的传播机构，在这里，年轻人想要通过科学知识，在充满结构时髦的、编码的和具体化的演讲的世界中获得中介互动的能力。因此,到达现今人类历史状态的人们,由我们中那些受过高等教育的人所代表,并且通过我们的教育使我们做好准备。

总而言之,根据这种观点,文化既经历了人工制品数量和类别方面上的改变,又经历了它们体现的中介潜力方面的改变。因此,文化和人类思想都得到了发展。

这些事大约是 1930 年的文化—历史故事,但并不受限于俄国。人们可以在现今德国,法国,英国,美国的顶尖学者(杜威、斯特恩、列维-布留尔等)中找到相似的观点。"工具制造者——人类"的故事提供了大量人类在自然与文化的融合中改变自己的过程的故事。我在第一章曾描述 19 世纪关于思想文化的革命被接纳进了 20 世纪的科学学科进程。此外,这个故事的许多元素还存在于当代各种人类起源和社会文化改革(如:Doonald,1991)的重建中。

如同勒内·范德维尔和简·瓦西纳(1991)提出的,当系统的思想被引进国家的传统思想时往往经历了重大转变。美国心理学家(包括我在内)选择性地加入和借用维果茨基和他的跟随者们的思想。在他们的思想中我们到底借用了多少? 在转变和挪用新文化—历史环境的过程中,思想是如何转变的?[8]

当越来越多的原始思想在全面和细致的转变中变成可用的,我们应该能够对关于我们思想的俄国原始资料有更丰富的认识,并最终成为更加精细的思想者。当然,我在《思想和演讲》(1987)的重译及迄今为止未发表的文章及书籍的发表中获利巨大,如《行为的历史研究》(1993)和《维果茨基读者》(Van der Veer 和 Valsiner,1994)。然而更全的语料库的材料并不能终结解释的争议。我们不能追求俄国和美国对文化—历史心理学的观点一致,无论我们的翻译有多么完善。所以,下一章,我的重点将会聚焦于尝试起草一个新的心理学研究方法来利用两国的思想体系和传统。

我通过阐述文化的概念和俄国方法的关键元素来建构第 5 章,与此同时,阐述当代文化人类学和认知心理学的大量理论。第 6 章对系统发生的和文化—历史领域中的心理学发展进行重点叙述。在第 7 章,我将从文化—历史的角度,概略地叙述一些文化机制。第 8 章回到方法论的问题以及对文化—历史心理学阐述一些重要的问题。在第 9 章和第 10 章,我会具体描述一些在前面几章提到的研究项目。了解了这些信息之后,我将在第 11 章重新考虑连接它们的范式。

注释:

1. 斯克里布纳(1985)在关于维果茨基的历史解读的论文中对维果茨基的历史变迁的处理中的几个困难概念进行了清晰和准确的阐释。

2. 有关维果茨基对这一问题所有论述的很好的总结,可以参见范德维尔和瓦西纳(1991)一文。对于鲁利亚的观点,见鲁利亚(1979)一文。

3. 在 20 世纪 20 年代末和 30 年代末期,俄罗斯的文化历史方法首次出现在英文刊物中( Leontiev , 1932 ; Luria ; 1928 , 1932 ; Vygotsky , 1929 )。随后他们又做了大量补充( 例如 , Leontiev , 1978 , 1981 ; Luria , 1976 , 1979 ; Vygotsky 1978 , 1934/1987 , Van der Veer 和 Valsiner , 1994 )。

4. 这段话的措辞揭示了俄语中"手段"和"中介"之间的共性。从这个时候写的其他文章的类似陈述来看,这个翻译成英语"中介"的俄语词汇几乎肯定是"sredstvo"。"Sredstvo"经常被翻译为"手段",特别是在"通过……手段"的短语中。我注意到这种混乱,因为手段和中介之间的亲密关系是文化—历史方法的中心理论假设之一。

5. 同一时期的俄罗斯哲学家帕维尔·弗洛伦斯基( 1990 , p.346 )将文化称为"增长和滋养个性的媒介"。

6. 范德维尔和瓦西纳( 1994 )认为《工具与符号》也是维果茨基和鲁利亚共同出版的。

7. 维果茨基和鲁利亚引用了马克思关于劳动本质的论述:在劳动中,"自然本身就成为人类活动的一个对象,是人类身体器官中的一个附属的器官,尽管有自然法则,但劳动延续了后者的自然尺度"( p.77 )。

8. 在维果茨基给出的案例中,搜索原件是很成问题的,因为许多推测的原始论文是编辑版本的狭义笔记,他的所有工作都是意识形态争议的主题,这些争议常常影响原始文本的呈现。参见范德维尔和瓦西纳( 1991 )对这个问题的解释。

# 第 5 章　文化的核心作用

在这一章,我将开始重构发展的文化历史途径。这一重构将通过详细说明中介工具的概念和在保留一些俄国分支的特点的同时对原理论进行修改。我开始对俄国的文化—历史心理学家们所提出的文化观点感兴趣,是因为他们似乎提供了一种从组织在日常时间的中介行为开始自然构建的一种理想的文化理论方式。这与我和同事们在跨文化研究中所发现的方式相契合,毫无疑问我们的观点是一致的。但是我们的跨文化经验同时也引起我们对最终结果的深刻怀疑,基于交互过程(理论)将人们看做是有文化历史背景的,那么其中未受教育的"不现代"的人思想层面或水平要低于受过教育的现代人。在他们对历史和精神发展的信念里,俄国人也被引入了许多方法论的陷阱,这些陷阱我们在自己的跨文化研究工作中也曾遇到过(Cole,1976)。

在这些考虑的启发下,我将尝试创造一个适用于第二种心理学或文化心理学理论和实践,以中介现象为核心的文化概念。与其像俄国人那样以工具的定义着手,我更愿意将工具的概念看做是一个更通用的概念,即"人工制品"的子范畴。

## 人工制品

一般人意义上的人工制品是指人类用来制造物质客体的器物。在人类学领域,对人工制品的研究,有时被认为是研究物质文化,从某种程度上说这与研究人类动作和知识截然不同。根据"将人工制品看做是客体"的解释,很容易将人工制品的概念引入工具的类别,但这对理解和研究毫无益处。

上述观点既承载着与杜威的思想的密切关系,亦可回溯到黑格尔和马克思。依据这一观点,人工制品参与人类有目的的动作的历史决定了其被看做是一种物质存在。由于在创造和使用过程中人工制品不断的发生变化,于是人工制品既可以是观念的(概念)也可以是物质的存在。当人工制品的物质形态已在过去参与的交互活动中完成并继续中介当前的互动活动,他们就是观念的。

在这种定义方式中,人工制品的均等属性取决于两个因素:语言因素和构成物质的文化因素,后者是更常被人认知的人工制品形式如桌子和刀等。[1]将词语"桌子"与一张实际的桌子区别开来的,是其物质方面和观念方面的重要性差异,以及他们各自所起到的作用差异。没有任何词语是脱离物质实体而独自存在的（如声波，手部动作，写作，或神经元活动等形态），而人们每次使用桌子这个词语其物质形态也都在人类思想里进一步得到强化。[2]

俄国哲学家埃瓦尔德·伊利延科夫（1977，1979）在基于对黑格尔和马克思的理论研究进行论述里，得出的人工制品具有双重材料概念的性质。依据伊利延科夫的理论系统，观念的结果是从"转化，形式创造，社会化活动，目标导向的，感性的主体活动"中来（引自 Bakhurst 1990，p.182）。从这个角度看，一个人工制品的存在形式不仅仅是纯粹的物理形式。"相反，（人工制品）是被有目的创造，并以一定形式参与日常活动的——因为某种原因而被制造并使用——自然客体获得的意义。这个意义便是客体的'观念形式'，这一形式所囊括的不仅是实物形态的单个原子的一种形式。"（Bakhurst，1990，p.182）

注意到在这种思维方式下，人工制品的中介作用同样适用于物和人。两种情况的不同之处在于观念与物质这两个构成的融合方式，以及它们所能参与的互动活动。

这一观点也宣称材料的原始统一，象征人类的认知。这个出发点很重要，因为它为处理在人类学和相关学科的长期争论提供了一种新的出路：文化是应该作为现有人类活动的产品被定位于个体外部，还是作为知识和信念的总和被定位于个体内部？这两种观点都有深远的人类历史学渊源（D'Andrade，1995；Harkness，1992）。然而，在过去的20年左右，恰逢心理学的认知革命和乔姆斯基的语言学的出现，在对文化的研究中，动作和物质产品模式似乎已经让位给了传统的观点，认为文化完全由可学习的符号和意义共享系统构成——文化的观念方面——定位于大脑。

人工制品是人类历史的产品，同时兼具观念和物质属性的概念为这种辩论提供一个出口。同时，正如我希望能阐释的那样，它为文化历史心理学和当代人类学的文化心理概念之间的联系提供了一个有用的观点。[3]

## 人工制品中介作用的特殊结构

俄国文化历史的心理学家用一个三角形来描绘人与环境的关系，其中人工制品对两者间的中介作用是均等的（见图 5.1）。简化其视图用于解释目的，所述功能被称为"天然的"（或"无中介"）是指那些三角形基座；"文化"（"中介"）的功能是那些主体与环境之间的关系（主体与客体、反应和刺激等），通过三角形（人工制品）的顶点相连。

当观察这个三角形时又很容易产生这样的误解，认为当认知作为中介时，思想遵循三角形的顶线"贯穿"的中介者。然而，中介作用的出现并不意味着中介路径替换原有路径，就像发展史中出现文化发展并不意味着文化发展可以替代发展史。一个人在拿起斧头伐倒一棵树的时候是不可能停下来站在地上观察这棵树的，相反，活动中工具的参与创建了一种新的关系结构,在这一结构中文化(有中介的)和天然(无中介的)路径协同运作;通过积极尝试以适应与自己的目标相匹配的环境,人类将辅助工具(包括,特别是,其他人)融入到他们的行动中,从而产生独具特色的主体—中介—客体三元关系。

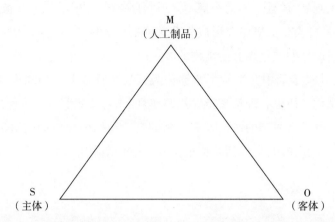

**图 5.1　在这个基础的中介三角形当中,主体与客体不仅是直接联系的,而且也可以通过人工制品(文化)这一媒介进行间接联系。**

在本章及其后的章节中,我会在这个基本结构图的基础上进一步发展出一个适当的复杂的方法来阐释思维的文化中介作用。但即使是这个基本概念,即人类的思想是"直接,自然,进化"和"间接的,文化的"经验交织的自然后果,足以使人类思想那被称为人类意识的二重性的特质脱颖而出。人们在俄国和西欧/美国的传统中都可以发现这个想法的相关表述(Durkheim,1912)。例如,美国人类学家莱斯利·怀特写道:"一把斧头含有一个主观的成分,但是若离开了斧头这一概念和态度,它将是没有意义的。另一方面,一个概念或态度若在动作或语音(这是动作的一种形式)没有了通用的表述也将毫无意义。每一个文化元素、每一个文化的特质,也因此同时兼具主观方面和客观方面。"(1959,p.236)[4]

忠于文化历史方法的精神,怀特强调文化中介在时间方面的影响及其心理学意义:"人类用文字创造了一个新世界,一个思想和哲学的世界。在这个世界上,人们的生活跟物质世界一样真实……这将致使其具有外在的感官世界永远难以企及的连续性和持久性。它不仅仅由现在组成,还包含着过去和未来。时间上,它不是一个方向的连续,而是从永到永恒。"(White,1942,p.372)

鲁利亚用如下语言描述这个双重世界:

> 巨大的优势在于他们的世界是双重的。如果没有文字,人类就只能应付那些他们可以感知和直接操作的物品。但在语言的帮助下,甚至能够应对他们不曾间接知晓的事物,和处理远古时期祖先经验中出现过的事物。因此,文字为人类世界

增添了一个维度……动物只有一个世界,客体和环境的世界。而人类却有两个世界(1981,p.305)。

还有大量的文字可以和将要被用来描述这一基本中介效应的概念及其意识产生的特殊形式。人工制品和人工制品中介的人类个体动作只是发展所需的概念工具的一个起步。无论是人工制品,还是人类动作都不是孤立存在的。相反,它们是彼此交织在一起的,共同在人类的社会生活里中介形成相互关联的庞大网络(Latour,1994)。一些方式是需要探讨其所产生的文化媒介的结构的。

在图5.1中给出的最简中介结构不能够作为其社会背景下中介动作独立成立的。为了清楚地阐释文化—历史心理学来指导我们在复杂的、日常生活中的研究,我需要能够针对所中介的事件进行适当的讨论人工制品的集合适当中介他们的事件文物聚合,这包括人际关系的中介作用,也包括与物理世界的中介作用。

### 人工制品的三个层次

对于如何制定对人工物品的概念的一个有用的建议是由马尔克斯·沃特夫斯基提出的树状层级。沃特夫斯基将人工制品(包括工具和语言)描述为"人们已浸入认知和情感意图和需求的客观存在物"(1973,p.204)。

沃特夫斯基的框架的第一级包括初级人工制品,那些直接用于生产的产品。作为例子,他给出了"斧,俱乐部,针,碗";我的例子包括文字[1],书写工具,电信网络和神话人物。初级人工制品紧密对应我早前提及的一个概念-人工制品,它们是前人活动中物质转化的结果。在此由于我当前论述的需要,并未将物质产品的生产与一般社会生活的生产区别开来。

二级人工制品主要包括对一级人工制品的指代和使用一级人工制品的动作模式。二级人工制品在维护和传播动作和信念模式中起到核心作用。它们包括食谱,传统信仰,规范,宪法等。

三级人工制品指,"可以构成一个相对独立的'世界',其中的规则、惯例和成果不再显得直接而实际,是'非实际',或'自由'展现,或游戏活动"的体现(p.208)。沃特夫斯基称这类想象中的世界为第三级人工制品。他认为,这种富有想象力的人工制品可以为我们看待"现实"世界的方式增添色彩,成为改变当前实践的工具。在现代心理学术语中,动作模式的获得发生在与三级人工制品的交互可以改变其用途使其超越当前环境时。沃特夫斯基将他的三级人工制品概念运用于感知艺术作品和创作过程作品;我试图通过将人工制品的概念与背景,中介作用,当代认知心理学、人类学以及其他认

---

[1] 这仅是该著作者的理解。根据我们对原作者沃特夫斯基的理解,"文字"属于二级人工制品。——译者注

知科学中发现的活动概念链接来概括他的构想。

如果接受沃特夫斯基提出的人工制品是文化调解的关键这一特征,那么下一步就是要看看这三种不同类型的人工制品如何在人类活动中交织在一起。他们又会为人类文化构成怎样的图景?

### 文化的凝聚力和连贯性

当代人类学家对不同的文化间是如何相互连接,以及在不同的情境下文化如何保持一致这两个相关问题上意见颇为分歧。保罗·凯伊花了几年的时间广泛探讨了这个问题后提出"半认真地"看待这个问题,我们所以为的文化应有的连贯性其实是人类学家处于发表连贯的故事的需要强加的。这是一种错觉:"如果我去研究'whoevers','我'得回来讲一个关于'whoevers'是什么样子的一致而有趣的故事——他们所做的一切都要符合这一故事。"(Shweder 和 LeVine,1984,p.17)

凯伊立刻受到克利福德·格尔茨的质疑,他的作品几乎肯定是对凯伊的挑衅言论来源之一。格尔茨以开发了一个概念而闻名,即文化的不同部分如何连接,例如,人们可以使用巴厘岛斗鸡或木偶剧院(沃特夫斯基理论中三级人工制品)作为一个组织比喻为所有巴厘岛社会(Geertz,1973)。20 世纪 70 年代初,格尔茨就曾引述并赞同马克斯·韦伯对于人类的形象描述"一只挂在由他自己编织的意义之网上的动物",并声明:"文化便是我的网"(1973,p.5)。在同一本著作后面,格尔茨认为文化应通过类比被设想成一个处方或一种计算机程序,他称其为"控制机制"。

格尔茨的著作是我努力梳理俄国文化—历史心理学家关于当代文化人类学家的观点的关键。格尔茨通常被读者当做是一个吸收了文化概念作为内隐知识的人类学家。虽然这肯定是他的思想的一个方面,并渐渐成为主导思想(Geertz,1983),但我发现,很明显他明确拒绝严格意义上的理想主义的文化概念的偏颇,并向与人工制品中介概念相连接的观点。

文化的"控制机制"的观点开始假设人类的思想基本上是社会的和公众的,它的自然栖息地在宅子里,在市场里和城市广场上。思维的构成并非是"头脑里发生的事"(思考发生在那里和其他任何有必要发生的地方),而是被 G.H.米德等人称作有意义符号的流通——大部分是文字,也有手势,图形,乐音,像钟表那样的机械设备(1973,p.45)。

我希望明确一点,作为控制机制的文化概念和人工制品的中介行为间存在密切的关系。

格尔茨对韦伯"意义网"的比喻的利用让人联想到美丽的蜘蛛图案,而处方的比喻表明图案是相当本土化的并有精确的成分,遵循特定的结合规则,并在特定情境下它们煎熟的。在格尔茨的定义中,多样性和统一性的重要性不亚于文化的内部与外部性解释。

在回应对凯伊关于文化的一致性可能完全在外界观察者的眼里的建议时,格尔茨找到新的比喻来描述他的感觉,人类的文化媒介既不是由无关的碎片构成,也不是一个完美的配置:"文化的元素既不像沙饼,也不像蜘蛛网。它更像一只章鱼,一个相当厉害的完整生物——通过一个大脑使其保持在一起,或多或少,在一个笨拙的整体中。"(引用自 Schweder,1984,p.19)

格尔茨和凯伊的争论表明,人类学家在表征文化凝聚力的整体程度时应避免两个极端:(1)如果每一个事件都是独一无二的经验,作为一个孤立的实例,那么人类生命便是不可能的,和(2)相信一种单一的、统一配置的文化制约着构成文化的所有事件,也是毫无裨益的。相反,必须考虑到这样一个事实:人类活动涉及文化中的复杂的劳动,使得一个文化群体中的任意两个成员都不可能拥有"整体"被认为存在的相同内在(D'Andrade,1989;Schwartz,1987,1990)。

作为这些差异的结果,两个独特而混乱的极端之间存在多少文化连贯性和融合在一般情境下是不可能的说清楚的;为了使描述有意义,就有必要指定调查者想要分析的活动的连贯性来源和作为活动的一部分的结构的来源。其实,当一个人同时考虑的文化媒介的异构源结构和使用者所必备的知识时,会发现人类能够彼此配合已经是奇迹了(Durkheim,1912)。

用于如何在文化媒介中定位结构时,文化的"内部"和"外部"的方法转向可预见的不同方向。外部资源指向人类活动的许多物质表现,指向错综复杂的"意义之网"的外部组成。这些作为协调人工制品的物化的符号、程序和仪式清晰可见。相反,内线指向主体间的协调行为,并试图理解诠释其过程。

我推荐的这种文化—历史的方法,认为文化的两个方面在人工制品的双重性上的相互衔接。困难的是怎么样表明这一取代了文化和精神"内"和"外"二分法的提法主导着当前的讨论。

### 文化模式、图式和脚本

我很幸运,当我开始制定本章中所描述的想法时我是一个与加州大学圣地亚哥分校人类信息处理中心在相关的非正式跨学科讨论组的成员。我们当时的话题是区别对人类的思维过程研究的方法,与弥合它们之间的分歧寻求可能的方式。[5]

小组的几名成员已经开创了了人类经验的由认知图式中介的观点,在这一中介通道中个体通过构建的选择、保留和利用信息来思考。在心理学中,图式是指成分间相互关联并能组成具有一定形态的整体的知识结构(Mandler,1985)。戴维·鲁梅尔哈特认为"一个图式包含着相互关联的网络,这一网络通常被认为由图式中的要素构成"(1978,p.3)。有些图式代表着我们的知识客体,有些图式代表场合,有些图式代表事件,有些图式代表动作顺序等(Rumelhart 和 Norman,1980)。

图式是选择机制。它们指定特定要素间是如何呈现一定的相互关联,同时使其他不太重要元素依据需要进行填充。一些所谓的默认值元素,可以不是被指定的。例如,如果我听到我的猫在门外喵喵叫着,元素"呼吸"和"热血"是合理的默认值。无须考虑我便知道他们是真实的。在某些情境下,例如当我看见猫躺在车下不知死活,图式中的这些元素可能对我的推理至关重要。

一个由我的同事们开发的特征的图式理论具有一个吸引人的特点,那就是它意味着上下文特异性的思维。鲁梅尔哈特基于对成年人推理的尊重提出这一观点,他认为尽管图式在推理中起到核心作用,"但日常生活中的大部分的推理显然不需要使用任何通用推理能力。反而是我们大多数的推理能力似乎与跟特定知识相关联的图式被绑定到一起了"(1978,p.39)。琼·曼德勒指出这一观点的意义似乎是在说明文化差异既存在于思考,其实也存在于在跨文化研究中使用标准化的心理测试主义,她发现在熟悉和陌生情境中的动作是不同的,因为"熟悉的情境中的图式已经形成,并在推理过程中发挥更大的作用"。(1980,p.27)

罗伊·丹德雷德(1984,1990,1995)已经推广了客体的和事件的图式概念,以便与心理学的概念和人类心理学的现象和概念相连。他引入了文化图式,这些基本图式组成的意义系统能标定任何文化群体的特征。在丹德雷德的术语,"通常,图式能简化世界,使得那些术语的适当性基于它们所属图式与其分类客体的实际情境匹配程度。这种图式不仅描绘物质世界中的客体和事件也适用于抽象世界,如社会交往、交流、甚至是文字含义"(1990,p.93)。

丹德雷德(1990,p.108)进而将文化模式定义为那些主体间共享的文化图式。文化模式用于在各种领域来解释经验和指导动作,"包括事件、机构、物质和精神客体"。娜奥米·奎因和多萝西·霍兰(1987)编辑的一本专著中就有这类研究,说明了成年人如何利用文化模式来推理客体(如猫),社会组织(如婚姻),和人类的一般属性(如心灵如何运作)。

事件图式,是一种以对划清文化心理学理论在人们日常活动中的范围这一目的相关的特别重要的图式,它通常被称为脚本(Schank 和 Ableson,1977)。一个脚本是一个事件的图式,指定适当的人去参与事件,以及他们扮演的社会角色、用的物品、行动的顺序和可能的因果关系。

杰尔姆·布鲁纳(1990)和凯瑟琳·纳尔逊(1981,1986)都将这种事件表征作为他们对认知发展分析的基础。纳尔逊将脚本定义为"一般的事件图式"。脚本,她写道,提供了使"知识表征层级关系中的基础水平通过计划向上到达目标和主题"(1981,p.101)。纳尔逊用下面的例子来表明以脚本中介的思路的发展。他让孩子们回答一个问题:"给我讲讲去餐馆吃饭是怎么一回事?"第一个答案来自一个 3 岁的孩子,第二个

答案来自一个不满 5 岁的孩子。这里是 3 岁孩子的答案:

> 嗯,你吃,然后去其他地方了。

5 岁的孩子有更多的话要说:

> 好吧。现在,首先我们晚上去餐馆,我们,嗯,我们,并且我们去了那里还要等一会,然后服务员来了,给我们写着餐点的小东西,然后我们等一小会,一个半小时或几分钟或什么的,然后,嗯,那么我们的比萨什么的就来了,然后,嗯[中断]……[成年人说,"那么食物来……"]然后我们吃,然后当我们吃完我们点的沙拉,我们就能吃我们的比萨饼了,等我们吃完,因为我们在拿比萨饼之前就拿到沙拉。这样的话,当我们吃完所有的比萨饼沙拉,我们就离开。(Nelson,1981,p.103)

这些儿童的陈述中有几点值得注意。首先,尽管基于具体细节,但他们的答案确实是概括的;孩子们正在谈论一个习惯性的事件("你吃""我们走")。第二,他们的描述是以动作的时间序列为主线的。第三,事件的因果逻辑本身就是行动的时间点(吃完沙拉再吃比萨饼,因为烹饪它需要更长的时间)。最后,还有很多内容没有说,部分因为这是理所当然的——我们打开门,进入餐厅,我们拿起我们的叉子,并用它们吃沙拉,等等——另一部分因为孩子并没有参与这些,或者有可能孩子们并不理解(例如,人们结账以后会给小费)。

在她的关于儿童事件表征的习得作品中,纳尔逊强调脚本的另一些重要性质使其成为天然的媒介。首先,她认为脚本就像由丹德雷德提出的文化图式那样是用来指导动作的。当人们面对一个新的事件,他们必须寻找一个问题的答案"这是怎么回事?"一旦一个人对于去餐馆的适当动作有了模糊的概念,他或她就可以带着这一部分认识进入具体事件中,这些知识在时间本身中得到丰富,促进了后续的协调。"如果没有共享的脚本,"纳尔逊写道,"每一个社会动作都需要重新讨论"(p.109)。

纳尔逊还指出,孩子在成人控制的环境和成人的脚本强化中成长。总的来说,成人指导儿童的动作并为其设定目标,而不是直接参与教学。实际上,他们用适当的脚本的信条来约束儿童动作,使孩子学会他们所期待的角色活动。从这个意义上讲,脚本习得是文化习得的核心(p.110)。我将在第 7 章重新探讨这一点。

布鲁纳(1990)认为脚本是最好的叙事的元素。脚本在他的理论中的重要地位相当于丹德雷德的文化模式。布鲁纳认为,叙述是位于人类思维的中心,跨越时间的将事件连接在一起。叙事中的经验展示提供了一个框架("民俗心理学"),使人们可以向其他人解释自己的经验。如果没有这个叙事框架,"我们会迷失在混乱经验的黑暗中无法以任何物种形式幸存下来"(p.56)。

## 图式和人工制品

过去十年中,图式理论已逐渐为认知心理学家和人类学家所接受,图式一般被看作是头脑中的心理结构。这种解释方式使得图式和脚本的意义与文化的内在概念有了很好的契合。而这一意义源于它们不断的物质实例。从这个角度解释,图式的概念和我一直寻求发展的人工制品中介的概念有所不同。"当然,脚本就像人工制品那样,不仅仅是头脑中的现象,它同时出现在'内部世界'和'外部世界'。"

有趣的是,F.C.巴特利特的思想激发了一批当代图式学者,并在 19 世纪 20 年代,这一术语进入心理学领域时为其提供了另一种解释(Bartlett,1932)。巴特利特一贯如此描述图式,他们既是头脑之内的也是头脑之外的社会实践;它们既是物化的实践又是心理的结构(Edwards 和 Middleton,1986)。图式这一概念显然与我所推崇的人工制品中介概念相吻合。

最近的发展表明,类似于巴特利特的观点更受认知人类学家欢迎。例如,曾经坚持文化的"内部"观点的丹德雷德(1995),最近对文化定义的主张又回归到 E.B.泰勒时代:文化作为某个群体继承的一切,即包括文化图式和模式又包括物质化的人工制品和文化实践。然而,在丹德雷德的理论中,文化的两方面依旧是相互独立的。他假定存在两种认知结构,图式和符号。在这里图式是人工制品的观念的一面;它们是抽象的精神客体。符号是物质存在:例如词语,短语,图片和其他物化的表征。

符号的意义被看做是符号所象征的图式。丹德雷德这样概括符号、图式和世界的关系:"虽然代表单词发音的那个图式(作为它的意思)与代表单词所指实物的模式密切相关,但它们是完全不同的图式"(1995,p.179)。虽然分歧依然存在,但是很明显,人们一致认为符号/图式和人工制品之间存在紧密的关联。

埃德温·哈钦斯(1995),另一个一直试图整合文化的内部和外部概念的人类学家,提出了一种理解文化,认知,和世界三者密切关联的不同的方式。依据哈钦斯的观点,文化应被理解为一个过程,而不是作为"任意具体或抽象事物的集合"。文化"是一个过程,而出现在文化的类似定义列表中的'事物'是这一过程的残渣。文化是一个积累常见问题的部分解决方案的适应的过程……文化是一个发生在同时发生在人类精神之内和之外的人类认知过程。我们日常的文化实践就发生在这样的过程中"。(p.354)

在最近的作品中,布鲁纳(1996)和纳尔逊(1986)也把脚本作为双重实体,其中一重是一个心理表征,另一重则通过交谈和行动来体现。例如,布鲁纳写道:"学习和思考总是适用于在一定的文化背景并依赖于其对文化资源的利用。"(1996,p.4)

不管是从的丹德雷德、哈钦斯还是其他志同道合的人类学家(详见由 D'Andrade 和 Strauss,1992 年,Holland 和 Quinn,1987 编撰的期刊)那里,或从纳尔逊和布鲁纳那里,我都能找到与惯例即图式(在巴特利特的术语)或人工制品(我的概念)相适宜的观点的支持。这一关联并非我一人所关注。[6]

## 对更广泛分析的需求

二级人工制品，如文化图式和脚本，是"文化工具包"必不可少的组成部分。它们既是观念的也是物质的；它们在调解人们的共同活动的人工制品中被物化和观念化（具体化）。它们通过具体化的事实作为一种资源呈现出来，这一资源既使不同个体在共同活动中彰显个性，又使该活动所需的协同合作不断重现。

然而，几乎不需要反思就能意识到，即使视为一种二级人工制品，脚本和图式也不足以解释人们的思想和动作。甚至在最大度的假设中，把图式和脚本看做是将客体图式联结在一起组成层级或将事件图式联结成有序的集合的机制，这样的知识结构显然不足以决定一个人在指定场合下应该想些什么或做些什么，即使假定他已经获得了文化图式或脚本。[7]

每个图式都"留下了海量被简化的，可以被体验到的潜在视觉、听觉、感觉和命题的信息"（D'Andrade，1990，p.98）。因此，当文化还是动作工具的源泉，个体还必须弄到大量的说明来搞清楚哪些图式在什么情境下适用，以及如何有效地实现它们。例如，一个肥大的，橙色的，条纹的，带着一个类似猫爪的毛茸茸的腿悬挂在我们孩子的衣柜里的架子上，这很可能会诱发不同的图式，不同的情绪，并且由此诱发的不同的动作也可能由瞥见了我们在巴西雨林中间的吊床披屋引起。这种担忧让我不可避免地作出如下结论：为了说明文化中介的思维，不仅有必要指明作为动作中介的人工制品，而且要指明思想发生的情境。

这些考虑把我们带回那个关键问题，所有的人类动作必须放在关系中理解，依据"上下文"来表达。但实现这一点却是长期分歧和混乱的根源。之所以这么困难，是因为一个人若要理解问题与心理的关系，必须把那些蕴含"更多意义"的不同的词汇置于人工制品中介中来解读。在前面的段落中我将情境一词解释为一种遮盖某些事物的更多可能性的常识。当我们转向对这个问题的技术性讨论，相关词语包括环境，形势，背景，实践，活动，等等。这里的问题与我们曾遇到的思索的人工制品的物质和精神关系问题非常相似。在那种情况下，争论便围绕着人工制品产生时是现有物质还是先有观念的问题展开了。在这种情况下，争论转向人类思维中是先有客体（文本）还是先有背景（上下文）的问题。

肯尼思·伯克几十年前曾说过，对动作和背景的思考必将导致分歧，因为物质的概念必然包含其他物的背景，"毕竟支撑某物或赖以支撑他物都可作为背景的一部分。而某物的背景，作为其外的一切既可以是他物也可以不是"（1945，p.22）。面对这些击败很多人的复杂问题，我并不奢望在这本书中能给出明确的解答。但我有志于区分导致社会学争论的两个背景的主要概念，并积累一些必要的概念工具，作为指导文化与发展研究的启发式。

情境和背景①

许多年前约翰·杜威（1938）提出了一个认知的关系理论，在那个理论中他对情境这个词的使用方式自然的引入了关于背景的讨论："'情境'这个词所指定的不是一个单一的客体或事件或客体和事件的组合。因为我们从不孤立的体验客体和事件或对其进行判断，只在他们与整体背景相连接时才能体验和评判。这就是后文所说的'情境'"（p.66）。杜威继续批评心理学家可能用一种简化的方式来处理情境（p.66）："实质上是这样的，心理学中对［经验］的研究只选取某单一的客体或事件作为分析的主要对象。"（p.67）但是："在实际经验中，从未有任何这样的单独存在的孤立的客体或事件；一个客体或事件始终是一个可信的经验世界——一个情境的特殊部分。"（p.67）

将我们的所知从生活环境中隔离出来通常会严重阻碍理解性认知。杜威认为，正是这种隔离（认知心理学研究中的典型实验程序）这使人产生这样一种错觉，我们对任意客体的知识，无论是"橙子，石头，黄金，或其他什么"，都是对从其所在情境中隔离出来的客体的知识。

杜威的有整体背景的情境公式为"背景"这一概念提供了一个适当的关系定位，也许是最流行的用来表达行为情境的术语。尽管早在半个世纪以前杜威就有如此先见之明，但心理学对背景的分析常常陷入他曾警告过的困境。

背景，"周围的一切"

当我们重新翻开韦氏字典开始查阅背景这一概念时，我们发现了掩盖杜威所指出的错误的关键模糊点。背景被定义为"整体情况，背景，或与特定事件相关的环境，"并且"环境"被定义为"周围的一切"。"整体情况"和"周围的一切"在同一条定义中被混在一起。

背景被作为"周围的一切"的概念通常用一套描述不同"背景的层次"的同心圆来表达（详见图5.2）。心理学家的关注通常集中在"核心"单元，这个单元可能是一个正在执行的具体任务或活动。当心理学家使用"周围的"来解释环境，他们试图了解这一任务是如何在更大层面的背景中形成的。

通常人们是在尤里·布朗芬布伦纳（1979）的关于人类发展环境的书中看到这幅图的。他从核心部位的微观系统开始，向外通过中间系统和外层系统，直到宏观系统，描绘了嵌入式系统。我和佩格·格里芬将背景概念运用到教育问题的过程中，把师生

---

① 英文 context 一词在广义上指人和事所处的宏大的历史或现实背景；在狭义上特指行为发生的直接境况或事件。该处为特指，是狭义上的背景。译者注。

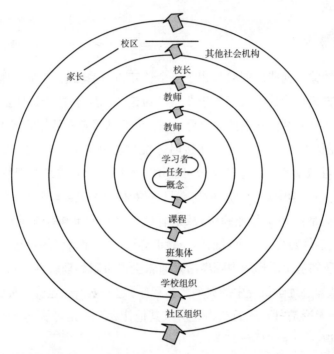

**图 5.2 同心圆代表背景概念,"周围的一切",圆心是一个儿童。在这里,背景就是环绕在孩子课堂表现周围的一切。**

交流看做是"核心单元",它是课程的一部分,教室活动的一部分,学校的一部分,和社区的一部分(Cole,Griffin,和 LCHC,1987)。

语言研究是一个重要领域,在这个领域中"背景的层次"观点的约定和问题都得以有效地应用(Bateson,1972;Jakobson 和 Halle,1956)。语言的一个基本特性是其组织层次是相互构成的;一个音素只有与其他音素结合构成一个单词的时候,它才能存在。单词是音素的背景。但这个单词只有在更大的话语背景中"有意义"才能存在,这一次"有意义"只存在更大的话语单元里。格雷戈里·贝特森将这种思维方式概括为:"这种背景中包含背景的层次结构在沟通……方面普遍适用,并驱使科学家们在更大的单元里不断寻求答案。"(1972,p.402)

请注意在描述中并没有简单的时序。"周围的一切"可以发生在"动作/事件"之前、之后或与其同时进行。我们不能在说出那个词之前就说出它所在的句子,就如同我们无法在读出某个音素之前就读出它所在的单词;更确切地说,背景的层级之间存在一种复杂的相互依存的时序,驱使背景的层级概念一步步形成。在师生交流的例子中更容易看到事件是如何有更高层级的背景"引起"的:教师讲授一节课作为课堂教学的一部分是由课堂塑造的,而课堂作为学校的一部分是由学校塑造的,而学校作为社区的一部分这又是由社会塑造的,如此往复。

虽然背景中更概括的层级可能限制下一个层级,但它们之间并不是简单的线性关系。为了使事件"一节课"要发生,参与者必须积极完成一个了间接过程"备课"。教师们对校规的理解大相径庭,更不要说他们对学校所在社区参与教育委员会选举的解释。时刻谨记,在"不同背景层级"中参与者之间的权力关系是不对等的,同样重要的是在使用嵌套背景的方法时考虑到这样一个事实,即背景的创建是一个积极争取的双边过程。(参见 Duranti 和 Goodwin,1992;Lave,1993;和 McDermott,1993,对将背景当做客体和行为的容器这一观点的尖锐批评)

背景,"交织在一起"

在探寻如何能既使用背景一词,又避免陷入把背景当做周围的一切的陷阱的过程中,我发现追溯其拉丁文辞源很有效。背景,context 的拉丁文辞源是 contexere,意思是"交织在一起"。《牛津英语大辞典》也给出类似的解释,背景是"赋予其组成部分一致性的相连的整体"。

那些织、线、绳或其他相似的比喻与人类思维背景绑定出现的频率是相当惊人的。例如,微观社会学家雷·伯德惠斯特尔是这样描述背景的:

> 我会告诉你我是如何思考的:有时我喜欢想象一根绳子。构成绳子的纤维是不连续的;当你将它们拧在一起时,你并没使纤维变长,而是制造了一根连续的线……即便一根线看起好像其中的每一部分都贯穿始末,但事实并不是这样的。这就是从本质上描述的模型……显然,我说的不是环境。我也不是在讨论内部和外部问题。我说的是系统的条件。(引用自 McDermott,1980,pp.14-15)

用这种方式理解背景并不能降低"周围的"使用频率。更确切地说,它是,而是至少两个分析实体(线),这是两个时刻在单个进程之间的定性关系。"任务与其所在背景"之间的界限并非明确不变的,而是模糊可变的。在一般情况下,被选择的就是客体,而那些客体"周围的一切"用在这里真是恰如其分。[8]

鉴于我的目的是依据人们的具体活动研究人工制品和情境/背景,我很高兴地发现背景和事件的感念之间存在密切联系。这里的背景释义为交织在一起的过程。斯蒂芬·佩珀在他对于作为一种世界观的语境论(现在被称为科学范式)的分析中提出了这一联结。

佩珀(1942)认为一个语境论者的世界观背后的隐喻是"历史性事件"。基于这一点,他说,在语境论者的重点并不是一件过去的事件,可以这么说,它已经完成因此可以消除。他所指的是一件正在发生的鲜活的事件。我们常用历史的意思,他说,是企图重现事件,使它们以某种方式再次鲜活起来……如果我们想,我们可以管[那件事]叫做"动作",如果我们在意我们的措辞的话。但它不是我们认为的那样是一个孤立的或片段的动作;它是一个置于某种设定中并与其设定在一起的动作,即背景中的动作。(p.232)

当我们依据交织比喻理解"背景中的动作"时就需要一个相对应的心灵的解释；客体和背景作为某个单一的生物——社会——文化发展的一部分一起出现。

贝特森（1972）以一种类似佩珀的方式探讨心灵，因为它贯穿人类活动的参与"内部"和"外部"的转换循环探讨。"很显然，"他写道，"在人体之外有很多信息传递途径，并且这些途经与其所携带的信息中必然含有*他们何时产生关联的信息作为心理系统的一部分*"（p.458，加上强调）。然后，他提出了一个实验性的想法："假设我是一个盲人，我有一根导盲手杖。我走路的时候就会嗒嗒嗒响。我从哪里开始呢？我的心理系统是与我的手杖把手相连？还是与我的皮肤相连？它是从手杖的上一半开始的？还是从手杖的尖端开始的？"（p.459）

贝特森认为，这些问题是没有意义的，除非有人致力于将男人和他的手杖以及他的目的和他所在的环境都囊括进他的分析里。当那个人坐下来吃午饭时，"背景改变了"，同时心理与手杖的关系也改变了。现在与心理相关联的变成了刀和叉。简而言之，因为我们所谓的心理通过人工制品运作，它不能无条件的与头或身体绑定在一起，而必须被看做是分布在那些交织在一起的人工制品上。这些人工制品将个别的人类行为与编织进可渗透的变化的生活事件中使其成为事件的一部分。

背景的关联顺序关键取决于个体通过什么工具与世界互动，而这些反过来又取决于个体的目标和其他对动作的限制。类似地，用于分析个体行为的背景相关解释取决于分析的目的。依据这种观点，目标、工具和设置（包括其他人，和 Lave，1988，定义的"场"）的组合，同时构成行为的背景和方式，认知在这种方式里可以说是与背景相关联的。[9]

### 活动和实践

正当背景和情境不断出现在关于心理的文化讨论中，近些年活动和实践这两个词的使用也不断增多。这一变化部分缘于将背景概念当做简版的环境或诱因不能满足研究的需要（Lave，1988；Zuckerman，1993），部分缘于社会文化理论对这些概念的灌输。社会文化理论的起源可以追溯到卡尔·马克思和后马克思主义关于人的能动性与社会决定论的辩论。

在当代的讨论中，活动和实践这两个词有时被视作同义词，有时看起来又好像源于不同的社会结构。这种概念混淆可以追溯到马克思对这两个词的使用。在他的《关于费尔巴哈的提纲》（*Theses on Feuerbach*）（1845）第一卷中，马克思写道："所有唯物主义的主要缺点……在于物体，现实，感性，仅被看作是客体或冥想的存在形式，而不是感性的人类主观活动和实践。"

这段话让我们认识到，马克思想要在人类和人工制品之间重构本体论的分类来取代的物质和观念之间的对立。他的活动和实践，实质性/观念性的相互渗透方式基于假设"客体或被生产出来的产品对生产者的本质而言不'仅仅是'外在的、无关紧要的。这就是他的活动,以一种客体化的或者固定的形式"(Bernstein,1971,p.44)。正是这种双重性给了活动"赋予物质世界一类新属性的力量,这类属性虽然是人类创造的,但他们已在客观实际中长期存在,并将独立于人类个体存在"。(Bakhurst,1991,pp.179-180)

在这种解释中,活动/实践就是人类思维的媒介、结果和前提条件。人工制品正是在这种活动/实践的范畴中被创造和使用的。

### 沿着实践的线索

一大批当代人类学家、社会学家和文化研究学者最近在他们关于人类思维的讨论中引用实践的概念。暂且搁置其中差异,所有这些探讨的要点都含有某种企图,实现类似于将背景的"周围的一切"的概念和"交织在一起"的概念融合在一起。

查尔斯·泰勒(1987)认为与人类戚戚相关的社会现实是由社会实践组成的,社会实践为我们心理生活提供了主体间的沟通媒介。在一个社会中,实践的总体提供了交流和表达的基础。意义和规范(在我的理论结构中隶属于二级人工制品)"不只是在行为者心中,还在心理之外的实践本身;实践虽不能被看做是一套个体动作组合,但它们却是社会关系的基本模式"(p.53)。

安东尼·吉登斯(1979)援用实践单元来创立一个社会化理论,该理论假设主体既不是由环境决定的(后天论),也不是由其"固有个性"决定的(先天论)。第一种观点,他写道,"削弱了决定结果的社会力量中的主观性,而第二个观点则假设主观性对任何种类的社会分析都不开放"(p.120)。

据吉登斯的观点,实践(而不是角色,例如)是社会系统的基本组成部分。他们还是一组分析单位,这种单位克服了类似于"个体 vs.社会"的二元论,重新创立了发展的一元解释。他声称(继马克思之后)可以在实践层面上发现这种二元论的观点:"代替这些二元论,作为一个单纯的概念性动作,结构理论替换了二元结构的核心概念。依据结构的二元性,我是指社会生活的基本递归,作为一种社会实践的构成:结构既是实践再生的中间产物也是其结果,结构是惯例再现,并在构建过程的瞬间'出现'。"(1979,p.5)

法国人类学家,社会学家皮埃尔·布尔迪厄(1977)也试图改变人们将背景概念简化的思维倾向,试图克服认知和社会生活的二元论。布尔迪厄对那些"把实践看做由先行条件直接决定的机械反应"理论保持高度警惕(p.73)。同时,他也尽量避免"赐予实践的自由意志和手段"。

布尔迪厄平衡这两种不可取的极端的核心策略是一个概念,习性,"一个系统持久的可换位的处置系统,作为观念鉴赏力和行动的矩阵起效,用来整合过去的经验,使得实现无限多样化的任务成为可能"(pp.82--83)。在布尔迪厄的方法中,习性是现有物质条件的产品,和一套同化和顺应实践的准则。习性,正如它的名字所暗示的,被假定作为习惯性的生活经历一个隐含的方面形成。它构成了(通常)对这个世界的假设的不可验证的背景设置。布尔迪厄强调确实是"历史造就了自然"(p.78)。"习性是引起个体行为的普遍化的中介,尽管它既是'理性的'也是'感性的',但没有任何明确的理由或意图。"(p.79)

### 沿着活动的线索

活动理论的观点大相径庭。在俄国研究如何将马克思的观点引入心理学术语的至少有两个学派(Brushlinskii,1968;Zinchenko,1995)。且不说德国的活动理论研究传统由来已久(Raeithel,1994),加上斯堪的纳维亚/北欧的分支(Hyden,1984;Engestrom,1993),现在,又多了一个美国分支(Goodwin,1994;Nardi,1994;Scribner,1984)。恩格斯托姆为这一方法的一般原则作出了很好的总结,他写到活动系统。

> 将主体,客体,以及工具(材料工具,以及标志和符号)整合成一个统一的整体。

> 活动系统应将面向客体导向的生产性方面和面向人际交往导向的沟通方面结合起来。生产和沟通是密不可分的(Rossi-Landi,1983)。实际上人类活动的系统总是包含生产,分配,交换和消费的子系统。(p.67)

在本章开头讨论人工制品中介时我已提及,恩格斯托姆提法的吸引力应该是显而易见的:一方面他整合了人工制品的双重属性,而另一方面他认为不应赋予生产活动优于社会活动的特权。

恩格斯托姆通过这样一种方式呈现活动的概念,既包括早期文化—历史心理学家将活动作为个体行动的中介的概念构想,又将其扩大。我们再次看到一个三角形,但现在它是一组互相连接的三角形(见图5.3)。在图的顶部是图5.1所示的基本主体-中介工具—客体关系。这一层次的中介行为是通过主体将客体转化为行动过程来实现的。但是,行动的存在"本身"总是和三角形的底部诸要素紧密相连的。这里的共同体是指那些分享同一客体的活动参与者;规则是指明确的行为规范和制约行为的种种习俗(活动系统内);劳务分工是指对共同体成员依据活动共同客体所展开的种种行为的分工协作。一个活动系统的各个组成部分不是彼此孤立存在的;相反,他们是正在不断构建,更新,并转化为人类生活的结果和原因。

正如图5.3总结的那样,在活动理论中,背景就是活动的系统。与主体-中介和客体相关的子系统,只存在于系统中与其他元素的关系中,这便是一个彻底的理性的背景关系视图。珍妮·拉弗(1993)为关注活动和实践理论的学者们总结了以下几个他们很可能会关注的主题:

1. 强调组成人类经验的基本关系,具有辩证的特点。(用拉弗的话说,人的能动作用,"部分注定,部分正在决定")

2. 聚焦经验,排斥将心理测验程序化的结构和动力,并以此误认为是普遍适用的"应该"模板。

3. 认知边界发生了转移,用拉弗的话说,认知横跨心灵、身体、活动和认知发生的情境。(一个观点,有时可能被看做是"分布式认知":Hutchins, 1995;Norman, 1991;Salomon,1993)

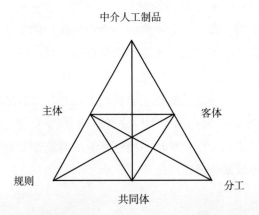

图 5.3　拓展后的三角中介图(恩格斯托姆之后,1987)包括活动中的其他人(共同体),社会规则(规则),以及主体和他人的劳务分工(分工)。

### 背景/实践/活动和生态的世界观

众多关于分析的超个人单元与背景实践活动等概念相关的观点,与那些自称的生态心理学家们的观点之间,有着重要的同源关系。这种同源关系产生了一个常识性的出发点:人类日常活动的生态性。这种同源关系也可以从两方执行研究的倾向性上得到证实:比起实验室设置环境,他们更倾向于在自发的社会环境中进行研究。

这种同源关系,同样表现在两方学者们的行文中,以下这个例子摘自先驱生态发展心理学家罗杰·巴克和赫伯特·赖特的著作。他俩曾试图描述生态环境与心理过程的关系特征,基于他们对儿童行为的详尽记录,巴伯和赖特发现儿童的行为很大程度上受制于他们的居住环境。他们还注意到,儿童在日常生活中参与的行为和行为发生的实际情境的千差万别。

依据我们的事件标准,一个孩子一天大约要做 500—1300 件事。大部分事件不是孤立发生的。行为更像是用很多细线拧成的一根绳,而不是垒成一排的堆叠的积木。行为的连续体,也像绳一样。感觉上交叠的事件通常不会同时终止,但会形成一个拧在一起的连续体。(1951,p.464)

上述对于线和绳的比喻,呼应了伯德惠斯特尔对人际互动中的背景的描述,虽然他描述的人际互动背景与上面例子中的背景截然不同。正是他们对事件和活动对应的单元分析的基本功力,使这个隐喻性的对应在不同层次的行为分析中成为可能。

尽管他们的措辞稍有不同,但我相信他们之所以能够达成共识是因为早先杜威有关情境的论述和那些强调背景理论学者们的观点的影响。例如,贝特森就坚信我们有必要"将行为看做是名为背景的生态子系统的一部分,而非拿掉我们试图解释的部分后背景中剩下的产品或结果"。(1972,p.338)

威廉·温特沃思(1980)将这一讨论的几条思路整合在一起。背景,他写道,是"使宏观社会事件的分析类别与微观社会事件的分析类别统一的链接":"背景是通过交互作用和作为参与者彼此链接的最直接结构得以实现的世界。背景可以被理解为人类活动的一个有情境和时间界限的舞台。它是文化的一个单位。"(p.92)

这一背景概念承认与个体有关的社会机构的力量并与改造影响其生存环境的潜在能力。一方面,宏观水平的不同层面作为构建背景的限制/资源(并且之后的本土活动倾向于重复社会中的关系)。另一方面,限制/资源的复杂配比使每个情境独一无二,因此行为并不一定会导致某个确定的结果。[10]

### 文化,帮助万物生长

迄今为止的讨论都将文化看作是人工制品的系统,将心理作为通过人工制品中介的行为过程,像是一个超个人的"信封",在其中,确定了对象/环境和文本/上下文的实际意义。这一方式允许我将文化的概念作为包围和交织在一起的媒介和背景。这一方式也为我提供了分析的基本单元,这种单元为联接社会及其机构的宏观层面和个体的思想和行为的微观层面提供了天然的联系。

为更好地思考文化,我在这里引用的最后一组评论,是将之前讨论过的很多概念和工具整合成一个整体,在我看来这对文化和认知发展性的导向研究特别实用。雷蒙德·威廉姆斯写道:"文化,其早期的用途,是一个过程名词:抚育某种事物,基本上是农作物或牲畜。"(1973,p.87)从远古时代起,文化的概念就已经包括如何促进发展的一般理论:创造一个人工的环境,这一环境为年幼的生物体提供生长的最佳条件。这种意愿的实现需要为那些人类将投身的特殊任务设计并经历几代人完善的工具。生产与工具的概念曾如此接近以至于文化一词曾指代犁的概念。

在日常用语中,我们将用于种植的人工环境看成是"园"。幼儿园(儿童的花园)就是指那些保护儿童远离环境中不利生长部分的地方。一个花园构成了个体植物的"微观世界"和外部环境的"宏观世界"之间的联系。在这个意义上,一个园,汇集了文化和背景的概念,提供了用于思考文化和人类发展的具体模型。

此外,幼儿园的比喻让我们贴近生态思维,提醒我们必须同时关注特定环境中相互作用的系统以及这一内部系统与"下一个更高水平背景"相联系的方式。虽然给予足够的知识和资源,以培育萝卜在南极或外太空生长是可能的,但是要维持这种让萝卜生长的环境并不容易。为了能让发展心理学家的工作成果具有普适性,他们不仅必须关注如何创建适宜发展的环境(如人工构造环境的幼儿园),还应当关注如何创建能够帮助孩子去适应更广阔世界的环境,让他们在离开幼儿园后仍能在广阔的世界中生存和发展。

我们可以用下列要点来概括本章所讨论的文化观:

1. 人工制品是文化的重要基本组成部分。

2. 人工制品既是观念的也是物质的。他们通过适当的工具和符号属性协调人类与世界的关系。

3. 人工制品并不是孤立存在的文化元素。相反,它们是以包括文化模式和特殊构造的"另类世界"的各种层面而存在。

4. 本文发展出来的人工制品概念与文化模式、脚本等概念有着密切的相关性。对这些相似之处的应用需要在中介过程中理解图式和脚本的双重现实。

5. 人工制品和人工制品系统的存在和意义总是与"其他事物"相关。这些"其他事物"包括的很多如某个情境、背景或活动等。

6. 中介活动的结果是多向的。它同时改变着关系中的主体、作为整体的主体/其他关系和连接自己与外部世界的媒介关系。

7. 文化中介意味着其中前几代人的活动累积在目前的环境下,作为具体的人的组成部分的发展和变化模式。这种形式的发展,反过来,揭示着社会世界在人类发展中的特殊意义,因为只有其他人才能创造出那种发展所需的条件。

一些方法论的处理是遵从着由文化地位到相对的心理行为的转变。其核心是对文化中介的行为,发展性地揭示了在统一整体生活里的不同部分的动态交互学习系统的必要性。同样重要的是对不同发展/历史(基因)水平进行研究,以便分析它们如何随着时间的推移与人类生活交织在一起的必要性。

这个概念的目录很容易被进一步扩展。但是,现在正是时候在这里讨论和阐述文化的属性是否同样适用于儿童心理理论和研究这一长期争议的问题。在未来解释文化心理学中那些有趣的现象时重新借用这些和更多的一些概念。

注释:

1. 关于语言作为人工制品系统和文字与所认为的物质人工制品同源性的讨论,参阅罗西-L 和 i(1983,p.120)。

2. 根据个人经验,或许由于语言的外部承载性似乎是透明的,人们很难在一开始就把语言看成是人工的。一个简单的例子就能把这一点澄清。当你听到一种你不懂的语言时,你所体验到的只是它的物质表现形式。那些词汇的意义,他们的"观念"的方面是缺失的,因为你缺乏将这些人工制品作为意义中介使用的经验。

3. 我需要再一次强调这种方法对人工制品中介效应和杜威的观念的亲和力。正如拉里希克曼在他对杜威的"务实的技术"的分析中所指出的那样,杜威认为,"我们称作技术工具和人工制品可以同时出现在那张他声称极具延展性和渗透性的将'内部'和'外部'分开的薄膜两侧,这张膜仅在最松和最紧的状态下才会对有机体反馈"(希克曼,1990,p.12)。

4. 理查德·巴雷特(1989)提出了一个关于怀特的中介观点与他那更知名的关于唯物社会进化论的观点之间关系的有趣讨论。

5. 本次研讨会的成员包括亚伦·西库里尔,罗伊·丹德雷德,琼·曼德勒,乔治·曼德勒,雷·麦克莱伦和巴德·米恩和唐纳德·诺尔曼。

6. 多萝西·霍兰和珍·瓦尔塞纳(1988)指出,人类学家提出的"文化模式"与文化历史的中介概念非常相似。霍兰和瓦尔塞纳使用了"中介效应装置"一词,并发现将中介效应装置局限于"界限清楚,有形的活动或感官维度的客体"是有效的。我更愿意将文化模式理解为人工制品,以便于用更更显而易见感觉维度强调文化模式和人工制品所兼具的物质/观念双重性。

7. 作为媒介的脚本的局限性印证了米兰·昆德拉的一句话:"我们还不知道青春是什么就长大了,我们还不知道婚姻是什么就结婚了,甚至当我们老去,我们也不知道我们到底走向何方:长者面对他们的年龄就好像天真的孩童。从这个意义上说,人类的世界是一个缺乏经验的外星世界"(1988,pp.132-133)。

8. 雷·麦克德莫特(1993)举了一个关于客体和背景之间可移动的界限的鲜明的例子,它为这个话题在抽象讨论中总显得悬而未决的过程提供了把现象学分析的钥匙。他通过稍微移动绕线图的画框制造出一个视错觉。虽然我们都知道图案并没有改变,但是我们看到的画面让我们感到不同。

9. 贝特森可以说是这一领域的专家,他这样评论对背景进行关联性思考的困难之处:"要我说,我就不知道该如何那样思考。理智上我能站在这里给你一个关于这件事情的合理的阐述;但如果我在砍一棵树时仍然在想'格雷戈里·贝特森正在砍伐这棵树,我正在砍这棵树。'不同于其他我称为'思想'的客体,'我自己'对于我来说仍然太过具体。按步骤来,觉知——养成习惯——其他思维方式,然后一个人就可以在拿到一杯水或砍倒一棵树的时候自然而然的像那样思考——这一步可是很难的"(1972,p.462)。

10.熟悉当代行为社会学理论的读者不难看出文化—历史学派与安东尼·吉登斯(1984)有关中介作用的论述的相似之处。比如吉登斯写道:"根据结构二元性概念,社会系统的结构特性既可以是实践的媒介物,又可以是它们的结果,这取决于它们特殊的组织形式……结构不等于限制条件,它总是既阻碍又促进"(p.25)。

# 第6章　种系发生及文化历史

工具使用和社会认知都不能被孤立地看作最初的进化原动力。相反,这两者是相互依赖的复杂行为。同样,诸如制造工具、使用工具来制造工具、模仿,或者截然不同的猿猴与人类的共享行为,这些不连续的行为也不是进化的首要动力。相反,人类可以在每个域达到更高水平的成就,表现出更强的相互依存的社会和技术技能。

凯瑟琳·吉布森

工具、狩猎、火、复杂的社会生活、语言、人类行为方式和大脑进化共同作用产生古人类的人属。

舍伍德·沃什伯恩

我们在第5章——文化历史心理中学到,人类的认知是一种在几个发展领域紧急转换的结果,这些领域包括:种系发生历史领域、文化历史领域、个体发生领域和微观发生领域。发展历史过程是这个研究的必要的方法研究过程。在这一章节中,我专注于种系发生领域和文化历史领域。

## 种系发生的前兆

历史重建的变化过程可能充满了一种错误的目的论。[1] 由于古人类学数据的缺乏,再加上大量的故事推论,在人类起源的研究中无法得到共识。将认知和言语行为的关系在猿与人类进行比较研究,遇到了许多不同的问题,但关于人类起源的重要证据缺口有着类似的效果。

比起五十年前文化历史心理学刚成立时,这个问题在今天确实不太严重。在这几十年中我们的知识不断地增长,并且由于技术的提升,能够很好地记录矿物标本和拍摄灵长类动物的行为。但是,由于数据缺乏导致的理论上的不完善仍然是一个严重的问题。

布鲁诺·拉图尔和雪莉·斯特鲁姆指出,不可避免的自我中心主义和民族自我中心主义造成了:"每个故事告诉我们,谁是祖先、谁是贵族、谁是平民、什么是来自于自然、什么是来自于文化、什么是植根于传统、什么是可以被修改的……社会的每一项都将

被每个观众仔细审查,只要他们的地位、等级、角色或过去是被修改了的。"(1986,p. 172)

根据传统,了解人类起源需要结合以下两种证据:古生物学和化石记录以及对灵长类动物生活的研究,尤其是类人猿。来自现存的灵长类动物的证据,可以让我们评估进化链上为现代人类之前的生物的文化/心理能力;而化石则记录了关于物种依次进化的过程。这两个主题都是亟待解决的问题。然而,这些重要的证据都表明,奥摩法勃尔的故事和宣称人类独特性的故事是需要修改的。

### 工具和身体上的变化

早在 30 年前,人们就达成了共识,文化的起源与智人的出现,与制造工具和使用工具这一概念是密不可分的:

> 它现在将出现……某些原始人类的大尺寸的大脑是相对较晚才出现的,直立行走和工具的使用所造成的自然选择的压力促进了大脑的进化。工具的使用和地生狩猎的生活方式造就了大容量的人类大脑,而不是大脑袋的人发现了某些新生活方式……科技社会生活造就了现代人的独特性,它使得人类大脑的容积是之前的三倍、面部更小、许多身体结构发生了改变。(Washburn and Howell,1960,p.49)

从那时起,情况变得更加复杂。

> 人类起源大概追溯到 400 万年前最早的原始人——南方古猿——因为李基在现在称为坦桑尼亚的奥杜瓦伊峡谷的研究而闻名于世的生物(Leakey,1981)。比起之前的生物,这些最初的原始人类开始直立行走,且其社会结构更复杂。虽然没有证据表明早期的南方古猿已开始使用工具,但是在它们以及它们的继任者能人所居住的地方,人们找到了最简单的石器工具,时间大约在 150 万到 250 万年前左右(Tothand Schick,1993)。[2]

我读过许多研究都表明,能人是最早的有记录的工具制造者和使用者。能人的大脑尺寸与它们的体型有关(哈里·杰里森提出"脑形成商数",1981),比南方古猿更大,这为工具制造与大脑能力是相关的提供了最早的证据。然而,它们使用的工具比较简单,且被发现的残存的骨骸较少,因而并不足以完全支撑起这种联系。

直立人的出现是第一个能大力支持脑容量的改变与工具的制造和使用的复杂性有关的证据,他们大约出现在 150 万年前,延续了一百万多年。在此期间,大脑变得更大,更复杂(从发现的头骨可以得知),布罗卡区的扩展(与语言理解联系紧密)表明了语言能力的提高。来自发现直立人骸骨的遗址的证据表明了他们已会使用锋利的石器、控制火,他们的社会组织也更加复杂。

工具复杂性的变化和大脑容量的改变之间的相关变化是缓慢的,是在 20 万—25 万年前从直立人过渡到早期智人时慢慢变化着的。虽然有确切证据表明大脑的相对大小的增加使声带变化与现代人类更加接近,但在工具制造方面最主要的变化还是工具制造的更精细化。在人类智人之中,能观察到不同的制造工具的风格,表明他们之间随着时间的推移形成了不同的文化标准(Toth and Schick,1993)。

大约在4万年前,从远古的智人到后来的智人——解剖学上现代人类,发生了最后一个显著变化。那时,智人在拉斯科洞穴里留下了生活的痕迹,它包括由几个组件组成的复杂工具、骨头等其他材料制成的工具和具象艺术。[3]额叶、顶叶和枕叶的形状也发生了变化,但其精确意义并不确定。

尽管大家公认复杂的工具使用和更大更复杂的大脑是存在关系的,但是有一个实质性的而且深层次的问题,那就是比起使用工具,先前存在于脑中的想法更为重要一些,社会组织的差异是大脑进化的主要原因(Humphrey,1976;Dunbar,1993):

> 由于非人类的灵长类动物在有意识的行为中经常会表现出合作性和社会性,所以从已经存在的社会交流中去探索合作比从并不存在社会交流的物品使用项目中的探索更有意义。因此,人类技术发展理论不应该过于强调人类和类人猿之间使用工具能力(就像他们是什么一样重要)的差异,而要着重探讨的是使用工具的能力是如何整合到有意识的社会活动领域中的。(Reynolds,1982,p.382)

罗宾·邓巴(1993),这种观点的主要支持者,向我们展示了原始人类的相对大脑尺寸与灵长类动物的初级社会群体的相关性。然而,我们没法获得能证实大脑相对大小和类人猿的社会组织结构是相关的重要数据,所以当我检查我们当代的灵长类亲戚的各种数据时,我必须重申这个观点。

### 语言和思想的改变

虽然根据工具使用和大脑发育的证据来推测人类起源是不太靠谱的,但是至少还有实物可以去研究。而当我们通过大脑发育和工具使用来研究思维和语言的变化时,本来就不确定且有争议的问题就变得更加有问题了,其中一个明显的原因就是语言和思维本身并不是物质的。虽然口语能力的形成可通过基础的解剖数据来解释(Liberman,1991),但是关于语言的进化以及更高级的思维形式的演变则是通过使用更加复杂的工具的以及更高级的社会组织形式来解释。

工具生产和社会组织的变化与认知的发展相关联,即把一个主要转变点(直立人、智人和后期智人的出现)与相应出现的新的认知和交际能力联系在一起,而这些,反过来又与新的文化组织形式相关联(Donald,1991;Raeithel,1991)。在默林·唐纳德的理念中,认知发展的起点是他提到的"片段式的文化",基于表达具体事物的能力和感知生活事件的本质。根据片段式的文化/表示基础提出了三个基本的转变:

1.模仿。这种能力表示一种新的方式,将事件认知转化为肌肉运动的行动。与这个阶段同时发生的事件有直立人的出现。这时候到底有没有出现语言,或者是否出现了由一个或两个单词组成的"原始语言"，是备受争议的问题（Bickerton，1990；Liberman 1990；邓巴，1993）。

2. 与神话文化有关的口语。这一阶段智人出现。唐纳德提到的神话文化的证据包括丧葬习俗，会将各种具有明显的象征意义的物体置于身体中（例如一个男孩的随葬品——精工细作的手斧和野牛的骨头，表示"肉可以维持他的生命旅程"）。口语的出现的最大证据是智人有了与现代人类相近的产生口语的身体结构。[4]语言的出现（a la Dunbar）使得知识积累有了更复杂的形式、文化适应更高效以及社会组织更复杂。

3. 外部符号。外部符号与后期智人的出现联系在一起，并且被认为是一种象征艺术，而在旧石器时代晚期及以后也发现了其他有代表性的工具。

阿恩·雷瑟尔提供了一个类似的三阶段理论。他强调"共同模仿"的过程中，一个人对另一个人的模仿稍微有些变化，另外一个人就会交互模仿。共同模仿之所以被强调在于它对于教学演化的重要性，这使得社会中的文化创新以及新的学习模式得以传播并稳固。这种机制似乎能解释复杂工具制造过程是怎样一代一代稳定地传下去的。[5]雷瑟尔把这种模仿的形式和他提出的戏剧性的交流联系起来，就是那种把自己的经验戏剧化，以便于观察者可以复制这种经历然后在进入到自己的戏剧化创作过程中。他认为这个过程提供了娱乐休闲的一贯方式，细化了共同经验，创造了一种集体记忆形式和对未来事件的集体期待的可能性。

在一个方面，唐纳德和雷瑟尔的观点完全相反。唐纳德最开始研究个人的认知属性，试图了解个人能力的变化如何影响文化和社会生活的变化。（他在书中写道"模仿表现的社会结果"的例子）。雷瑟尔（参见邓巴，1993）则将社会团体的属性作为起点，试图解释模拟的表现和共同模仿的出现是如何复制社会秩序的。

因为对唐纳德和雷瑟尔的研究的评论都已经相当明确（《行为和大脑科学》，1993年12月；《文化和活动》，1994年冬季/春季），这种重建几乎每次都受到了经验要求和解释的冲突。然而，他们的优点在于，把目前的语言和思想理论当中那些合理的理论整合起来。我现在的观点是，重点在于两种观点都认为复杂的生态约束相互作用、工具的变化以及社会组织的变化与人类进化的过程彼此都是紧密联系在一起的。

## 猿和人类

关于现代智人转变的不同的故事线都说明了一个问题，在智人转变的同时，同时代的灵长类动物的认知、语言和使用工具能力也发生转变。在这里，关于事实和重要解释的基本问题的争论都很常见。

通常这个讨论是用人类的独特性来建构的。俄罗斯文化历史心理学家坚决提出了人类和其他物种之间在原则上的不连续性。例如，1.维果茨基写道："文化创造了特殊的行为形式、改变了大脑的功能、构建了人类行为发展系统的新秩序……在历史发展的过程中,社会人改变了他们的行为方式、改变他们的自然前提和功能、精心设计创造新的事物,尤其是行为的文化形式。"(1983,pp.29—30)

查尔斯·达尔文却有着相反的观点。虽然他承认动物和人类的智力有着巨大差距,但是他认为人类和动物的内在行为机制是连续的。他写道,我们必须认识到物种之间的巨大量化差异,"如果我们把最低级的野蛮人与最高度有组织的猿相比,会发现他们连大于四的数量都表达不出来而且表达不了任何普通事物的抽象概念或感情"(1859,p.287)。然而,他认为特定物种之间在思维本质和变化机制上是否存在质化差异是有争议的。在接下来的著名的文段当中他总结了他的观点:

　　人和其他高等动物之间的思维差异是巨大的,是程度上的差异而不是性质上的……如果人类特有的思想如自我意识、抽象思维等保持着一定的力量,那么它很可能促进人类智力的高度发展,也会使得语言的使用高度发展。(p.105)诸如自我意识、抽象思维等特定思维一直是人类所特有的,它是人类智力的高度发展的附带结果,也是语言使用的高度发展的结果。

在20世纪初,基因的结构还不被人所知、遗传物质分析技术的发展水平还比较低,人们很容易相信(仅在物理相似性的基础上),黑猩猩和人类的差距是巨大的。事实上,人们如果不相信它,则会招致嘲笑,就像人们对达尔文的科学发现的反应一样。

然而,目前关于黑猩猩和人类的遗传组成的研究发现,他们之间可能只有百分之一的基因差异。甚至这百分之一也是非常零散的,换句不恰当的话说"人类基因与黑猩猩的基因基本一致"。似乎在比较黑猩猩与人类行为的相关性时也可以得出相同的结论。

## 工具使用、问题解决和文化

沃尔夫冈·科勒(1925)研究了黑猩猩的问题解决过程,他的结论为维果茨基和他的同事的理论研究提供了证据,科勒认为黑猩猩与人类的思维存在质化差异,这种思维与语言和文化有关:"缺乏技术支持(语言)和重要的组件(思想),即所谓的'图式',因此黑猩猩的连最小的文化发展起源都得不到。"(p.267)

近几十年来的研究引起了对这个结论的怀疑。现在我们不难发现,传统上用来区分人类和其他动物的特质(如使用工具、符号交流、文化传播、教育)都仅仅是表现在一个或多个物种的猴子和猿类的某种个体上(阮格汉姆等人发现,1994年,为抽样代表的意见)。

在科勒开创性研究的指导下,其后几十年的研究都说明,猩猩具有解决精细问题的能力(Heltne and Marquardt,1989;Gibson and Ingold,1993;Parker and Gibson,1990)。近

年来,调查人员使用皮亚杰的认知范式任务,发现不同种类的猴子和猿类的感知运动阶段可以达到第五阶段(工具性手段试错发现、模仿新奇的行为),而类人猿可以达到第六阶段(工具性手段的富有洞察力的发现、延迟模仿),这被皮亚杰认为是表象出现的标志,只是这一点的证据还是有争议的(Parker,1990)。

越来越多的证据表明,猿(在某些情况下是猴子)在一些情况下会作出蓄意的欺骗行为(Whitten and Byrne,1988;Cheney and Sayfarth,1990;Povinelli,1994)。从下列观察中可看到一些现象:

> 莱斯利,高级长尾黑颊母猴,刚刚把艾斯可菲从莱斯利的母亲博尔吉亚身边赶走,博尔吉亚在给艾斯可菲顺毛。莱斯利帮博尔吉亚梳了一下毛,然后靠近了艾斯可菲,艾斯可菲躲开了。莱斯利亲吻了(这是一个缓和的标志)艾斯可菲并且给她顺毛。几分钟后,艾斯可菲明显放松下来并伸出她的背让莱斯利来抚摸。就在此时,莱斯利抓住艾斯可菲的尾巴咬起来,用力地咬,而艾斯可菲发出了尖声惨叫(Cheney and Sayfarth,1990,p.184)。

古多尔(1986)提供了黑猩猩的类似的观察记录。

大量的证据表明黑猩猩具有使用工具的能力。在灵长类动物中,使用和制造工具最多的就是黑猩猩,这似乎是除了智人之外的唯一的将工具使用作为其野外生活的重要组成部分的灵长类动物。使用工具主要是为了生存(用棍子钓白蚁、用嚼烂的叶子吸水、用石头打开坚果)。此外,棍棒和石头还可用作武器和自我刺激工具(挠痒)。

灵长类动物学家声称野生黑猩猩群体也具有文化特质(McGrew,1992;Wrangham et al.,1994)。例如,古多尔(1986)指出,观察发现不同的黑猩猩群体间,他们掏出白蚁或用树叶取水的方法存在稳定的差异,这说明它们存在不同的文化传统。她认为,"年轻的黑猩猩在其婴儿期时,通过社会促进、观察、模仿以及大量的尝试错误练习,最终习得其所处群体的工具使用模式。"(p.561)。虽然黑猩猩会通过改造自然对象制造工具(例如折断草叶来钓白蚁),但是很少有黑猩猩会使用一系列工具(例如,以不同的方式操纵不同种类的棍子)来获取蜂蜜(Brewer and McGrew,1989;Matsuzawa,1994)。

克里斯托夫·伯施提供了黑猩猩主动进行工具使用的教学活动的证据。在一个案例中,一只年轻的黑猩猩把一颗坚果错误地放在了砧板上,它的母亲又把坚果重新放正了。在另一个案例中,一位黑猩猩母亲(里奇)在她的女儿(尼娜)试图打开坚果时,先坐在旁边看了会,然后去帮助女儿,给了女儿一块石头来当做锤子使用。然后,女儿观察,母亲,

> 以一种从容的方式,慢慢地旋转石头直到开坚果的最佳位置。好像是为了突出这个动作的意义,她花了一分钟时间了完成这个简单的旋转。然后,在尼娜的注视下,里奇用石头锤开了十个坚果(尼娜得到了 6 片整的和 4 片碎的)。然后,里奇走开了,尼娜重新开始练习开坚果。过了一会儿,她在 15 分钟内成功打开了四

个坚果(1993,p.177)。

伯施总结道:"当母亲看到女儿遇到了困难时,会用一种非常明显的方式纠正她女儿错误的行为,然后向她展示正确的操作过程。她在打开所有的坚果之前停止了示范动作,这样尼娜可以立即自己尝试,她的女儿似乎完美地理解了这次教学。"(p.177)这样的观察肯定会出现消退,否则黑猩猩与人类之间关于工具使用和文化的边界则会消退。如果不消退,那黑猩猩和人类对使用工具和文化之间的边界就会大大拓宽了。

象征性行为和语言的证据,比工具使用和文化的证据更令人印象深刻。凯洛格(1933)和海耶斯(1951)的早期研究发现,在人类家庭里抚养长大的黑猩猩能够理解许多单词和短语的意思,也会使用各种工具。但还是无法进行口语交流,需要特定的人向它解释研究任务。在后期的研究中,采用指示符号代替口语时,会发现黑猩猩能使用单词去提要求和求助,但是没有办法证明语法的存在(通过灵活而符合规则的词序变化,产生有意义的短语)(例如,Premack,1971;Terrace,1979)。

休·萨维奇-朗伯夫和杜安·朗伯夫的工作大大促进了目前关于黑猩猩符号沟通的理解(Rumbaugh,Savage-Rumbaugh,和 Sevcik,1994;Savage-Rumbaugh,1986,Savage-Rumbaugh et al.,1993)。朗伯夫夫妇将他人发展的好几种研究策略结合起来,还加入了一些自己的研究策略,例如,他们给黑猩猩提供了词汇键盘,而不再坚持口语产出或做符号动作。他们让黑猩猩生活在一个笼子里,这样,当黑猩猩学会了使用键盘与其他黑猩猩交流,他们就能知晓。他们使用标准的不定期的尝试——强化技术来训练黑猩猩去理解基本词汇,比起特定的口语理解训练,他们强调与黑猩猩一起工作的人员在日常工作活动时使用自然口语。

他们最成功的学生就是茨兹,一只侏儒黑猩猩。虽然它自己并没有接受过词汇键盘的训练,不过它母亲接受了训练,茨兹能够使用符号字提出要求、评论自己的活动、理解他人所使用的符号字的意义,甚至能理解英语口语词汇和短语的意义(Sue Savage-Rumbaugh et al.,1993)。

茨兹对于各种不常见的句子的理解能力与 2 岁的儿童相近。例如,茨兹可以对研究人员的要求作出准确的回应:"喂你的球一些西红柿",以及"给莉斯打针"和"给莉斯针",在第一种情况下它将注射器推入莉斯的手臂,在第二种情况下它触摸她的手臂并把注射器放在她手里。

茨兹的产出能力也令人印象深刻,但仍不及它的理解力。它的"话语"(通过词汇键盘来表达)大多都与它现在正在完成的活动有关,而且通常是用来提要求。此外,它还会使用不同的组合的双字词,偶尔会进行非工具性观察。例如,有一次它在车里,它希望(它的看护人这样认为)有拖车来拉它的汽车,它就不用步行了,于是它说了"汽车拖车"这个词。它还创造了短语:"游戏院子奥斯汀"——它想和名叫奥斯汀的一个猩猩在院子里玩游戏、"土豆油"——它在吃土豆的时候被研究员泼了油。

萨维奇-朗伯夫和她的同事们认为莜兹或任何非人类灵长类动物都不能够全面掌握人类语言、工具使用或文化。然而,在综合了其他研究人员所提供的关于工具使用和文化的证据,以及他们自己研究中关于符号交流的数据后,得出这样的结论:"语言的基本维度不再是一种能合理区分人和动物的特质。"( Rumbaugh, Savage-Rumbaugh Sevcik, 1994, p.332)

## 替代的解释

尽管上面的信息不尽全面,但关于非人类的灵长类动物的工具使用,语言和文化这些问题的重要信息还是引起了文化历史心理学家的关注。迈克尔·托马塞略和他的同事们(Tomasello, 1990, 1994; Tomasello, Kruger, and Ratner, 1993)检验了黑猩猩的工具使用和文化媒介的证据,得出的结论是,即便我们认为黑猩猩有"文化",它与人类的文化属性也有所不同。

尽管黑猩猩在它们的自然栖息地会使用一些基本的工具(如把一个树枝的叶子剥掉,再用树枝掏白蚁),以人类的标准来看,这些工具都是最基础的,而同系别的其他物种却没有这项技能。事实上,直接使用工具,儿童早期的玩耍过程就有体现,在野生灵长类动物中却很少见,更多情况还是看到其他成员使用工具,如参与乞讨(Bard, 1990)。只有很少的报告表明灵长类动物会使用一种工具制造一个完全不同类型的工具(使用石斧制造骨头工具),而且它们不会黏合材料、打结或加热物体。吉布森总结了这些猩猩的能力边界:"一般来说,缺乏工具使用图式的猿猴就像那些需要在大脑中同时记住几个空间关系或对象的发展相对较晚的人类儿童。"(1993, p.255)

目前还不清楚关于非人类灵长类动物可以接受复杂指令的证据有多少是值得相信的。伯施提供的两个例子已被广泛引用,但对其的解释都与黑猩猩的动机相关,因此会出现可替代的解释。例如,古多尔(1986)提供了一个例子,教黑猩猩从年幼黑猩猩身边把有毒植物拿走。

这也许说明了只要善于模仿,即使没有刻意地向下一代传授经验,也可以让文化传递下传。而且民间传说中猿就是善于模仿学习的。但是,在这个问题上,研究证据与民间智慧在一些重要方面有所偏离。

托马塞略(1994)指出,几乎没有野生猿猴的模仿报告,用人工饲养的猿猴做实验,试图诱导它们的模仿行为,也都失败了(Tomasello, Savage-Rumbaugh, and Kruger, 1993; Whitten and Ham, 1992)。即使看起来使用工具是通过观察学习到的。但是,还有一些简单的过程会导致这种结果。

例如,托马塞略和同事(1987)训练黑猩猩用金属耙够取食物、通过一个两步程序后能获得食物。其他黑猩猩观察这一行为,然后进行测试。大多数黑猩猩观察者在几次试验后学会使用金属耙,而且它们通过许多并没有看到过的方式获取食物,但是它们都没学会两步程序。基于本研究以及其他的类似研究,托马塞略认为黑猩猩确实了解了金属耙与食物之间的关系,但它们不是复制示范者所展示的行为方法(模仿)而是只寻求产生最终结果的途径(托马塞略认为这个过程是模拟)。对黑猩猩的动作模仿的推测分析得出了类似的结论。

实际上,这项研究表明,黑猩猩加入到其他同伴的活动中,从而能让它有机会模仿学习,但是学习并不是模仿的结果。通过他人学习到的是自己在总体中的位置关系,而不是仅获得了模仿的结果。据托马塞略的观察,黑猩猩的对同伴行为观察仅仅会引导它们了解任务目标是什么。经由一次引导后,它们可以自己学习,而不是模仿他人的行为过程。如果这种推理是正确的,那么代际之间的工具使用的连续性完全取决于个体对前一代创新重新发现,因为它们住在相同的生态位中。相比之下,人类能进行复杂的操作,善于模仿各种各样的领域的行为过程。

模仿过程中的差异可以说明一个主要特征,也就是所有观察者都认可的区分人类文化和非人类灵长类动物的特征:人类文化的一个特点是工具都是历经多代累积的,而在非人灵长类动物的社会传统则是动作和材料工具虽会扩散但不会累积,其持续性只占据整个社会生态学非常小的部分。

在非人灵长类动物语言方面也提出了类似的疑问。格林菲尔德和萨维奇-朗伯夫(1990,p.572)说,一只侏儒黑猩猩具有习得语法规则的能力"说明语法是一个进化连续性的领域",因为在规则的产生和学习上,黑猩猩的表现与正常的2岁孩子类似。问题是,没有明确的理论说明人类孩子的表达可以构成人类语言。格林菲尔德和萨维奇-朗伯夫承认这个问题,认为这些黑猩猩和人类婴儿的表达是"原始母语"。

比克顿(1990)认为这样的话语是一种原始母语,而不是语言,但在连续性上他的结论有所不同。他写道,原始母语只有有限的关于信息交换的几个话题,而人类语言的话题有无穷多。他总结道,两种交流系统的原则完全不同:"我们知道,人类语言和最复杂的动物交流系统之间的区别是性质上的而不是数量上的。"(p.8)

托马塞略和他的同事对人类和黑猩猩之间的另一种核心能力进行了比较,人类交流和文化积累——将注意力转换到特定对象的能力。在人类的一般发展过程中,婴儿在1岁之前就能迅速将注意力转换到特定对象上。不久之后,就可以同时关注(注意分散)多个对象,这是语言习得和儿童发展心理理论的重要基础(Bruner,1983;Butterworth,1991;Wellman,1990)。托马塞略、克鲁格和拉特纳(1993)认为,随着心理发展,儿童越来越认识到人是有目的的,他们的行为都是为了达成他们的目标。黑猩猩在这方面与人类存在差异,因而托马塞略和其同事认为这一原因可以解释为什么由其他黑猩猩养大的黑猩猩不会模仿上一辈的有意识的行为。

对黑猩猩和其他猿类的田野研究发现,它们不会用指向以作为唤起共同注意的手段,表明黑猩猩缺乏辨别意图的能力。但文化涵化的黑猩猩——如托马塞略认为的由人饲养和训练的黑猩猩——和其他猿类(例如红毛猩猩:Call 和 Tomasello,1996)都有共同注意,与人类和其他文化涵化的同种个体类似。

托马塞略在他最近的研究中,关注于类人猿在工具使用、文化、认知和交流沟通等方面发现模式重要的规律:几乎所有的证据都表明使用复杂的工具、教学、模仿学习、用指向来引起对客体的注意和采用符号沟通都涉及文化涵化的猿。很多研究表明,文化涵化的黑猩猩有类似人类的能力,托马塞略总结道:"一个类似人类社会的认知环境对人类社会认知的发展和模仿学习技能来说是至关重要……更具体地说,学习者想要理解他人的意图,则首先要被当做一个有意图的能动者。"(1994,pp.310-311)根据这一假说,猿在野外获得的学习技能足以创建和维护有限种类的行为传统,但不能创建具备人类文化特征的转变环境。

尽管在文中他没有提到维果茨基,但是托马塞略的提示等同于物种之间的"最近发展区",能力较弱的同伴在行为上被支持,这个行为还没有发展充分到可以维持独立性。从这个意义上说,黑猩猩表现出了"思维的花苞",只有在人类文化中才将花开到最大程度。

凯瑟琳·吉布森花了许多年研究非人类灵长类动物的问题解决,思考它们对人类进化的启示。在我看来,她对当前关于人类独特性的争议提供了一个客观的判断:"拆除一个行为接着另一个行为的不连续性,并不比几十年前的不连续理论更进一步描绘人类认知的演化。"(1993,p.7)然而,近几十年来大量的科学努力,的确能使得我们对20 世纪早期文化历史心理学家提出的种系发生和文化历史之间的关系的思想进行重新评价并知道哪里需要作出必要的修改。

## 时间序列

20 世纪初,俄罗斯文化历史心理学家们与其美国的人类学同行都认可一个错误的观点:先有种系发生,再有文化历史,它们之间有严格的时间顺序。他们总结了不同的发展领域的概念是如何相互作用的:"一个进程向另一个进程发展,由此转换和改变为新的发展类型,这个发展过程是辩证的。我们认为这两个进程不是直线序列。相反,我们认为,每一个更高的发展类型正好开端于上一个进程结束之时,作为其新方向的延续。"(Vygotsky,Luria,1930/1993,p.38)

这一段的第一句话就展示了一个合理观念的直白表述:种系发生是文化历史的背景基础,文化历史是个体发生的近端情境。每次这两条历史的支流交汇一起就会创造一种产生新的进程、新的发展形式的背景。这个观点应得以保持并加以详述。

但是,正如詹姆斯·沃茨奇(1985)所指出的,每一个更高级的进程的开端正好是在上一个进程的结束,这个观点确实是一个问题。这种观点反映了艾尔弗雷德·克罗伯(1917)提出的文化起源的"关键点"理论,他认为文化的概念是一种脱离种系发生的超机体现实。如图6.1所示,文化历史"起飞"于种系发生。早先的证据表明,工具的出现比智人的出现早了数百万年,这不支持关键点理论,而支持种系发生和文化历史之间存在辩证的交互作用这一观点。[6]

这段话的第二个有疑问的假设是领域内外有发生层级。我不知道个体发生比种系发生或文化历史位于"更高层次"是什么意思,除非个体发生总是由种系发生和文化历史最新的发展构成的。这种把进化看做进步的解释是19—20世纪的普遍观念,受到许多学者的批评,包括并不限于后现代主义者(Toulmin,1990)。

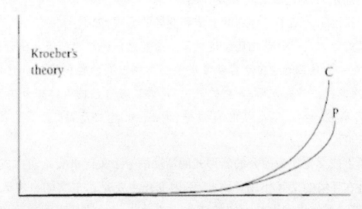

**图6.1** 艾尔弗雷德·克罗伯把文化概念当做一种超机体的发展水平。在进化的某点,文化开始积累,独立于种系发生的基质。

对于理解发生领域之间的辩证交互作用,维果茨基作了一番关于个体发生同一时期的发展的更有价值的陈述:

> 正常儿童变成文明人通常伴随着有机体的成熟。发展的两面——自然和文化——协同发展并相互作用。发展的这两条线彼此渗透,形成了儿童人格的社会生物形式这一条主线。在某种程度上,发展发生在文化媒介中,它就变成了一个历史条件下的生命过程(1930/1960,p.47)。

不同发生领域的融合会带来发展中实体的质性重组。但是,发生领域的原则不是一个替换另一个,而是两个混合成一个单一的新的、合成的、发展的生命系统。

这个表述保留了这样的观点:不同发生领域的融合会带来发展中实体的质性重组。

## 共同进化的种系发生和文化历史

我们也许无法明确290万年前到14万年前智人出现之前人类的演化进程,也不知道那时的灵长类动物的认知和语言能力。也没有证据能证明 200 万年前出现的智人能够使用工具。直到大约 4 万年前晚期智人出现,人工制品的范围明显扩大,不仅包括各种工具,还有石头雕像、农历日历和洞穴壁画,也就是说,只有这一系列的史前古器物才证明了人类文化的出现。

也许更早的时候,但是肯定是随着智人的出现,新的发展原则——文化进化(Tomasell,1994,指棘轮效应)开始与管理其他物种的进化原则发生交互作用,几乎所有人都认为文化是人性的核心,跟随这一传统,比克顿(1990)认为,这一变化的关键特性在于人工制品的调整,而不在于形态特征调整,如下颚、牙齿或手,成为主要的适应机制的形式。他认为,语言和创造工具的能力是改变人类物种与环境特征之间的相互作用的一种新形式的催化剂,这与文化历史观显然一致。

韦斯顿·拉巴尔总结了一种新的遗传和变异的形式,如下:

> 老式的身体适应的进化已经过时了。所有以前的动物都服从于自我物质的自体进化,在一个盲目的遗传生存赌博中改变身体以实验性的适应。这场游戏的赌注很高:生或死。另一方面,人类的进化,是通过与自己的身体以外的客体发生异质成形的实验,他们只关心他们的手、大脑、眼睛的产品,而不关注身体本身(1954,p.90)。

关于由语言或文化作为中介的新形式的活动的一个关键事实是,它"成功"地积累了与过去的外在环境的交互作用。因此,基因变化主要是达尔文的自然选择(也就是说,它通过自然选择作用发生的无向的变化),文化进化是拉马克的理论,有意义的探索将会一代一代地传下去(Gould,1987)。关于这一点,D.P.巴拉什(1986)提出了一个有效的方法:

> 文化可以独立于我们的基因自身传播,并对有意识的决定作出响应……就那些基因和复制最成功的基因组合而言,自然选择不涉及任何有意识的选择。相反,文化的产生通常是有意识地从大量变量之中选择出特定的实践中得到的。从这个意义上说,它是"目的论"或目标定向的方式,而生物进化从来就不是这样(p.47)。

虽然我认同这些区分人类和非人类的灵长类动物的生活过程的意义不连续性的观点,但是应该再添加两个条件。首先,想一想这样的可能性:人工制品本来提升健康的,但事实上它的健康度正在下降。这样的错误能够发生,可能是因为人工制品中介的文化习俗,最初确实是增加健康的,但是可能具有长期的负面后果(举个现在的例子,比如说使用杀虫剂),或因为人关于实践的理论总是依赖于表面的特性,而不是因果关系(见 Barkow,1989;Durham,1991;Shweder,1977)。例如,许多文化禁止对刚出生不久、尚在吃初乳的婴儿进行护理,但在喂牛奶的时期可以护理,以及世界各地使用的各种巫术。

其次,我认为,关于文化中介的事实表明了人类的发展完全独立于动植物种系发生史约束的假设是错误的。问题是如何最好地描述种系发生和文化改变机制的关系。就一般水平来看,狄奥多西·杜布赞斯基的观点是正确的,他写道:

> 人类物种的历史是生物和文化变量交互作用的结果;如果忽视了文化的影响则无法理解人类生物学,正如如果无视人类的生物特性就无法理解文化的起源。人类生物学和文化是一个系统的两部分,在历史的长河中都是独特的和前所未有的(1951,p.385)。

在梳理人类生物学和文化之间的复杂的关系时,杜布赞斯基的观点比当前的关系描述更复杂——在历史上的某些特定时刻,种系发生与早期智人几乎同时出现。相反,数百万年的种系发生的历史中,智人进化链上的生物们在与物理环境和社会环境的交互作用中辛苦劳作,这种交互作用受到人工制品中介,这时这些使用人工制品的生物的生物学属性正在进行生物进化。

当克利福德·格尔茨(1973)考察了堆积成山的证据,关于人类身体,尤其是人类的大脑与制造和使用工具的基本能力的共同进化,这进化经历了一段很长时间(大约300万年),他得出这样的结论:

> 人的神经系统不仅使他获得文化,而且只要他还在活动,大脑就会积极地使他获得文化。文化不仅补充、发展和拓展机体潜能,这潜能在逻辑上、起源上都先于文化,而且似乎是这些潜能自身的成分。一个没有文化的人绝不可能成为一个本质上的天才,只会是完全没有头脑的不切实际的怪物(p.68)。

因此,和克罗伯的文化"发射"进入超机体的现实世界的图画不同,我们得到的图画是在人类进化过程中有机体和人工相互构成彼此(见图 6.2)。也就是说,如阿诺德·格塞尔(1945)所认为的,尽管这是正确的,但在短期内(相对于系统发生而言)手套决定不了手的形状,格塞尔的理论从长期来看是错误的。在我们物种,种系发生和文化历史正在相互构成单一系统。

但是,由于文化调整相对应于种系发生的时间限制,智人不可能超越自然。拉巴尔提出了种系发生和文化历史之间的关系的总体描述,他认为,"文化谋事,但现实(未知)成事,因为人是唯一的另外一种动物"(1970,p.61)。总之,目的论的拉马克主义系统嵌入了一片黑暗的达尔文主义。

查尔斯·拉姆斯登和爱德华·威尔逊提出了一个稍微不同的观点(1983,p.60),认为种系发生和文化被一个牢不可破而又充满弹性的皮带拴在一起:"文化汹涌向前是通过创新以及引进来自外部的新观念和人工制品实现的,在一定程度上,它受到基因的约束和引导。同时,文化创新的压力影响着基因的生存,最终改变了力量和扭转了遗传控制链。"这个比喻是实用的,因为它允许这样一种可能性:文化这条"狗"带领着种系发生这个"主人"到一个充满危险的而且有可能存在生命危险的环境(例如,热核大屠杀)以及到一个更具包容性的生态位(例如,外太空)。同时,这个比喻有着掩盖真正的

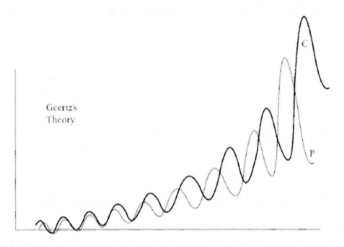

**图6.2　克利福德·格尔茨对于种系发生与文化之间的关系的看法,他认为两者之间的关系是人类种系之间持续的相互作用。**

理论分歧的负面属性。拉姆斯登和威尔逊认为在文化和基因之间可以直接转换,否定了文化当中不能转换回基因组水平的特殊属性。我认为文化必须被看做一个机体层次,并不能直接在人类基因组图中反映出来,而是融合了拉马克和达尔文的原则。

　　在最后的分析中,我得出了关于我们的物种唯一性的一个混合的答案。采取极端的态度显然是错误的:前智人使用工具的化石记录和有限的工具使用的形式的证据表明,非人类的灵长类动物可以使用工具、进行语言沟通和社会信息传播。同时,这一切证据表明了,与4万—5万年前的人类的复杂性相比,这些技能复杂程度具有很大的限制。我认为最重要的是,没有证据能证明文化媒介是智人出现种系发生后任何物种的中心特质,而其他生物只展现了碎片化的人类文化的证据,缺少人类文化的最基本的模式。

## 文化历史水平:异质性和层次结构

　　正如第5章提到的那样,俄罗斯的文化历史心理学家认为人类思想的历史的变化有两条相互关联的路径:第一,自然的、无媒介的思想可以转换成文化的、有媒介的思想;第二,媒介的复杂性和成熟程度的增加需要相应的思维的发展。

　　在概述新心理学原则的基本写作中,他们证实了他们的观点,很大程度上参考了一些19世纪末和20世纪初的社会学和人类学观点和数据,特别是卢西恩·列维-布留尔(1910)和理查德·图恩瓦尔德(1922)的研究。例如,他们在列维-布留尔对原始语言缺乏一般类别的解释中发现了从无媒介思维到有媒介思维的转变的证据,他认为原始人不会用概念思考,但是能在具体情境中思考,他们使用记忆而不是逻辑来解决问题。他们借鉴了图恩瓦尔德的文章作为数据来考察关于在使用历史上重要的媒介系统的文化差异,如计算系统和写作。图恩瓦尔德认为印加人结绳记事成为媒介记忆的一个标志性的例子,然后对从象形文字系统到表意文字系统的书写系统的发展顺序进行了研究,纳入他们的儿童写作的研究当中(仅有 1928/1978,Vygotsky,1978)。[7]

值得注意的是,认知进步伴随着社会经济文化发展,这一图景被俄罗斯人复杂化了,与列维-布留尔一样,俄罗斯心理学家认为人们认知功能层次的异质性取决于他们的日常活动。我在第一章指出,列维-布留尔认为他所谈论的现象并不适用于实际,日常活动中的思考是一种常识性的思考。本质不同的、首要的思维形式是受限于场合的,如他所说,这发生在人们集体表征引导时,场合限制就产生了(参见 Levy-Bruhl,1910/1966)。此外,他比较认同的是,逻辑思维的出现没有完全取代前逻辑思维:"因为这些(前逻辑思维)痕迹消失,所有我们使用的概念,例如日常生活概念,就不得不表达排他性的客观属性、事物与现象的关系。实际上,很少数概念会是这样,特别是科学思维中的概念。"(1930,引用自 Tulviste,1991,p.24)。

维果茨基和鲁利亚(1930/1993)对民族志纪录有着同样的观点,维果茨基(1934/1987)用同样的方式调查了具有发达工业生活模式受过良好教育的社会成员以解释思维发展异质性。类似的变化出现在从日常(自然的)观念到科学(真正的)观念的转换过程中。维果茨基的这一过渡过程讲述了从高级形式的观念完全转换到日常思维———一种自发的观念(pp.216-217)。然而,他强调,"在成年人的思考中从概念思考转换到具体的、复杂的思考常常会持续发生……在我们的日常生活中,我们的思维经常出现伪概念"(p.155)。

文化历史心理学家提出这些观点的时候,大规模集体化运动改变了俄国农民的生活。在俄国的中亚加盟共和国,文化历史心理学家看到一个伟大的自然实验。集体化的组合(根本性地改变了经济活动和社会组织的模式)和正规教育的扩张(我们假定会给我们带来思想转变的)提出一种方式可以在一个单一的社区用很短的时间研究文化和个人发展之间的相互作用。

1929 年,一个远征队被派到西伯利亚北部的贝加尔湖地区观察孩子们的日常活动,希望评估他们的思维开发使用程度,除此之外,还有斯坦福比奈测试(有一个很好的总结,请参阅 Valsiner,1987)。远征队的主要工作是研究儿童的日常生活,以揭示他们的知识密集之处,并完全拒绝在无文字群体中使用智力测验。这么做,不仅是在巴黎做的标准化测试产生的结果发现,在西伯利亚这样的偏远地区所测试的孩子处于智力落后范围,而且很显然,这些孩子解决问题所使用的过程与欧洲城市的孩子们不同。

最初的测试是由 A.R.鲁利亚主持的跨文化研究项目完成的,他与心理学家团队在 1931 年和 1932 年的夏天一起去了中亚地区(见 Luria,1976)。在宣布了他的美国科学杂志计划后,鲁利亚宣布远征的目的是记录由"引进更高级更复杂的经济生活形式和总体文化水平的提高"所带来的思想和其他心理过程的变化(1931,p.383)。

他在1932年完成的这项工作,引入了教育和社会经济生活的新模式(这两项同时作用在他的样本里),引发了在感知、分类、推理、想象和自我分析等心理过程质的转变。在这些传统的实验心理范畴,鲁利亚发现受到更多教育/现代化的农民能产生更多的分析、自我意识和抽象推理形式。

当他在20世纪70年代初完成这项工作时,鲁利亚发现20世纪60年代中期的跨文化研究将使他继续坚持他的观点。[8]他总结了他研究的传统群体与那些卷入学校学习的活动以及新形式的经济活动之间的区别,如下:

> 与同化社会经验的新范畴紧密相关,认知活动的本质和心理过程的结构有了巨大的转变。认知活动的基本形式开始超越个体实践活动的圈定和再造,不再是纯粹的黏合和复合情境。人类认知活动成为更广泛的一般人类经验系统的一部分,而且已经通过语言成为了社会历史过程的一部分(Luria,1976,p.162)。

人类认知的各领域都发生了这种变化。基于"形象的、客体定向的经验"的感知变成了"一个合并的抽象系统的、语言类别的更复杂的流程"。建立在"实用、情境"上的思维过程变成了更抽象的理论驱动的思维模式。鲁利亚认为他研究的所有域的总体趋向都是"从感觉到理性的过渡"。

在他收集了他的实验资料后,之后四十年后,他把它们写成文章出版,在这两个时间背景下,这些结论没有什么不同寻常。事实上,如果不是引用,它们与联合国人员为了经济福利增长而做的促进识字、入学和"现代思维"的持续推进是重复的。然而,于我而言,他们提出了一个重要问题。我的跨文化思维差异的经验让我注重背景特异性的认知功能,以及给不同文化中的人使用西方的心理任务作为通用的认知指标的不恰当性,因此鲁利亚的结论也有它的不适应性。

背景特异性

我的主要关注点是在这本书前面我对类似的跨文化研究的批评。一般的研究是对当地人的行为进行取样来了解他们的知识组织,如通过对样本中的莫斯科人(柏林,巴黎人,或纽约人)的共同经验的测试来了解他们的知识组织,而鲁利亚却考察的是人们通常在测试中是怎么思考的。我可以了解西方欧洲和美国心理学家已经采取这样的做法,我也做过这种思维方式的训练。但我很难理解那些俄国心理学家也会用这种方式来开展研究,他们以假设为基础对日常活动进行心理分析。

20世纪80年代,我和同事第一次开始用文化历史心理学家的思想讨论背景特异性的学习理论的方法(Cole,1985,1988;LCHC,1983;Scribner,1985;Scribner and Cole,1981)。俄罗斯的传统强调了高级心理功能的中介结构和思想本质的广泛历史变化,而美国的传统强调由于不同的活动(背景特异性的方式)的功能结构的差异造成的不同历史时期的思想的共时变化,我们试图把俄罗斯的传统与美国的传统组合起来。组合的关键是这样的论点,工具使用意味着中介和背景特异性,而背景依赖意味着精神过程的历史偶然性。

论点如下:俄罗斯的文化历史心理学家坚持心理的中介属性和中介物的工具性,这是对的,但在宣称思维的广泛的文化差异方面,他们忽视了认真对待他们自己的以及利维布鲁尔提出的论点:思维的过程以及内容根据特定环境的不同而不同。承认工具中介为思想的支点逻辑上需要包含思考在背景层面上的限制:所有工具必须同时遵从活动其所中介的活动的限制以及使用者生理和心理上的特性的限制。不存在所有情境都适用的工具、独立于任务的工具,正如人工智能这样的美梦也是不断地受到批评(如 Dreyfus and Dreyfus,1986;Zinchenko and Nazarov,1990)。

与此同时,我们提出的与历史无关的、背景特异性的方法也没考虑到问题的背景的历史起源。利比里亚的克佩列人的农业实践和尤兹贝科农民的畜牧业实践绝不是活动的普遍形式,也不是印刷中介的正规教育。如果一个背景特异性的理论克服其心理的特定主义以解释情境普遍行为和人们的日常活动的结构上的明显的文化差异,那么它不仅必须考虑不同活动的内部组织,而且要考虑它们作为社会生活的部分在历史条件下的联系。

詹姆斯·沃茨奇(1991)讨论了文化历史心理学家把思维模式的异构性的想法整合到发展变化理论中的两个主要的方式。第一个观点是假定发生层次性,这样后出现的活动/思考形式就比先出现的更先进。根据这一观点,他们认为已经完成的发展阶段再次出现的时候就是倒退。

也许支持这个观点的最著名的例子是弗洛伊德的《文明及其不满》(1930)当中对人类意识异质性的讨论。关于他所称的"保存问题",弗洛伊德拒绝旧知识就是消退遗忘了的观点,他假设,精神生活中不存在一旦形成就灭亡的东西,任何事物都以某种方式保存。弗洛伊德把头脑中的知识层次比作罗马的历史层次,罗马历史层次是由遥远古代的踪迹、最近几个世纪、几十年的大都市的残余混合而成。他接着检验了这个人类精神生活的古老比喻的适用性。研究了这个比喻的各种问题,他总结道:"我们只能紧紧抓住这一事实,这是规则,而不是保存在精神生活的过去的例外"(1930,p.19)。

大约是弗洛伊德写下这句话的同一时间,维果茨基受一个德国精神病学家厄恩斯特·克雷奇默的启发,使用了一个地质的比喻。维果茨基将他的发展历史的"分层法则"应用到了个体发生和大脑损害造成的行为退化以及概念的个体发生学。在聚焦于大脑的研究中,他写道:"研究确定了人类行为存在遗传分化层。在这个意义上,人类行为地理学无疑是地理学家世和大脑发展的反映。"(1930/1971,p.155)对于他的有名的概念形成的研究,他写道:"在人类历史中,最近才出现的行为形式是已经存在

于远古的。儿童思维的发展也是如此。"（1934/1987，p.160）

维果茨基还提到了海因茨·沃纳，海因茨·沃纳明确了个体发生和历史文化之间的平行关系。沃纳声称人类时间转换思维的不同是因为发生水平的差异，他认为："在这个显而易见的事实中，心智水平多元化解决了这样一个秘密：欧洲人的头脑是如何理解智力的原始类型的。"（Werner，1926/1948，p.39）

第二种观点认为，不同形式的思想以系列风格出现，但否认后来的形式在任何一般意义上比早期的形式更强大或更有效，相反，在这种解释中，力量和有效性主要依赖于那些不同形式的思维中介的活动。西尔维娅·斯克里布纳（1985）将这个观点归功于维果茨基，她认为，"更高级的系统并不表征为思维的一般模式或皮亚杰主义的一般智力结构。维果斯基解决了特定功能系统形成的一般过程的问题，这与旨在描述一般功能系统的特定序列的项目很不同。"（p.132）沃茨奇提到了"不管基因层次性的异质性"这个观点，适用于我们在20世纪80年代中期开始提倡的文化历史方法。

鲁利亚的学生皮特提出了同样的观点，在20世纪70年代（Tulviste，1991），他重复和扩展了一些早期的跨文化研究。

> 各种形式的活动和思考的异质性之间具有明显的关联。这在文化内和文化间都如此。口头思维的异质性的原因应该不是在社会的偶然保存中寻求，也不是在"老的"个体、思维的"低级别的"或"早先的"社会历史或个体发生阶段中寻求。相反，它必须在分布在社会中、由个人开展的多样性的活动中寻求。异质性通过社会历史而发展，由此，物质发展和精神生产活动的新形式出现了。这些活动的新形式需要新的思维类型并引发了新的思维类型。与此同时，活动的早期形式（在社会中实现某种作用的活动）在一定程度上保存了下来，对应于这些活动的"旧"的思维类型也得以保存并继续发挥作用（1986，pp.24-25）。

沃茨奇指出，这种观点与威廉·詹姆斯关于思维模式和活动形式的关系的观点很相近，詹姆斯（1916）提到了三种思考类型：常识、科学和批判哲学。他认为，虽然这些类型是以一定的历史顺序出现的，但是类型之间并没有孰优孰劣。所有的思考都是工具型的。因此，运用哪种思考类型需要视情形而定。

### 有条件的相对主义

在先前的章节我就讨论过这一点了。只要不同社会的文化实践意识到或展现出不同种类的问题，那么人们就必须采取文化相对主义的立场——没有通用的概念，一个一般性的、称为"思维水平"或者某种替代心理特征，是全世界适用的。

然而，这种激进的相对主义的立场并不代表一种文化历史的、基于活动的理论的全部观点，后者是我和同事一直在开发的理论，因为它没有考虑文化群体互动的事实。当团体互动时，他们通常是在对资源竞争。竞争有时是友好的，但更多时候一组能力明显强于另一组,对于后续组织文化活动的安排起决定性作用。

这些竞争中的关键资源已经是文化上的复杂的工具(从弓和箭到洲际弹道的导弹,从基本的记录系统到数字电脑)。最近几个世纪,掌握这些相关技术为"现代世界"提供了一个参考标准,表明了在地球这个行星上,维系生命这个共同问题上,拥有这些技术的用户发展得更远。关于这个问题,现代工业社会的优势真是很值得怀疑。

总体建议如下:

> 如果一个人想从某种文化背景中抽取一种特定的活动并坚持(a)这种活动是一种普遍的活动,不同人已经不同程度掌握了,(b)在这个领域有一个真正的发展阶段理论,然后有可能做一种条件比较,我们可以看到不同的文化如何组织经验去处理该领域的活动。如果忘记了这些条件,那么科学方法被严重误用的大门就洞开,而对现实世界的真正属性偏好于民族中心论来看待现实世界的真实属性(LCHC,1983,p.710)。

即使这种结论是建立这样的假设上:当一个活动从某种文化背景中抽象出来,它可以被有意义的看做是同一个活动。这样一个假设坚持认为认知任务可以独立于任务的背景,这个假设在跨文化研究中的疑问我将在第8章中阐述。

如我在这一章的前面部分说到过,基于已有的证据,全世界关于思维的种系发生和文化历史的关系还没有得出明确的观点。实地调查是如此巨大,我们的数据还有很多缺口,许多解释只能满足于提供一个连贯的叙述。

我的保守目标是提出一种理论,既符合三分之二世纪前的文化历史心理学家提出的理论,又让它与现在的数据和解释的模式一致。我惊讶的是,大部分的基本理论都要采纳,否则,回到基本原则去重新调整失衡,那么原来早期使用的原则可能就不再适用了。

第一个变化是强调必要的二元性,即媒介对其他人类和非人类世界,以确保平衡对待一方面的生产和消费与另一方面的社会协调。第二个变化是拒绝这样的观点,认为先到的因素或另一个因素促进了人类进化,之后产生了一个新的因素。同理,我们也不能认为一个简单的因素就能产生物种间的差异。在这两种情况下,正是不同的原则融合形成了新的生活方式。第三个变化是在文化历史层面的分析,我们再次确认,认知能力、文化差异需要根植于社会活动,以找到在社会活动中个体内认知过程的必要的异质性程度。早期文化历史心理学家容纳这两种观点的文本证据,可以用来证明他们在当前的可行性。但并不必要贩卖引用。依照当代数据解释的最初原则就可以证明。

注释:

1.西格蒙德·弗洛伊德清晰地总结了回溯性分析固有的局限:"只要我们从其最后阶段往后追踪它的发展,那么连接看起来就是继续的,我们认为我们获得了完全满意甚至详尽的洞察力。但如果我们按照反向的方式进行下去,从分析推断的前提开始,试图追踪到最后的结果,那么我们就不会得到事件序列是不可避免的印象,觉得不可能是其他因素决定的。我们将会马上注意到有可能有另一个结果。"(1920/1924,p.226)

2. 这并不是说,南方古猿不像现代黑猩猩那样使用简单的工具。难的是,只有石器工具才可能保存到现在。(pp.149-199,359)

3. 有些人,如唐纳德(1991),认为还存在神话和仪式,但是在缺乏材料留存的情况下,这可能是考虑最好的猜测。

4. 与智人共存的尼安德特人,没有解剖学上的现代语音设备,导致了这样的推测:沟通能力的差异对于智人的发展与尼安德特人的停滞和最终灭亡来说是至关重要的(Lieberman,1991)。

5. 直立人的工具使用是否足够复杂以至于需要这种教学过程,尚有争议。永利(1988)认为,他们没有,而唐纳德(1991)认为他们有,他引述研究表明,现代人类花大量的时间和指令去学习制造早期石器工具。

6. 图6.1中的图也可以解读为恩格斯的表述:"自然的永恒法则很大程度上也会成为历史的法则。"

7. 俄罗斯也把图恩瓦尔德作为一个权威来反对文化差异的生物解释,并支持这种观点:因为共同的系统发生起源,人类基本的心理功能是共同的。

8. 1966年的夏天,我在莫斯科度过,慢慢读完《中亚》材料,为终于完成的《学习和思考的文化背景》(1971)做准备工作。同时,我带来了那时最新的可用文献。

# 第7章 个体发生学的文化路径

随着解答系统发生学和文化历史问题的文化历史学研究方法的改进,现在我们终于可以着手我个人研究的核心问题:文化历史情境下的个体发生学。当我们将个体发生发展作为我们关注的中心时,日常生活经验就成了我们所研究问题的分析对象。但是我们的分析,是以理论框架为依据的,在这个框架下个人的发展代表着第三次历史潮流,是与系统进化和文化历史学分支交织在一起的第三个分支。当个体发生是按照这种方式进行时,那些通过分析基因领域的变化过程而得出的重要准则依然适用。

1.发展包含着不同的历史压力,而这些压力来自于不同的改变过程:达尔文和拉马克的进化论。

2.达尔文的系统发生进化和拉马克的文化历史进化以不同的速率进行,进化的历史根源与这种异步性有关。

3."发展的水平"是内在异质性的。

4.绝对的因果关系不能解释人与世界之间的新颖的互动形式和功能。

5.研究个体发生与文化历史之间互相促进作用的合适的分析单位是文化实践,或者是活动系统——发展变化的近端环境。

帕特里夏·米勒对个体发生的一般流程所做的总结,得到了俄罗斯和美国文化历史心理学家的认可:

孩子与他人一起活动时,心理间活动,特别是对话,将变成心理内的活动。这样,个体的心理机能就有社会文化的起源。人们之间的语言最终成为对自己说的口语(自我中心言语),然后是沉默的、心灵的、像说话一样的内部言语。孩子对信息和思维方式的内化(维果茨基)或选用(罗戈夫),是从与父母、老师、其他成人和更能干的同伴们之间的互动中习得的。

文化提供专门的、心理上的工具去调节智力的发展。尤其是语言能帮助孩子们有效的引导他们的思维方式;让他们在计划、思考以及做其他事情时能符合逻辑。(1993,p.421)

我读这段话的时候,不住点头,跟自己说"总结得真好"。但是这种观点背后还隐藏着问题。米勒写到其中一个问题:这个总结发展性不足。人们可以通过回看之前的段落去了解她说的是什么意思,并且自问在个体发生的过程中,变化是如何发生的。米勒归纳了中介调节的一般原则以及思维的获得过程,但是不同年龄孩子经验内化的条件却被忽略了。

在进一步的思考时,我们可能要注意这个描述的另一个特点。这是良性的,无冲突的。我们被告知语言能够"帮助"孩子,的确如此。但是正如所有中介系统一样,语言既能约束又能帮助孩子,它在提高孩子能力的同时也约束了他们。人们从日常生活的困难中所体会到的那种真实人际关系中的牵连(摩擦),在这里是不存在的。这个特征表述了儿童在中介成人经验世界中社会文化作用的一种理想化的表征。孩子并不总是顺从的,大人也并不总是动机纯良的(Goodnow,1990;Litowitz,1993;Smolka,De Goes,and Pino,1995)。

由于缺少处理作为发展背景的多种多样的活动的方法论,这个缺陷更加明显了。我在第 8 章才开始对方法论进行讨论。而在这一章里,我将阐述文化影响个体发展进程的不同方式。这种处理方式将有别于之前基于跨文化实验数据而进行的讨论(第 3 章)。在不忽略数据的同时,我的解释将围绕文化中介的一般性进程展开,因为它们打出生起就处于显著地位。

## 新生儿遇到群体

作为当前社会学习理论的创始人之一,约翰·多拉德提供了一种意义重大的方式,去思考新生儿出生后的环境以及文化对他的行为的最终影响:

> 试着接受以下两个假设:第一,集体先于个体而存在;第二,新的有机体会希望进入正常运转的集体中。此时,这个个体受到纯粹的文化影响,而集体则不需要有机个体帮助就可以正常运行。此时,让我们自问,如何能够整体的推测这个有机体在某一年龄或性别时会是什么样子。考虑到集体的连续性,所有我们能够预测的与之相关的事实都将成为文化定义的来源。这些事实包括他穿什么样的衣服,说什么样的语言,他的理论思想,他的职业特点,以及某种情况下她的丈夫或者妻子是谁,他会因何被辱骂,他会将什么视作财富,他的人格特质会是怎样的,等等。(1935,pp.14-15)

这个思维实验(thought experiment)生动地描述了文化影响儿童发育的几种明显的方式。此外,多拉德有一点很正确,随着时间推移,社区新成员将会感到文化"属于他们",从而处于一种"他们表现得好像他们已经明白了被传统规定的那些事对他们自身意味着什么"的强烈感觉下。在个体发生中有一个根本的结构变化,以至于个体生活在文化媒介当中却无法利用它,因为通过文化中介行为已经成为"第二天性"。难点在于解释这种变化是如何"随着时间推移"实现的。

我将强调在第 5 章讨论过的文化的四种特性,并以此说明文化历史学方法与个体发展的不同性质。首先是生命过程的基本分析单位——人们的日常生活,有文化意义的或有组织的活动(Bruner,1982;Rogoff,1990;Super and Harkness,1986)。文化的同心圆比喻和花园比喻其各自的核心都是这种日常活动是发展中的近端环境。

第二点是人工制品的核心作用,作为人类经验中观念的/物质的中介物,它既为人类活动提供工具,同时又限制着人类活动。一级的,二级的,三级的人工制品都包括在内。孩子并非生来就能通过人工制品的中介进行活动,而那些照顾他们的成人都具备这种能力,他们生来就在这个世界。实际上,正如我们所知,孩子一来到这个世界,他们自己就是某种意义上的重要的文化对象。他们在成人化的过程中适应社会中文化工具的不断改变的方式是个体发生变化过程的中心环节。

文化影响个体发生变化的方法的第三个重要特性是时间性。一般来说,相比系统发生的改变,文化改变发生得更加快速;我们种族的生物特性几乎不会发生相应的变化。而文化的改变比一般个体发生的改变要缓慢。[1]遗传领域的差异性为人类心理功能和发育提供了必要的,但却几乎没有被意识到的资源。

最后一个我想讨论的文化特性与编织的比喻密切相关。在维果茨基的作品中最喜欢的一个主题是当发展的不同线条相交时,有机体会显现出质的新特征。然而,目前文化历史学研究的一个明显的短板在于不能从发展、系统发生、文化历史学等领域,对自然和文化的线条是如何在个体发生过程中进行吻合和相交的这一问题给出充分的解释。

文化的每一个方面都是作为互动和思维的潜在调节器和资源存在的,但是它们的重要性在一些例子中并非总是相当的。我的目标不是全方位解释在不同环境和不同年龄中这些方面是如何影响发展,而是举例说明在它起到重要作用的某些情形下,它是如何运转的。

## 过去、现在和未来

我以文化的时间属性来开始讨论文化和个体发生的关系,部分原因是因为这个话题在过去并不被重视,另一部分原因则是因为当新生儿来到这个世界时,它的作用是特别的显而易见。

关于胚胎发育,对于过去是与现在和未来紧密连接的方式,我们有相当好的了解。当精子和卵子在孕育过程中结合时,来自于过去的遗传密码聚合在一起,提供了现在和未来的生理制约,正是在这种制约下,生理发展得以发生。随着细胞的增殖,完全不同的新组织得以形成。比如,在孕期第五周时,手开始出现肢芽。细胞增殖得非常迅速,很快肢芽伸长变为桨状。接着五个突出物出现在桨状物边缘,手逐渐形成了拥有肌肉、骨骼、肌腱和神经元的五个手指,此时它就与人类正常的手掌十分接近了。如果不能提前提供遗传代码的话,以上这一切都不可能发生。从某种意义上来说,这就是过去进入未来,从而确保结束可以成为新的开始。

注意,不能说是基因"引起"了发育。只有它们提供的各种限制与增殖细胞在不同环境下(包括互相之间的)的互动作用的组合,才使得后续的物理形式以及正在生长的机体和环境的互动模式得以出现。这种发展变化被称为后成论,一种把局部互动过程界定为变化的焦点的模糊术语。当然,隐含在遗传约束模式下的"目的论"或者"终极因"只是一种"假如所有因素同等起作用"的最终原因。发展的进程实际上是一种概率的结果,而不是事先被设定的后成论(Gottlieb,1992)。如果机体与环境之间正常的互动没有发生在一个合适的时间(比如,在孕期第五周萨力多胺会导致细胞分裂紊乱),就会出现畸变——个体发展中潜在的生命破坏形态。[2]

在多拉德的思维实验中,文化限制和发展也存在着相似的时间关系,过去的文化将迎接新生儿成就文化的未来。要解释成年人明显的限制是如何转换为出生时就具有的明显的限制的,我们必须要看,"来自于过去的未来结构"是如何至少从出生时开始,已在当下转化成对机体环境互动的约束的。预期(Prolepsis)是一个将"结束变为开始"的文化机制名词,在韦伯字典中其含义为"现有的状态代表着未来的行为和发展"。

最近有许多关于预期在心理功能的组织上所起作用的看法。拉格纳·罗米维特(1974)指出,人类语言是预期性的,"在某种意义上,临时共享的社交世界就是部分基于说话者互相认可的心照不宣的前提"(p.87)。通过预期"所说的内容服务于……诱导前提以及引发预想中的领悟,因此希望被知道的事情必定会超过所说的内容。"(p.88)

艾迪生·斯通和他的同事(Stone,1993;Stone and Wertsch,1984)使用预期去描述老师试图引导学生去理解完成困难的认知任务时所采用的方法;实际上,老师假定孩子将他们所教导的内容视作理解问题的前提条件。

## 对首次会面的预期

从文化中介的符号特征来看,人类属性有一个基本的事实,那就是一旦新生儿来到世界后,他们就是成年人的客体,文化约束性的解释。套用莱斯利·怀特对水的评论,新生儿们沐浴在社会对婴儿的各种观念中,正如他们曾沐浴在羊水中一样。

在20世纪70年代,儿科医师艾丹·麦克法兰记录了产科医生和婴儿父母在孩子出生时的对话。他发现家长几乎是立即就开始谈论孩子或者和孩子说话。他们说的内容一部分是系统发生决定的功能特征(男性与女性结构上的不同),一部分是他们在自己生活中经历过的文化特征(包括他们对男孩和女孩典型特征的认知)。对女婴的一种典型评价是"当她18岁时我会担心死的"或者"她不能打橄榄球了"。暂时不谈这些话语中的性别歧视,我们会发现成年人通过他们过去的(文化)体验来解释孩子的系统发生的生理特色。生活在 20 世纪 50 年代的英国男女们体验到一种被认为是"常识"的东西,即女孩不能打橄榄球,以及当女孩们进入青春期就会成为男孩的性关注对象并将她们带入各种风险中。这些信息来自于他们过去的文化经历或者根据文化连续性提出的假设(对于他们的女儿来说世界会是他们所了解的样子),而家长通过运用这些信息为孩子构建一个可能的未来图景。这个过程在图 7.1 中进行了展示,有如下几个变量:(1)从母亲到母亲可记忆的文化过去;(2)设想中的孩子的文化未来;(3)回到现实中成年人对孩子的对待方式。

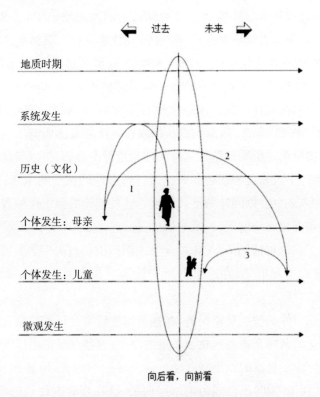

向后看,向前看

**图 7.1　水平线代表时间轴,它与物理世界、地球生物的历史(语系发生)、人类历史(文化历史时间)、个体生活(个体发生)相一致。垂直的椭圆代表孩子的出生。认知在时间上的分布则被依次追溯为以下几部分:(1)母亲对其过往的记忆,(2)母亲对孩子将来的预想,(3)母亲随后的行为。因而结果就是,当母亲和其他成年人会用对孩子未来预期相同的方法去构建孩子的经历时,文化的观念方面就会成为文化的物质形式。**

这个变化系统中有两个因素对于理解文化对个体发展的影响十分重要。第一,同时也是最显而易见的,我们看到了一个关于"预期"的例子。家长代表着现在的未来。第二,如果没有那么显而易见的话,家长(纯粹理想化的)对他们过往的回忆以及对孩子未来的想象构成了对孩子现实生活基本的、具体化的制约。这非常抽象、非线性的变化过程恰恰证明了一个著名的现象,即不知道新生儿真实性别的成年人,会依据符号化的文化"性别"来采用完全不同的方式对待新生儿。例如,他们让穿蓝色纸尿裤的婴儿多弹跳,从而为他们增添"男子汉"的品质,而对穿粉色纸尿裤的婴儿更加温和,培养他们美丽温柔的性情(Rubin,Provezano,and Luria,1974)。换句话说,成年人根据他们文化经验提供的常识创造了不同的互动形式。

注意在这个情境中,与学习理论中关于发展的观点有着怎样的区别。成年人并不是通过行为建立孩子的存在形态,然后一点一点进行修正。孩子对他们来说是一种文化上的存在,并且他们采用文化的方式对待他。

麦克法兰的例子同样也证明了社会与文化之间重要的差别,而这种差别通常合并在基于环境与个体或者环境与环境的二元对抗之上的发展理论中。"文化"在这里意味着记忆中被认为是最适当的活动形式,而"社会"意味着行为遵循和实施特定文化模式的人们。这个案例使得文化历史心理学家特别强调高级的心理功能的社会起源(Cole,1988;Rogoff,1990,Valsiner,1987;Vygotsky,1981;Wertsch,1985)。人类是社会化的,区别于其他物种的社会性。只有使用文化的人类可以"触及"文化过往,然后将概念上的未来"搬运""回到"现在,从而创造新加入者的社会文化环境。

最后,通过对父母第一眼看到新生儿时的评论进行的分析,可以帮助我们了解文化连续性和非连续性对个人发展的影响方式。通过思考他们孩子的未来,这些父母假设在过去发生的事件未来也会以同样的形式发生。这些假设的稳定性使我们回想起怀特说过的话,在时间和文化的角度上,思维的构成是一种"在两个方向无限延伸的连续时间"(1942,p.120)。在这种情形下,文化媒介使人们得以将过去"设计"到未来当中去,从而建造一种稳定的解释框架,在这个框架中读到现在成为心理连续性的一个重要元素。

当然,对文化稳定性的假设是错误的,在孩子出生后文化环境总会发生改变。利用能源的新方式,表达的新媒介或者文化习俗上的改变,这些创新都足以改变现存的文化秩序,而这种秩序导致了显著的发展间断性。仅仅举一个例子,20世纪50年代的家长们假设他们的女儿在16岁时不会成为足球运动员,这在当时或许是正确的,但是到了20世纪60年代,在我的家乡就已经有很多女孩在踢足球了。[3]

据我所知,在对其他文化的记录上,没有与麦克法兰所做的有相同的,但是在墨西哥南部中心城市辛纳坎特科的一个对于生孩子的有趣研究,却表现出了相同的研究进展。在他们对辛纳坎特科发展研究的总结中,格林菲尔德、布雷泽尔顿和蔡尔兹(1989)提到了一个男人对他儿子出生时的描述,这个男孩"被给了三个辣椒让他拿在手里,从而确保……他长大后知道去买辣椒。还给了男婴镰刀、挖土棍、斧头和一条棕榈,以便他以后就能学会编棕榈"(p.177)而同等的,女婴则被给予与成年女性身份相关联的另外一套物品。根据婴孩未来方向的不同,而采用不同的对待方式,这不仅仅是一种仪式,在辛纳坎特科流传着一种说法:"新生的孩子是我们的未来世界。"

尽管我不会在这里继续探讨这个话题了，但我预测这会成为文化调节思维的一个普遍存在的特征。我在别的文章(Cole,1992)中曾提到过对婴儿或者童年时期进行预测的事例。在本书的第 8 章、第 9 章，也会有更多关于预测的探讨。[4]

## 作为儿童发展近端环境的惯常活动

一个新生儿"进入群体中后"，想要继续发展的第一个基本条件就是这个新来者要完全融入这个团体的日常生活中。所谓的融入，要求新生儿和其监护人必须用这样一种方式来协调，即成年人要积累足够的资源来养育新生儿，让新生儿能够得到足够多的食物、关心和温暖，以便继续发展。因为要多养一个人，所以成年人必须为孩子作出让步。而孩子必须通过"让自己受欢迎"的形式来填补这个让步。将孩子与他们所处的社会文化环境和发展改变过程联系起来，对有效单位进行概念化分析的许多方法，在很多年前就已被提出了。

查尔斯·休珀和萨拉·哈克尼斯(1972,1986)，阐述了 J.W.M.怀廷(1977)提出的生态文化理论，他们主要探讨了孩子在日常团体训练中的"发展生态位(developmental niche)"。他们把发展生态位想象成是一个由孩子们所处的物质和社会环境以及从文化角度来讲的育儿民俗和父母教育孩子的理论所组成的一个系统。

我的同事和我认为文化实践是孩子的经历中的最核心单位(LCHC,1983)。我们把那些出于常规期望而进行的重复和习惯性行为活动称为文化实践活动。在文化实践活动中，所有的参与者都是社会客体——他们是通过社交建立的。文化实践从功能和结构上来讲与休珀和哈克尼斯所说的发展生态位以及其他人所说的内容和活动是极其类似的(见第 5 章)。

扬·瓦西纳(1987)根据成人的作用，即以某种方式参与使得儿童伸展出去所达成的位置，对发展生态位进行了区分。最核心的发展小环境被称为自由运动空间(the Zone of Free Movement,ZFM)。它构建了孩子接触不同的环境，不同客体和事件，乃至是行为方式的途径。在自由运动空间中，成年人用不同的方式促进着孩子们的行为，创造出所谓的促进行为空间(the Zone of Promoted Action,ZPA)。根据这个框架，维果茨基关于邻近发展空间的理论(the Zone of Proximal Development,ZPD)与 ZPA 十分相似，儿童现在的发展状态影响其未来的发展。每一种结构化的互动提供了发展的关键限制。

所有的这些方法都有一个重要特征需要强调一下：虽然成年人可以创立小的发展环境并能凭借他们的力量对机体行为加以限制，但是那些伴随有组织的文化活动而发生的事件却是合力产生的。无论是孩子还是社会文化环境都是发展进程中的活跃的动因。

芭芭拉·罗戈夫则更明确地指出了其中注意事项："即使当我们把注意力分别集中在个人和社会环境的角色上时，对这些角色的定义，从某种角度上来说也是考虑到了对方的（作用的）。"（1990，p.28）

前文所提到过的从任一个作者的作品中可以找到强调这个观点的引文，但是其中最棒的结论则是出自在第6章中曾讨论过的休·萨维奇-朗伯夫对于黑猩猩语言发展的研究。休关于语言诱导策略（理论）的核心部分（无论是黑猩猩还是孩子）主要集中在她和她同事所提出的"个体间的常规活动（interindividual routines）"，其定义为"在不同情境下，各个个体之间或多或少都会以规律的有序的相类似的方式交流"（Savage-Rumbaugh 1993，p.25）。萨维奇把个体间的常规活动视为事先设定好的脚本中的一部分。尽管在传统范围内会变化，但这些常规活动具有高度的可重复性和节律性。他们协调孩子和看护人之间相互作用的组织模式，并且同步两者的行为情感状态。

换尿布是一种早期典型的人与人之间的日常活动。孩子必须配合的躺着不动，确保大头针刺到的是尿布而不是他的皮肤。如果看护者用一种孩子不熟悉的方式把孩子抱起来，孩子有可能会乱动，因为他不知道接下来要干什么。如果参与的任何一方不遵守它，那么这项日常活动将被破坏，因为他们的行为是一种平稳的方式连贯下去的。正如萨维奇和她的同事所说，"人与人之间的各种交流规则就像是在不同曲子下的微妙舞蹈，曲子的选择是在舞蹈进行时选择的而非提前选定好的"有经验的舞者知道如何去转身，更重要的是，他们已经研究出一套潜规则，知道当他的舞伴在迟疑的时候该怎样去做引导舞伴。

当然，即使是有着最佳经验的搭档也未必能确保每次换尿布都是顺利不出任何差错的。至少，我的孩子在换尿布的时候是完全不配合的，我敢保证，即使是最娴熟的父母也有可能把大头针插进宝宝的皮肤里。这种意外插曲会有选择性的被遗忘掉，它应该视作在成年人的行为脚本中正常存在的摩擦。

### 在早期发展生态位中的互动

早期发展生态位的例子说明了儿童是如何采用既能维持其发展又能允许群体（特征）进行调整以便继续发展的方式来融入社会群体中的。

希利亚德·卡普兰和希瑟·德芙（1987）提到，在阿赫河巴拉圭东部以狩猎为生的部落中，3岁以下的孩子80%—90%的时间都只跟母亲待在一块儿，几乎不会接触第三者。造成这种现象的主要原因是，在森林中的阿赫河人停下手中的活去安营的时候并不会刻意对周围环境进行清扫。他们只会清扫出刚刚够坐下的地方，而不去管周围的树根，树木和灌木。结果，母亲们只能一直用手抱着婴儿。

邱亚族的母亲们也会让孩子待在她们身边，但是由于不同的原因，她们采用的是另外一种方式。邱亚族聚居在海拔将近12000英尺的秘鲁高原上，那里空气稀薄，氧气含量只有海平面的 62%，可居住环境极其恶劣，气温全年 340 天维持在 0℃左右。邱亚族的新生儿常年待在最少有四层衣服厚的育儿袋里，育儿袋最外面是一个方形的羊毛毯，里面则是要穿的衣服。毯子被折的严严实实的，避免婴儿的身体暴露在空气中，只有在换尿布时才会打开毯子。育儿袋内要比外部环境更温暖和潮湿。特洛尼克和他的同事认为，这样的环境有利于婴儿保存热量，使其在一个营养资源缺乏的环境中能减少能量的消耗。而随着孩子年龄和身体的增长，包裹着的毯子会变松，身体暴露在空气中的部分会增加。

育儿实践受文化调整以及母婴互动相协调，这种差异通过对比美国城市居民和肯尼亚农村居民让孩子入睡的方式更突出。美国孩子在出生之后的几周内，因父母的影响会有较明显的昼夜观转变。在两周之后，他们会在大约晚上七点和早上七点之间持续八个半小时左右的睡眠。在四到八个月的时候，最长的睡眠时间一晚上会增加四到八个小时不等。很容易出现整晚睡觉的情况。美国城市居民作息规律，大部分父母亲都必须准点上班，孩子们也会在那个时候准备好。孩子要睡觉，父母要工作，父母也渴望当孩子在睡觉的时候有一些空闲时间。当他们方便的时候，他们会尽量让孩子多吃多睡。

然而对于吉卜赛吉斯的居民而言，他们的日程却大不一样。在晚上睡觉的时候，孩子和母亲睡在一起，如果有需要的话，母亲晚上会给孩子喂奶。母亲们在做农活，干家务甚至是社交的时候，都会用绳子将孩子绑在她们背上。当他们母亲在工作的时候，他们就经常在母亲背上小憩。在 1 个月的时候，孩子们的最长睡眠时间开始出现差不多3 个小时左右的增加，在第 8 个月的时候是他们最长睡眠时间的增加是比较少的。当他们的父母的社交活动增加时吉卜赛吉斯的孩子会逐渐增加他们的睡眠时间。作为成年人，他们的睡眠形式较之美国人更加灵活。[5]

在发展生态位内的交互作用

到目前为止，我所举的例子的不足在于，他们都没能展示过程的共建性质。在每一个例子中，都显示出能动者完全只是依赖于（更有力的）父母和其他年长的亲戚。但是，显然，孩子和看护人之间的交流，即使是在出生后最早的那段日子里，也是存在一种互相影响的。

肯尼思·凯和他的同事（Kaye，1982）通过大量的实例研究证明了这一点。皮亚杰进行了一系列关于养育发展的研究，皮亚杰根据对养育行为模式的研究，将反射弧逐步修订为由同化和顺应的所导致的第一、第二和第三图式。皮亚杰的研究并没有考虑在安排婴儿行为的情境时母亲所发挥的主动作用。凯发现即使是第一次喂奶母亲也会偶尔摇晃婴儿（或者奶瓶）。这种摇晃并非出现在偶然的间隔，相反，它们最可能出现在婴儿吮吸停止的间隙。这种摇晃增加了婴儿的吮吸可能性并且延长了喂养时间，自然也就增加了婴儿奶的摄入量。

在这种情形下,吮吸并非是对于摇晃的条件反射而是一种本能。本能是自发的,是嘴唇碰到东西后的自发的反应。婴儿被摇晃与吮吸活动之间没有任何已知的神经联系。在某种程度上吮吸的发生,只是一种自发的行为,这个发现具有明显的适应价值。凯推测母亲对胸前的婴儿进行摇晃只是她的一种交流方式,以填补婴儿在吮吸休息时的空隙。对母亲们的调查结果有力的支撑了凯的推测。尽管她们没有意识到她们在用一种系统的方式在摇晃婴儿,但她们表明这样做是为了能在给婴儿喂奶时带来帮助。她们注意到并且不赞成猛烈的吮吸时的暂停行为。当母亲们被问到她们的摇晃行为时,最经典的回答是这样的,孩子"变懒了"或者孩子"打瞌睡"了,所以我就摇摇他让他专心。

凯观察到的交互作用很容易被忽视。他的研究表明,当我们仔细研究早期的母子之间的交流时,就会发现在日常行为中抚养子女时的相互影响从始至终一直都存在,尽管相互影响的形式可能会随着文化的差异而有所不同。

根据文献记载,到孩子半岁的时候,他已经可以开始获得交互过程中的控制权,甚至会与成人抢夺控制权。一个例子是芭芭拉·罗戈夫描述的一次由成年人发起的拿——还的惯常活动(a turn-taking routine):

> 当成年人试图拿走铃铛时,孩子会紧紧抓住它并且扭头看。当大人把铃铛从孩子手中费力地拿下来的时候,孩子会愤怒地盯着大人看,然后死死地盯住他,并且还会嘟嘴。大人立马会说"别哭了,还给你",然后把铃铛还给刚才在哭闹的孩子……大人四次试图假装把铃铛还给孩子,但是每次都把铃铛给出去又收回来,这时孩子会把脸转过去,看着下面,显然很不高兴,但最后他还是拿到了铃铛。最后孩子把大人的手从铃铛上推开,大人也会把铃铛留给孩子(1990,pp. 91-92)。

罗戈夫解释道,孩子已经充分理解了大人拿走—还回来的游戏,并表示对参与这个游戏不感兴趣。

> 随着孩子身体能力的增长和经验的增加,成年人为他们所安排的发展生态位也有所改变。比阿特丽斯·怀廷和卡洛琳·爱德华兹(1988)在玛格丽特·米德(1935)之后,提出了允许孩子存在的生态位的常态发展序列。坐在大腿上或背在背上(0到2岁半)的孩子生活在以养育者"身体和情感为中心的有边界环境中"(p.35)。膝下(2岁半到3岁半)的孩子在限定范围内可自己到处跑动但是受养育者所密切监控。庭院(3岁半到5岁半)的孩子已经被允许接触家里和周围的整个环境,并且在大人的看护下接触家庭以外的环境。社区或学校的孩子参加远离家庭且超出父母直接监管之外的活动。[6]

## 主体间性和联合的中介活动

婴儿和他们的养育者通过同时参与日常养育活动,彼此之间逐渐协调。同时,他们也建立了共享经验的基础(Cole and Cole,1996)。已有研究表明,婴儿一出生后就会追踪在他们面前移动的面孔(Morton and Johnson,1991)。在两个半月时,随着大脑功能的逐步提升,婴儿的视觉灵敏度有所增强,同时会出现了一种叫"社交微笑"的新的互动形式。婴儿的微笑,第一次确切地与社会环境中发生的事件相联系,由此引发养育者与婴儿之间一种向外的更为强烈的联结感。

这种新的互动模式,为一种情绪状态的共享提供了可能,这种状态被科尔温·特热沃森(1980)称作最初的主体间性(primary intersubjectivity)。接下来的时期,3 个月大的婴儿与他/她母亲开始情绪的共享,丹尼尔·斯特恩的描述暗示了上述新联结:

> 他的眼睛注视着母亲的眼睛,他们彼此静止不动。……一直维持这种沉默,或几近静止的状态,直到这位母亲突然用"嘿"打破。同时,她张大眼睛,挑高眉毛,抬高脑袋靠近婴儿;几乎在同一时间,婴儿的眼睛张大了,脑袋斜倾……微笑扩散开……接着,母亲说,"哈罗!哈罗!哈—罗,哈—罗!哈——罗——",不断提高音量,延长每一声"哈罗"的持续时间,更突出每一次连续的重复。每一个词,这婴儿都体会到更多快乐,由此,他的身体共鸣得几乎像个吹起的气球。(Stern,1977,p.3)

8 个月大时,婴儿开始有不一样的行为表现,这说明,个体与周围的联系水平而言再次有了显著的增长。正是在这个时候,孩子们第一次开始积极地寻找隐藏的物体,模仿几小时前看到的行为,对新奇事物表现出了谨慎,害怕奇怪的东西,并在父母离开时感到沮丧。脑电图模式的变化说明增加的力量和脑活动测量的一致性与这些行为上的变化相协调(Dawson and Fischer,1994)。

关于共享活动能力,在这一阶段最重要的发展是对人和物体的关注成为同一活动的一部分。特热沃森使用术语"第二主体间性(secondary intersubjectivity)"来指代这种人际关系新模式,它解释了上文所说的那种能力。"第二主体间性"的本质,在于婴儿和他的养育者,能共享理解和情绪,它们不仅能理解自己,更能理解自身以外的人和物。例如,如果一位母亲和她 5 个月大的婴儿,正盯着对方看时,母亲突然转向一边,婴儿却并不追随母亲看向那里。而在 8 个月大时,婴儿则会随着母亲的视线,与她保持共同的视觉注意(Butterworth and Jarrett,1991)。

一个说明婴儿与养育者之间"第二主体间性"的吸引人的例子,是"社会参照"(Soial referencing)。遇到不熟悉的人或物时,婴儿会使用"社会参照",通过观看养育者的暗示,来了解自己应该做什么。当婴儿开始自主活动时,这种交流方式就愈加突出

(Campos and Stenberg,1981)。如果婴儿注意到他们的养育者正观看同样的事物,并表现出担忧时,他们会表现出犹豫和担心。反之,如果养育者微笑,并对新情况感到高兴时,他们则会更轻松更能接受(Walden and Baxter,1989)。

儿童问题解决能力的发展,一种类似的、推测上相关联的变化,对发展文化中介的行为同等重要。自从皮亚杰开创性的研究已经可知,在同一时期观察到工具使用的最早形式,这时儿童能协调两种图式(例如,"将东西丢进罐头盒"和"发出有趣的声音")。用皮亚杰的话说,第一个图式"是一种服务的工具而第二个则指向行动的结果"(Piaget,1952,p.55)。

婴儿出生几个月后其行为会发生一系列的改变,具有通过人工制品和其他人来调整行动的全新的能力。其中一个例子是,婴儿通过指认物体以吸引养育者的注意,婴儿大约1岁时开始指认物体(Bruner,1983;Fanco and Butterworth,1991)。12个月的婴儿看到小汽车远远地翻滚过去,他们会先指着它,然后看他们母亲对车的反应(社会参照)。

"口头指认"(用非约定俗成的话语)同样出现在出生第二年较早时候。例如,伊丽莎白·贝茨对一位十三个月大的女孩进行了如下观察:"C.坐在厨房门前的走廊里。她看向母亲,并用尖尖的听起来像'哈'的声音叫了她。母亲向她走过来,C.看向厨房,扭转她的双肩,并抬高她的身体又做了一遍。母亲带她进了厨房,C.指向水槽。于是母亲给了她一杯水,C.就急切地喝了"(1976,p.55)。

迈克尔·托马塞洛和他的同事认为,婴儿开始调整他们对于物体和人的注意,作为共享活动的一部分,暗示着他们意识到,人是一种有意识的生物,而非无生命的物体:"婴儿并不尝试观察他们的玩具在注视什么,他们并不会用椅子作社会参照,同样,他们不要求瓶子作回应。他们只在和另一个人互动时,才会有这些举动,这是因为他们能够理解他人行为潜在的观念和意图(Tomasello et al.,1993,p.498)。"根据托马塞洛和他同事的观点,具有将他人当做有意识的生物这种能力是很关键的,如此儿童才能通过模仿(行为)掌握他所在集体的文化观念。

传统的发展心理学将18—24个月这段时期,当做是婴儿在社会、生理、心理方面的改变汇聚的时期,它是婴儿期的最后阶段,呈现出质变的新发展。这是皮亚杰认为婴儿开始出现具象思维的阶段。根据维果茨基的观点,正是在这个阶段,文化历史和发展史开始融合,在人类思想中,带来质的转变。这些改变的重要表征,包括以下方面。

1. 在18个月大的时候,婴儿的指认功能趋于交流互动,且愈加复杂。正如早先注意到的,如果一个自动玩具车不经意地在地板上滚动,12个月大的婴儿可能会指着车,然后看母亲是否同样在观看。18个月左右的婴儿,则更有可能先观看他们的母亲是否在观看玩具车,然后才会指向它。如果电动车出现的时候,18个月大的婴儿独自在房里,他们则只有在成人走进房里时,他们才会指向车。这意味着他们的指认是趋于工具性的,旨在交流(Butterworth,1991)。

2. 出现了通过象征性的组合问题解决方案,来调节问题解决。皮亚杰(1952)对他女儿吕西安娜越过障碍物拿棍子的能力的描述,就是一个典型的说明。相比通过尝试和错误来缓慢行进,似乎在行动之前,她就已经在脑海里勾勒出了一系列事件。皮亚杰认为他的女儿有能力直接从障碍物中拿出棍子,只通过关注它而不做其他过多地尝试。这件事有力地论证了,相对于直接行动而言,此阶段的婴儿存在着一种新的思维形式。

3. 从 12 个月到 18 个月大这段,婴儿可能更多地将物体用来玩耍,而成人则会正常的使用它;也就是,他们将汤勺放在嘴里并用锤子击打。不过,当接近 2 岁时,他们仿佛会将一个物体当做另外一样物体。他们用细枝"搅拌咖啡",用玩具耙子"梳理玩具的头发",或者假装沙箱的边缘是一条车道。这种行为叫做象征性的玩耍(symbolic play)——在玩耍中用一个东西代替另一个,如耙子替代了梳子。在接下来的几年里,扮演将是一项很重要的文化情境,孩子以此模仿他们观察到并参与其中的文化实践,包括他们接下来被诚挚期望扮演的角色。玩耍是预期的。

4. 这个时期将出现语言的迅速发展。孩子开始组装复杂的句子,他们的词汇也将爆炸性地增长。

还有许多其他的暗示,表明孩子开始通过象征性符号来调节他们对世界的理解。成人的标准开始影响他们的行为。当他们对镜子中的形象感到困惑时,他们认出了自身。他们开始用一种暗示他们指的是自己的方式说话(例如,当一大座塔被撞毁时,孩子会说"唔—噢,我做到了")。他们体味更复杂的情绪,并开始学会如何在更为复杂的社交世界生存,同时更少的依赖成人(Cole and Cole,1996,ch.6)。

## 模块化和情境

前面所说的例子说明了文化对发展的贡献,但是却或多或少的忽略了系统发生学的限制(phylogenetic constraints)的贡献。为了纠正这种不平衡,我将会通过对"模块化"的概念的研究来说明系统发育(先天的)对儿童智力发育的贡献。在我所拥护的文化—历史心理学的版本中,模块化和文化情境一起作用于智力的发展。

对于模块化概念的起源我并不确定,但是,我最早是从马西莫·皮亚泰利·帕尔梅里尼(1980)编辑的皮亚杰和乔姆斯基(以及其他评论者)之间的辩论中知道这个概念的。在这场辩论中,皮亚杰认为语言的建构是以先前的感觉运动图式的发展为基础的。乔姆斯基认为存在一种语言模块:

> 如果我们真的研究特定语言结构的发展细节的话……我希望能在任何对身体器官的研究中,找到确切的相同的东西。一个器官的发展是受到了环境中各种各

样的因素的影响，但是我觉得我们所期望找的，并且一次次找到的，是基本的组织属性（organizing properties）和一般特征，根本就不是某些会改变的东西，而是固定的。

在辩论的过程中，杰里·福多尔将乔姆斯基的语言认知发展理论，作为他在其著作《思维的模块化》（*The Modularity of Mind*，1983））中所提出的延伸处理的一个论据。简单来说，福多尔的观点如下：

  1.心理加工过程是有其特定区域的，环境信息通过一个特殊的输入系统或者模块（有特定用途的感觉传感器）输入，然后通过"中央处理器"的加工，以同样的模式输出数据。

  2.使每个领域系统化的心理原则都是特殊的，这种特别是与生俱来的，这跟格赛尔或乔姆斯基的预期在某种意义上类似。它们有一个固定的神经结构，它们会快速的自动运转，相关的环境信息输入就会"触发"它们，而不是根据皮亚杰的理论所说的方式建构的。[7]

  3.不同的领域之间并不会直接交互，每一个模块都是一个独立的心理模块。每个模块提供的知识都是通过"中央处理器"协调操作输出的。

  4.模块是不会受到大脑的其他部分的影响的，因为它们没有途径进入到模块的内部工作中。

除了语言模块外，福多尔还提出了若干个模块，包括对颜色和形状的感知、三维关系以及对声音和脸部的识别。后来，其他学者也提出了一系列的可能的模块，包括了机械因果关系、意向运动、数字、生命度（animacy）和音乐（Hirschfeld and Gelman，1994）。

模块化假说有一个强版本和一个弱版本。根据弱版本，基因预设了行为的发展，这比传统的认知发展理论所认为的更丰富更复杂。这些由基因决定的特定特征提供了起点，初始的结构，在此基础上建构了后来的认知能力。它们对发展中生物体的发展方式设定了限制，并对经验进行了假定，为典型物种的发展定下界限。而强版本则认为这些领域的行为特征完全不会发展，它们是天生的，只需要恰当的环境去触发实现它们。

我自己的观点是模块化的弱版本——正如骨骼原理（skeletal principles）和起点说——可以与文化协调有效的联结在一起。这种联结提供了一个有吸引力的方式来解释在发展过程中"先天的"和"文化的"交织在一起形成了统一的加工过程中的一部分。

语言获得的过程可以作为典型的范例。基因和文化的限制是如何交织在一起产生了语言的呢？

### 语言的获得

在文化与人类发展的领域中，没有哪个问题比文化经验在语言获得中的作用这个问题更能吸引学者关注的了。语言的获得是否与其他的认知能力一样都必须通过文化中介来学习或构建有效的交互过程。还是说语言是一个特殊的、有界限的区域（模块），它只需要被触发然后就可以开始使用？（详见 Bruner, 1983; Piatelli-Palmerini, 1980; and Pinker, 1994, 对不同观点的讨论）

所有人都认为在孤立隔离的情况下是不可能习得语言的。但是，关于语言的模块化立场假定，其发展类似于任何其他身体器官的发展：任何足够维持社会群体生活的环境都足以促进语言的发展而不需要其他特别关注。

因为维持生活的环境是受文化转换的影响，所以有必要更详细的说明儿童和成人之间文化中介的互动的最低条件是什么，足以支持"语言器官"的良好发展。此外，正如器官形成的生物学研究一样，详细说明促进"语言器官"形成的相互交流的本质同样也十分必要。

我发现在这个问题上，采用花园的比喻可以有效地帮助我们思考。比如，在幼儿园的教学中，通常会用一个普通豆子的种子来解释生长的过程。把种子种在广口瓶里的潮湿泥土中，然后将广口瓶放在工具房里，在一段时间后，大约是2—3周，种子就会开始发芽。首先会长出茎，然后是叶子，在早春的时候会长出黄绿色的蜡质叶片。然而，为了更进一步生长，幼苗必须要能接触到阳光，如果你不把它们从黑暗的工具房中拿出来的话，它们就会凋谢、死亡。而一旦你把它们放置在阳光下，它就会继续生长、开花。

我想将种子在小屋中与在阳光下的不同生长情况类比儿童在他们所处的环境中所面对的情况。就像泥土中的种子一样，儿童想要维持生命也必须得到足够的支持，他们必须生活在足够温暖、有人喂养的环境中，不然就会死去。

语言"种子"的一些特性在刚出生或者出生后不久就会展现出来，以至于怀疑广泛的经验（extended experience）的作用。这些特性包括辨别大量的不同音位的差异，从非音节中辨认出音节，相比其他声音，更喜欢说话的声音，尤其喜欢符合自然从句规律的、元音音长、语言中的重读和有节奏的说话的声音。简而言之，人类一出生就有丰富的语言方面的信息，或者说是语言的"种子"（概述可见 Adamson, 1995; Karmiloff-Smith, 1992）。那么这些种子在什么样的情况下会发芽和开花呢？

### 来自被剥夺了语言经验的儿童的证据

那些在缺乏文化环境下被抚养长大的儿童能够帮我们了解要维持语言发展，所需要获得的最低限度的文化支持。其中最著名的一个例子是苏珊·柯蒂斯（1977）所研究的吉妮。吉妮在她2岁前的某天被关在了房间中，在接下来的11年里，她白天被拴在便壶旁，晚上被绑在睡袋中。在这段时间中，她都几乎没有任何正常的语言输入，而只有极少的在任何文化中都很常见的社会交流。任何人都不允许和吉妮说话，当她父亲喂养她时，也只会发出动物的声音。

当吉妮在13岁时，终于摆脱了这种可怕的环境，此时她的状态十分可怜：她十分矮小和瘦弱,不能正常地走路,很难发出声音,没有接受过上厕所的训练。尽管在测试中,她表现出非凡的空间分析能力,但是没有能够习得语言。虽然她习得了少部分的动词以及一些恰当的社会交互的方式,但她始终没能从多年来被严重剥夺的环境中恢复正常;即便接受了一些治疗,但她的行为仍然有不正常的地方。

还有一些介于这种极端情况与正常情况(大部分儿童所处的环境)之间的案例,一个极具启发性的案例是,一对父母坚持认为打手势对他们生来就聋哑的孩子来说并没有用,反而坚持与他们用口语互动(Goldin-Meadow,1985;Goldin-Meadow and Mylander,1990)。这些孩子成长于包含有丰富的社会互动的文化环境中(包括了其他家庭成员之间的语言交流),跟其他能够听见的孩子在类似的环境中成长:人们一起吃饭,给孩子们洗澡,安顿他们睡觉,去商店,训练他们如厕。因而他们处在一个充满了意义的世界,虽然他们缺乏用来填补不同动作之间的沟壑的专门的语言行为。因此他们的互动使他们获得了一个包含有特定事情的表征和图式的活跃的大脑。在许多面对面的情况下,这些资源既能让孩子们互相交流也能进一步发展出他们交往时所需的潜在的图式。

在这种情况下,孩子们自发的开始使用"家庭手势(home sign)",即通过手势进行交流的一种方式。戈尔丁-梅多的研究表明家庭手势所表现出来的一系列特质,同样存在于早期自然语言的获得过程中。在这种情况下的聋哑儿童在他们2岁时,开始表现出2个、3个甚至更长的信号序列,而同样年龄的正常孩子则开始创做出多字的句子。更重要的是,戈尔丁-梅多在报告中指出,这些聋哑儿童能够在其他的句子中嵌入简单的手势短语("你/Susan给我/Abe圆形小饼干"),即使父母没有使用过这种属性的手势。这种行为说明儿童可以参与循环的一种基本形式,这种形式的交际行为符合人类语言的特征。有趣的是,这种语言发展阶段与格林菲尔德和萨维奇-朗伯夫所说的莰兹十分相似(1990)。

然而他们的语言发展就停滞在了这一阶段。文化中介过于单薄不足以支撑发展出完全成熟的语言。这就像一粒种子种在背阴面,希望能生长成一颗豆子。这样看来,除非这些孩子能获得某种形式的语言,作为文化环境一部分的语言,否则他们没法发展出依赖可持续文化环境才能形成的精细的特征。然而,如果这些孩子在后面能够接受手势语言如美国手语的教学,那么他们的语言能力可以得到广泛的发展,即便他们是在远滞后于第一语言获得的关键时期的青春期才开始学习完整的语言系统(Morford and Goldin-Meadow,1994;Emmorey,Grant,and Ewan,1994)。[8]

需要着重补充的是,在另一个极端情况下,儿童处在能够获得语言但是没有文化相关的活动的情境下,语言的发展也将受到影响。那些独自长时间的观看外国语言电视节目的儿童是没有办法习得这种语言的(Snow et al.,1976)。

正常的语言习得环境

从这些证据中都得出一个不可避免的结论,儿童如果希望习得比基础语言更多的语言内容,那么他们不仅仅需要能够听到(或看到)这种语言,同样还要参与到那些有助于语言创作的活动中。在日常活动中,语言可以用来建立和保持协调、是填补手势和其他动作的差别有效方法、同时也使得人们可以对预期和解释进行调整。请注意,我不是说成人需要特意去教授语言,而是说他们需要组织或者说允许儿童参与到受语言调节的文化活动中来。

为了详细说明语言习得所必须具备的环境,杰尔姆·布鲁纳(1982)将日常活动中的社交互动的约束(the social interactional constraints)视为一种模式(formats)。根据布鲁纳所说,这种模式是成人和儿童一起或为对方做一些事情时的规则的缩影。它的最基本意义在于,这是复现人类互动模式一个工具。因为婴儿和护理者之间的交流互动模式要早于包含语法的语言交流,因而这种模式是从交流通道到语言通道之间重要的承载者。布鲁纳后来补充说,一旦这种模式成为约定俗成的,就会有一种"外在性(exteriority)"使得行为发生的时候会表现出一种约束性。

在这个方面,布鲁纳的模式概念与凯瑟琳·纳尔逊(1981,1986)所说的普遍的事件图式(generalized event schemas)的概念"脚本(scripts)"十分相似,"将活动者和特定对象用最普通的方式与行为联系起来的因果性的时间的序列组织结构"。事实上,模式或脚本是事件水平(event-level)的文化产物,它体现在成人的语言和行为习惯上,同时也是儿童体验语言和行为的相关作用的结构化的媒介,同时保持文化组织的行为模式的协调。在与适应了某种文化的护理者进行谈判或类似活动时,儿童会发现当他们使用新的方法去表达自己的意图时,他们的语言中会有大量的有价值的编码。[9]

布鲁纳很好地表达了语言发展中的文化观点,他认为语言习得并不会被简化为专家对语言编码的破解或普通的认知发展的派生品或儿童通过一些无法归纳的绝技逐步掌握成人的对话语言,它是一个微妙的过程,是由成人安排一种环境,使得儿童从文化维度上能顺利完成那些自然而然的事情,以及类似的其他事情。(1982,p.15)

对语言习得过程中环境的重要性的争论,产生了大量的关于父母对儿童活动的组织方式的文献(示例可见 de Villiers and de Villiers,1978)。在儿童能够习得语言之前或者正在习得语言时,在许多不同的社会中的父母都会采用一种类似"儿语"/"妈妈语"的方式与自己的孩子交谈。弗格森(1977)推断,这种特殊的"婴儿谈话"(使用更高的音调和语调,简单的词汇,语法不复杂的句子,以及突出重要情况的表达方式)是一种普遍的,提高成人语言社会化行为的习得的方式。然而,跨文化的数据表明,虽然每个地方的成年人与幼儿的交谈方式不同于与成人或较大的儿童的交谈方式,美国中产阶级的父母的"儿语"具有简单的语法和词汇特征,但这并不是普遍可见的。有证据表明,其他的儿语特征如独特的音调和语调是普遍类似的,但是在文化差异方面的数据还是较少(Fernald,1991)。

在许多社会中,成人会特意教授儿童词汇、语言风格以及其他的语言特征。如,新几内亚巴布亚岛的卡鲁里人称,当母亲是代表婴儿发言而不是跟婴儿说话时,会抱着婴儿,使他们面朝别人。在美国的一些亚文化中(巴尔的摩的工人阶级;Miller,1982)人们坚定地认为需要明确地教导儿童学习词汇,而且是使用类似"你怎么读这个?"这种固定刻板的框架(更多具体例子可见 Schieffelin and Ochs,1986)。然而,尽管采用这种方法的成人相信这些特别的语言裁剪能帮助他们的孩子习得语言,但是研究数据表明,不同文化模式下母婴语言互动的差异所导致的儿童语言习得的差别是极少的,而且仅仅是在一些受限制的领域有所差别(Snow and Ferguson,1977)。

同样,作为语言习得的近端环境的模式的种类,与语言习得紧密相连,这种信念也是错误的。一个来自理查德·史威德研究中的例子极具代表性的说明了语言习得的情境:

> "Mara heici.Chhu na! Chhu na!"是 1 个月经期的奥利萨邦母亲对希望爬上她膝盖上的幼儿的解释,意思是说"我是被污染的。不要碰我! 不要碰我!"如果孩子还是继续希望坐到她腿上,那么她将站起来,然后离开她的孩子。当然,年幼的奥利萨邦儿童完全没有月经期或者经血的概念,第一次月经来潮对于青春期少女来说完全是意料不到的。母亲一般都会对她的孩子"解释"说每月"被污染"是因为踩到了狗屎或者碰到了垃圾,或者是逃避这个问题。即便如此,奥利萨邦的孩子们会快速的学习到"Mara"(或者是 chhuan)这个词,当"Mara"的时候,他们的母亲会避开他们,独自睡在地板上的垫子上,禁止进入厨房……一个人用餐,不会打扮自己,在这几天中会与任何有价值的东西保持距离。孩子们注意到任何他们母亲碰过的东西都会被清洗一遍(Shweder,Mahapatra,and Miller,1987,p.74)。

虽然"Mara"这个词的含义模糊不清,但是孩子们开始根据成人的使用不断地给它增添意义,直到完善。大部分 6 岁的孩子认为"Mara"的妇女是不应该做饭或者和她的丈夫睡在一张床上的,而大部分 9 岁的孩子则认为"Mara"是一种客观的自然之力,使得处在这个时期的妇女接触或者为别人做饭都是不道德的。

除了说明儿童习得语言的活动范围之外,这个例子还论证了维果茨基的观点:词语的意义是随着时间的发展而发展的。奥利萨邦的儿童在了解 Mara 这个词语的真正含义之前就能恰当的用这个词语与成人进行交流。

把儿童作为一个新的参与者融入文化组织活动中是语言习得所必需的要素。儿童在这些活动中会努力去了解客观事物以及社会关系,以此获得对周围环境和自我的控制,他们会对自己所处的文化进行再创造,正如他们会对祖先的语言进行再创造一样。

模块化对思维发展的贡献

当我们从语言领域转移到认知发展领域时,弱版的模块化假说是最频繁使用的制约概念。关键论点是罗谢尔·格尔曼(1990)提出的:

> 给予婴儿和幼儿领域特定性的的组织结构(domain-specific organizing structures)是十分必要的,它会对与特殊的认知领域有关的概念和事实的相关信息给予直接的关注。主要的论点是,大脑的领域特定性组织原则(domain-specific organizing principles)与同化、构建事实与概念有关,因而学习者可以缩小对相应环境的可能解释范围,因为它们包含了指导学习者搜寻相关信息的隐藏假设。

格尔曼将这种约束称为"骨骼原理",因为它们是支撑知识增长的核心结构。

目前关于模块化的制约对发展的影响,大部分来自对新生儿的研究(一些是对刚出生几小时的新生儿的研究,更多的是对 2—4 月大的新生儿的研究),研究表明存在一系列令人印象深刻的与生俱来的特定认知结构"骨骼"。这包括了广泛分散在各领域中的"知识原型",例如客观事物的基本物理属性(Baillargeon,1987;Spelke,1990),意图(Bruner,1990;Premack,1990),算术(Gelman,1990),有生命和无生命的区分(Gelman,1990),以及物理的因果关系(Leslie,1994)。

模块化制约和文化制约的关联

模块化的理论解释中,生理制约的心理加工进程在心理学中变得热门,几乎同时,情境化的、文化—历史制约的进程也成为了心理学上的热门。有许多的原因可以用来解释这一"特殊的时代思潮",而与现在的讨论最相关的解释或许是,因为越来越多的研究者不认同皮亚杰的研究结果,尤其是皮亚杰宣称的 3—5 岁儿童的思维能力是受到严格的限制的,婴儿生来只有很少量的条件反射和三个可怜的特定机制产生变化(同化、顺应和平衡),而这也是所有后来知识建构的基础(Gelman,1978;Gelman and Baillargeon,1983;LCHC,1983)。

受第 3 章所讨论的跨文化研究启发,那些强调文化背景因素的研究者试图确认,学龄前儿童在测试中没能展现出不同的认知能力,是否是由于研究者在不知情的情况下使用了不熟悉的研究内容和程序。他们关注的任务是幼儿有意义的日常语言(Donaldson,1978)。在这些研究中通常会使用诸如"情境"或"领域"的概念,用来指代具文化同一性的活动形式或心理任务,以假定收集的认知过程适于各种领域或情境,如观点的捕获,各种推理,以及记忆(详见 Cole and Cole,1996,ch.9 的文献综述)。

强调模块化的研究主要集中在对新生儿或在不同概念领域发展上存在明显较大差异的不一般儿童(如在西洋棋、数学或音乐方面是天才,但是患有自闭症或威廉姆斯综合征的儿童;Frith,1989;Bellugi et al.,1990;Feldman,1994)。学者们在从事这些研究时,也运用了一些程序,最小化任务呈现时的外在无关特质(比如,依靠展示出惊奇而不是要求有运动反应如抓握或者言语反应),但是他们对任务的选择是依据这样一种观念:儿童智力的发展是围绕少数几个(假定是关键的)本体论的领域组织的,这些领域指定了相关的客体种类,以及这些客体相互作用的方式。

安妮特·卡米诺夫-史密斯(1991)总结了这些研究的内含:"皮亚杰提出的关于新生儿思维的初始状态的观点是错误的。很明显,人类思维的某些方面在一开始就已是天生设定的,而且通常是一些细节。知识最初是领域特定性的,并且制约了随后在与环境复杂的交互中的学习。它不单单是基于领域一般的感知—运动活动的结果。后续的发展可以通过建构主义的框架来考察。"(p.192)安妮特·卡米诺夫-史密斯的结论为以下讨论设定了条件:一个完整的关于发展的文化理论必须要包括早期的、系统发生制约的认知过程的研究结果,也必须说明文化中介的社会互动如何有助于复杂思维发展。

数学运算

近年来有大量的关于模块化的文献的综述和评议(Carey and Gelman,1991;Karmiloff-Smith,1992;Hirschfeld and Gellman,1994)。为了能具体又典型的说明文化历史心理学是如何整合模块化理论的研究发现的,我将集中精力于数学运算领域的研究,因为在这一领域有着足够多的关于系统发生、个体发生以及文化组织的思维证据,从而形成了一幅集发展与文化角色于一体的图画。

*系统发生的前兆*。研究表明一些鸟类和非人类的灵长类动物拥有一些基本的数字知识(Klein and Starkey,1987)。希克斯在1956年的研究指出猕猴通过训练,当发现具有一个到五个的刺激组时,它们能精确地找到三个物品的那组。这种学习需要经过数千次的尝试,而一旦这个猴子可以准确地选出具有三个物体的数组,那么它就会把这种学习推广到新的刺激物中去。

萨拉是戴维·普雷马克语言习得实验中的大猩猩,它可以通过选择正确的物品数来匹配相应的一到四个元素的刺激物(Premack,1986)。萨拉还学会了与他人一对一的构建物品数组。但是当萨拉面对新的刺激物时,她却失败了;她的这种能力仅限于训练的内容。

最近,萨拉·博伊森(1993)已经证明,当把数字相关技能训练融入到富含萨维奇-朗伯夫提出的人际交往规则的日常生活中时,以及当训练是基于预先制定的关系来进行时,猩猩不仅能够学会数数和加法,甚至可以解决大约3岁儿童的智力水平才能解决的数学问题。

我对这些数学的种系发生资料加以解释和分析后,得出这样一个结论,当非人类的灵长类动物处于一个与人类类似的文化环境中时,它们可以做一些我们所谓的数学思考活动。这个结果与黑猩猩语言习得的证据不谋而合。那么人类的个体又是怎样的呢?

*早期的个体发生时期*。在皮亚杰的影响下,发展心理学家们花费了数年的时间研究他们的假设,人类最早的数学能力是出现在婴儿末期,此时婴儿的大脑中能想象出一个并不存在于眼前的物体。

毫无疑问目前的研究证明了,在婴儿半岁时,即在他们能够参与简单会话的一年前,他们就具备了数量表征和对少量物品数数的能力(Gallistel and Gelman,1992;Klein and Starkey,1987;Wynn,1992)。有一些例子说明了这些知识是在什么样的条件下被发掘的。

首先让 6 个月或者更小的婴儿对包含 2 到 6 个圆点的视觉展示习惯化(圆点数目每组不一样),然后展示一个不同的圆点模式。研究者控制着视觉展示中诸如排列长度、密度以及构图这些相关的潜在线索。如果出现的数字是 4 或者更少,那么这些婴儿将会对这个新的点的数目去习惯化(Antell and Keating,1983)。跟视觉辨别物体的数目一样,婴儿也可以通过鼓声来识别数字;这就是原始的小数字数值匹配机制(Starkey,Spelke,and Gelman,1990)。

卡伦·温(1992)给 4 个月的孩子展示了图 7.2 中所描绘的事件。首先把一个老鼠玩偶放在一个空的台子上,并让婴儿看到这个过程。接下来一个屏风升上来挡住玩偶,让婴儿看不到它。然后,把一个一模一样的娃娃放到屏风的后面,放低屏风。当屏风再次被拉起时,让一半的婴儿看到 2 个玩偶(这是预期的结果);而让另一半的婴儿只看到 1 个玩偶(不是预期的结果)。看到一个玩偶的婴儿会花更长的时间盯着玩偶。另外有实验显示婴儿会预期 2−1=1 和 3−1=2。

在不能说话的婴儿是如何处理数字的这个问题上存在着争论。克莱因和斯塔基(1988)更加倾向于这是一个特殊的知觉处理过程,也就是感数(subitizing),婴儿计数的基础。这个原始的过程又被一些更为精细的计数过程所补充。格里斯泰尔和格尔曼(1992)认为婴儿事实上具有一套前语言计数系统(a preverbal enumeration system),跟那些非人类的灵长类动物一样具有基本的计数能力,这是物种的共同基础或者说是各种计数系统所利用的初始限定装置。

争论的细节在这并不重要,但是早期计数能力的证据却很切题,因为这个系统提供了一个初始的、像模块的粗糙结构,也正是在这样一个结构上,更为精细的数学的文化系统才得以建立。那么问题来了,在什么样的条件下,婴儿的这种原始能力才能表现为日常生活中适当的行为呢?

尽管只有零星的证据证明儿童的数字相关知识成长于数学知识不是很复杂的社会中,但是这些少量的的证据也证明了在一个文化中数学知识的密度很早就会对数学思维的发展产生影响。吉尔·波斯纳(1982)比较了两组来自西非部落的孩子的确定相对数量的能力和进行基本数字运算的能力的发展。那些来自经商家庭的孩子的表现远

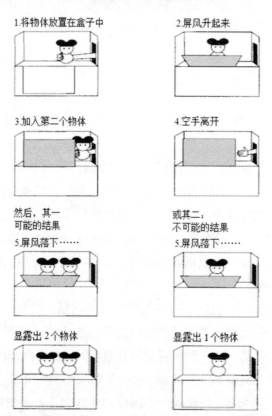

事件序列 1+1=1 或 2

1.将物体放置在盒子中    2.屏风升起来

3.加入第二个物体    4.空手离开

然后，其一：    或其二：
可能的结果    不可能的结果
5.屏风落下……    5.屏风落下……

显露出 2 个物体    显露出 1 个物体

**图 7.2** 测试婴儿感知数字能力实验顺序。当第一个老鼠玩偶消失在视野中时，在屏风后放入第二个玩偶。如果屏风放下后只有一个玩偶时，婴儿会表现的很吃惊，因为他们会计算 **1+1=2**。

远要超过来自务农家庭孩子的表现。

杰弗里·萨克斯(1981,1982)研究了来自新几内亚奥克萨普明这个地区孩子计数和基本运算能力的发展(数量相对比较，以及简单加法)。来自奥克萨普明的人用身体作为计数工具，他们的孩子也早早就学会了用身体作为计数工具。然而，根据萨克斯的调查，奥克萨普明人几乎不需要用到数字运算。当交换货物时，他们还是遵照他们传统的文化方式，用一换一或者一换多的方式进行交易，但却不涉及计算的过程。孩子们衡量比较两个数组的能力和简单加法的能力发展的很慢。萨克斯研究中所观察到的涉及经济交易的新几内亚的成年人的数字运算能力仅与克莱因和斯塔基所研究调查的刚上学的美国儿童相当。

虽然这些研究很好地吻合了这样的观点：文化是建立在普遍的数字知识上，后者又基于特定认知领域的骨架原则，但它们没有告诉我们儿童如何获得成人使用的文化系统中的知识的过程(cf.Saxe,1994)。本章前面提到了个体发生的变化过程——儿童的认知能力在脚本事件（scripted events）中得到发展，而在发展的过程中，儿童也必须积极适应社会中的文化工具——那么如何通过可行的分析方法解答模块化知识和文化实践在发展过程中的结合？

萨克斯和他同事对于美国 2 岁半到 4 岁儿童的数学知识发展的研究说明了，这些动态的工作是如何与俄罗斯文化历史传统中的最近发展区的概念完美地联系起来了（Saxe，Guberman，and Gearhart，1987）。在上述对早期数学运算理解能力的研究中，他们确定了儿童在儿童早期可获得的四种数字任务（萨克斯把这些任务当做是认知功能）：命名、计数和基数（使用最新的统计名称作为设定名称）、比较和复制集合以及使用数学运算来转换数值。他们希望能够看到不同的认知形式（例如一些获得一个集合的精确数值或者把两个集合相加的策略）。

这个研究刚开始访谈了母亲们在一些关于数和算术的问题上的日常实践。根据相关的数字功能以及如何执行这些功能对母亲们的回答进行了分析（这些数字功能包括：识别和按下电梯按钮、比较两组电梯的按钮数量、数硬币、比较两堆硬币数量、加棋子数量求和）。结果表明孩子们需要完成的任务的等级与年龄的大小有关。

接下来，研究者们想要观察动态变化。他们录下了母亲们和孩子们在低级别运算（确定集合中总数）和高级别运算（用一个新的集合复现总数）中的表现。分析录像显明了复杂的计算能力的发展以及当子目标出现时母子是如何相互适应的。

例如，在数字重现任务中，给了母亲们一个集合，它包含了三到九幅芝麻街曲奇怪兽的图片，并让她指导她的孩子在杯子中放入与组合里的曲奇怪兽数相同数量的硬币。年龄稍大的（或者说更为有能力的）孩子的母亲会根据任务的最高目标来构建她的任务。而年纪较小的孩子的母亲则更加聚焦在较简单目标上，并以此来指导她的孩子。

最高水平的指导只是重复整体目标。"拿与曲奇怪兽数量一样多的硬币。"如果孩子遇到了困难，那么孩子的母亲就会说，"给曲奇怪兽拿九个硬币"，如果失败了，母亲就会问"有多少个曲奇怪兽？"或者"数一数曲奇怪兽"。当这些都失败了的时候，那么母亲们的指令就可能是"拿九个硬币"。萨克斯（1994）总结了在这种活动中新功能出现的形式的结果模式："母亲们根据孩子的理解能力和任务完成情况来调整与目标相关的指令……孩子们则根据母亲们努力组织的任务来调整与目标相关的活动。进一步讲，随着儿童产生不同复杂程度的数值目标的能力的发展，他们也将获得更多的创造更复杂数值环境的新机会。"（p.147）对不同社会和不同活动的研究表明，这个例子中所包含的原则被广泛地运用（Saxe，1994）。

## 对自然与文化的交织的再思考

在第 6 章中【第 6 章第 3 节时间序列】，我们谈到了对"临界点"理论的争辩，该理论认为系统发生和文化变化之间存在非连续的间断,但是现有的证据又证明了系统发生和文化变化是交错的,并融入人类起源的过程中的,共同创造了智人这一与其他物种存在质的差别的物种。[10]

当我们考虑到个体发生和微观发生的改变过程时,就会产生一系列类似的问题。正像文化历史心理学家所提出的人类起源临界点假说,他们认为个体发生与文化历史的融合是伴随着语言习得而来的,而语言习得是获得更高级的心理功能和文化思维习惯的临界点。类似的临界点我们可以在格尔曼和格里诺(1989)对福多尔关于模块化和认知的研究的修订中找到;首先是模块化的过滤,然后是中央处理过程的文化限制。关于人类的个体发生,我们不能说首先出来系统发生部分,然后再是文化部分和个体部分。所有的这些从一开始就已经都在那里了。

关于文化中介和模块化进程是如何紧密联系在一起的,我将通过图 7.3 的图示来展示几种截然不同的观点。左上方是福多尔的模块化位置的可视化图形。中央处理器调和输入转换器的输入,确定行为。右上方的图包含了文化中介概念,但是保留了临界点的观点,在图中首先是模块化的输出,然后是一系列的文化模型过滤,最后是中央处理器的处理。最底下是当代的文化历史研究法。文化线程和模块化交织在一起,不断的安排和重新安排(个体)存在的情境。有机体则必须主动使用必须使用文化工具箱和其系统发生资源来促进其自身的发展。

我很高兴在我致力于本书的写作时,对特定领域的生物限制和社会文化情境的关系感到困惑的其他学者们,也开始论证在发展改变中生物学和文化的限制作用等类似的观点。格尔曼和格里诺指出不仅仅是孩子在各种基础认知领域会采用"骨骼原则"来促使他们掌握知识,社会文化环境也考虑采用提前制定好框架的方式来进行包装;这两个层面相互补充。吉尤·波多野(1995)提出了类似的观点。

卡米诺夫-史密斯(1992)提出知识的增长是以一种迭代转化的方式进行的,在她的理论中"骨骼模块"被修正为她所谓的"重新描述"。她宣称,人们获取知识的特定方式是通过描述重现大脑已储备的知识(包括先天的和后天获取的),或者更准确地讲,是通过对不同信息内在表现的不同形式进行迭代重复描述的内部开发(p.15)。在她所描述的这个过程中,文化历史框架的作用在于重新修正—— 一种新的调节个体和不同环境的交互作用的形式。

卡米洛夫-史密斯对儿童日益复杂的迷宫表征的研究说明了重新描述的过程。一个由许多分支选择点组成的迷宫分布在一张厚厚的卷起的纸上。每次纸展开一点就会有一个新的选择点出现,孩子的任务就是掌握这个序列。孩子可以用铅笔记录这个序列。刚开始只是记录一些迷宫冲拉伸的图案。但是当孩子们有了足够多的穿越迷宫的经验时,他们只是象征性地记下地图的路径。刚开始他们可能会纠结在往左还是往右,但是最终,他们能够在不回头和在没有任何更改的情况下进行实验,孩子们用紧凑和简

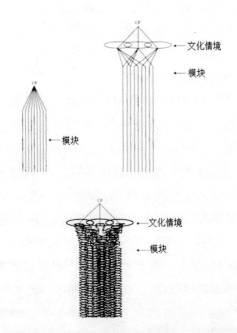

图 7.3　（左上）福多尔（1983）所提出的模块化观点图示。（右上方）格尔曼和格里诺提出的产生于输入和中央处理器之间的文化情境的干扰。（底部）初步尝试描述模块化和情境限制的交错，否认两者时间上的先后顺序，在微观发生时间上，有模块之间的"渗透"。

要的字母和数字（序列例如，2R，3L，R，2L……）来记住路线。从文化历史学的角度讲，卡米诺夫–史密斯的研究说明儿童达到新的水平层次所依靠的整体系统和取得了新成就的调节方法之间存在着密切联系。

　　劳伦·雷斯尼克（1994）提出了一种综合了文化历史和模块化的观点，称为"情境化理性分析者（situated rationalist）"。她所谓的情境化是指对思维和学习的本质的情境化和社会化的理论和观点一个松散的集合。理性分析者从理论上讲是指特定领域知识发展中的先验生物限制。

　　雷斯尼克通过"预设的结构（prepared structure）"这一概念把社会文化和生物约束统一起来。依照她的观点，在每种情景下，个体会根据他们预设结构下的特定方式来发展自己的能力。生物学和社会文化本来就都包含了这样的预设结构；它们的作用随着发展进程而改变。

　　根据雷斯尼克的理论，在婴儿期和儿童早期，发展的生物学原因占主导地位，然而社会文化因素的影响会随着个体的成长和先前拟定结构的修改而逐渐增强。（p.479）最后，她说道，她有足够充分的理由相信早期生物学的基础图式在成年时并没有完全消失。

　　在他对即将正式入学孩子的认知能力的讨论中，霍华德·加德纳提出了类似的观点：

"自然发展"是一部小说。在任何正式的入学考试之前,社会和文化因素已经开始插入其中,并且变得越来越强势。一旦孩子到了6—7岁,那么,文化的影响——无论是否在学校——变得是如此的普遍以至于难以想象没有文化支持和限制的发展会是什么样的。(1991,p.105)

我想从上面的讨论中我们可以很清楚地知道,维果茨基所说的发展过程随着语言的习得经历了一个质变的过程,这一论断是多么的合理。但是,我认为,他在评判变化的本质时犯了两个基本错误。首先,他重复了克罗伯的错误,在时间上,将系统发生放在了文化之前而没有考虑文化和个体共同进化。第二,他没能理解即使是最小的婴儿也会把文化限制作为自我发展的基本成分,因为他们实际上是"内在的成人脚本(inside adult scripts)",成年人会根据他们当前的观念的/物质的日常生活情境,具象化他们(观念的)文化未来。结果,他低估了发展中的文化的和天生的路径——也就是我所强调的,文化历史和系统发生——两者早在语言习得以前就相互渗透。这个就像是两捆多股绳子的融合而不是两根线,前者或许更能精准体现他的基本视野。

当然,我们不可能在一章中就从文化历史的角度去认识所有的认知发展。所以,很多只是选择性的描述,并且有许多我未曾涉及的问题。

在其他地方,我试图将文化—历史学的观点与心理学的传统范式进行整合(Cole and Cole,1996)。虽然这种整合会给文化历史学理论带来什么样的变化还很难说。但是我不想在这里过多地讨论这些问题。无论它成功与否,进一步的了解仍然是需要大量的令人厌烦的实证工作。在后面的章节,我将介绍为文化历史心理学提供了方法论基础的实证研究项目。每个研究项目都旨在为那些通过研究人们日常活动来巩固他们理论的文化历史学家提供一些方法。

注释:

1. 相反的情况也是可能的,当突变导致个体发生的变化加快时(通常伴随灾难性的后果),或者当新技术或战争的到来时,都将改变个体发生变化的进程。

2. 请注意,在这个例子中,涉及文化对孕期发育的影响。这种影响包括不同文化习俗下,母亲在孕期选择摄取的生物制剂的方式不一样(Mead and Newton,1967),(胎儿)接触到的语言形式也是不一样的(Mehler et al.,1986;De Casper and Silence,1986;see Cole and Cole,1993,ch.3,for a summary)。

3. 另外,正如生命发展心理学家所强调的,独特的历史事件(一场战争、抑郁症)也可能会造成发展的间断性(Baltes,Featherman,and Lerner,1990)。

4. 关于父母对儿童发展的预期和不同的文化结构对儿童发展的影响的研究,已有很多,而且还在不断增多。参见 Harkness and Super(1995)。

5. 现代工业化生活带来的高频生活节奏可能会延长婴儿未成熟大脑所能维持的极

限,但最长睡眠时间的长度可能是身体成熟的良好指标,延长婴儿清醒的时长极限或许会成为一种压力源,对那些不能达到父母期望的儿童产生负面后果(Konner and Super,1987)。

6. 怀特和爱德华兹也引入了脚本的概念。他们认为,不同年龄段和不同社区的儿童所居住的环境是按照"日常生活的脚本"进行设置的。这些脚本活动体现了发展变化的主要轨迹。

7. 在过去十年中,已经有很多研究试图将模块与特定的中枢神经系统机制(Edelman,1992)和各种智力关联起来(Gardner,1983)。

8. 关于语言发展需要环境支持的另一个证据来自,当说两种不同语言的成年人通过混杂的语言交流,而他们的孩子成长在这种缺乏正常语言特征的混杂语言的语言环境下,创造了具有正常语言基本特征的克里奥尔语(Bickerton,1990)。

9. 布鲁纳对语言习得所需的基本文化单位的构想与萨瓦戈·鲁姆博夫在黑猩猩研究工作中同样使用的基本文化单位的相似之处,及其与纳尔逊关于脚本/普遍事件的概念的共同之处的都不容忽视。

10. 芭芭拉·罗戈夫提出了同样的观点:"生物和文化的影响并不能互相替代,它们在个体发展体系中是不可分割的。"(1990,p.28)

# 第8章 情境性行为在认知方面的分析

在关于从实验推断到"真实"或"社会"世界的不断讨论中,我们不能忘记:实验本身就是真实的社会世界的一部分。

——尼尔·弗里德曼

在前面章节中我们多次提到的一个主题,即在一个文化团体内,是否要处理团体内部在记忆,数学知识的发展,以及问题解决等方面存在的文化差异,而这正是在与日常生活事件相一致的心理分析单元中建立理论概述和实证要求所需要的。这些单元分别被称为活动、情境、形势、实践等。然而,尽管采用文化—历史理论可以为将日常活动作为研究的起点这一观点提供更多的理由,但它却没能解决怎样以方法论可接受的方式进行分析这一问题。例如,我对鲁利亚的不满在于:在他的跨文化研究中没有包含对日常活动的分析,而这种分析可以为推论出认知改变的根源和本质奠定基础。

更通俗地讲,我已经指出,依赖两个人面对面的互动成为了文化—历史活动理论的实证基础中的主要缺点。但我没能提供证据证明这个缺陷是可以被克服的。在本章中,我直接提出描述并分析我注解为日常生活的事件。直到并且除非在这种背景中的问题能被引入科学领域,如同成人—儿童的指导性互动和基于一对一的治疗性干预所引入的科学领域一样,就不需要去劝说人们开始分析日常实践的心理过程了,也不需要去确保阿诺德认知评价学说[①]变得很充分。

现在需要的以及我和我的同事们探寻的,是一种思考实验程序的新方法,以及在不同任务和环境下比较认知表现的过程。本章中描述的三个实证研究设计,它们每一个代表了一种不同的努力方向。

回顾第3章,我和我的同事在墨西哥尤卡坦州农村的玛雅农民身上重做了我们在利比里亚的基本研究,之后,我们极度怀疑我们所用方法的适当性。在利比里亚的瓦伊语中,下面描述的第一种实验设计方法,是对这些怀疑的一个回应。在那个实验中,我

---

① 美国心理学家阿诺德于20世纪50年代提出了情绪的认知评价学说,该学说强调情绪的来源是对情境的评估,而这种评估是在大脑皮层产生的。阿诺德举例说:在森林里看到熊会产生恐惧,而在动物园里看到关在笼子里的熊却不产生恐惧。情绪产生取决于人对情境的认知和估价,通过评价来确定刺激情境对人的意义。——译者注

们在四个不同的抽象水平上—— 一般广义上的认知能力抽象测验,元语言知识测验,以印刷为中介的日常活动水平上的实验建模互动,以及对目标活动本身的人种志观察——来收集数据。我们希望为识字的认知结果找到汇聚证据。

另外两个在纽约进行的实验,我们所采用的实验方法是对比相同的儿童在教室中被测试时的行为和在校外活动中行为的不同。这些设计中的第一个设计是受威廉·拉波夫和克拉伦斯·罗宾斯的研究的启发,他们的研究证明了非裔美国儿童语言能力的情境变化性(Labov,1972)。他们的方法随后又用来反对非裔美国儿童通常在入学前没有正常掌握他们本地语言(英语或非裔美国英语)的观点。

最后一个设计直接抨击了我们在前面关于学校教育的认知结果研究中看到的主要缺点,这个缺点是指我们在使用实验任务和测试时有这样一种假设:这些日常实践模型不仅存在于学校中,还存在于更广泛的社会中。总的来说,两个研究想要确定,在一种情境下表现出来的行为是否可以与不同情境下表现出的相同行为作有意义的比较。儿童在校外使用的语言能够揭示隐藏在测验程序下的复杂性吗? 一个人在一种情境下表现出记忆或解决问题困难,就能合理地得出他无论何时面对记忆任务时都会突然出现"记忆问题"或"认知缺陷"的结论吗?

我们几乎不需要反思就可以得出结论,这种问题从根本上是无法回答的,除非有可能表明在两种情境中实际上发生的是相同的认知任务。智商测验取样的是儿童被期望在学校里执行的活动,这种要求依赖于一种假设,即在课堂教学的测验过程中找到同构问题是可能的。同样地,"各种测验可以指示一般能力"的论断是以"任务是可以在多种活动中产生的"假设为前提的。

## 生态效度的问题

在描述研究本身之前,我将首先总结心理学家在理解生态效度的问题上作出的重要贡献。生态效度是指在某一个情境中抽样的行为在多大程度上可以被看做是在其他不同的情境下个人认知过程的特征。怎样分析情境中的行为和怎样比较不同活动系统中的行为是考虑生态效度问题的核心,但是心理学的讨论和分析中很少直接对这些问题进行探究。[1]

1943 年心理学和科学方法的专题研讨会以库尔特·卢因和埃贡·不伦瑞克的研究为主要内容,卢因和不伦瑞克都是在 20 世纪 30 年代为了躲避德国法西斯而移民到美国的德国学者。尽管他们各自发展了自己不同的心理学方法,但他们理论的核心都是超个人水平环境的结构化,这些环境的结构化涉及了心理学的所有过程。他们的观点与文化历史心理学家的尤为相关,因为德国的思想是俄罗斯文化历史心理学家的观点来源之一。(参见 Van der Veer & Valsiner,1991;Luria,1932,对这些联系的讨论)。

不伦瑞克把"生态心理学"设想为一门学科,在其中心理观察可通过广泛的包含特定任务的环境取样而实现。这些取样的目的是确定不同的环境对有机体反应的效果。卢因对这个专题研讨会的贡献是他的"心理生态"的构想,这是一种在给定的期间内发现哪部分物质或社会世界会决定一个人生活空间边缘地带的方法(1943,p.309)。卢因所指的生活空间是指"一个人以及为他而存在的心理环境"(p.306)。这种单元或多或少地与第 5 章中讨论的文化—历史心理学的分析单元的个人在情境中的多种设想一致。

对不伦瑞克程序的检验将阐明不伦瑞克和卢因所指的心理生态意味着什么,以及他们的观点有怎样的联系。[2]不伦瑞克的总目标是防止心理学被局限成一些被人为割裂、处在中央或边缘地带、狭隘的学术问题,这些学术问题不能代表更大量的生活模式(1943,p.262)。为了避免这个问题,他建议,分析的基本单位应该是情境或任务,而不是人。而且,应该小心地从必要条件中抽取出情境或任务,而这些必要条件是一个人在与物理环境和社会环境打交道时正好所面临的(p.263)。作为这种方法的一个例子,不伦瑞克重复观察了一个人的大小恒常性,"这个人在她正常的日常活动中经常被打断,并且被询问估计她刚刚看到的物体的大小"(p.264)。这个人对物体大小的估计与物体的实际尺寸高度相关,而与视网膜上的成像尺寸不相关。由此不伦瑞克认为,这个结果在正常生活的不同条件下拥有普遍性。

为了具体说明不伦瑞克的观点,我们来仔细考虑下他为评估日常环境下大小恒常性的生态效度所采用的程序。第一,他向被试提出一个问题(提问),比如"那把椅子有多大",这就会引起基于物理环境有限方面的一种受限制的回答。第二,他有一种对他的分析很重要的刺激元素的物理模型(这是一种可以让他测量物体的大小,物体与被试的距离以及视网膜上成像大小的测量模型)。第三,他有一个强假设来具体说明物理刺激和被试回答之间的关系,即物理刺激大小("末端的"刺激)或者呈现在视网膜上的刺激大小("近中心的"刺激)哪一种会支配被试大小估计的回答。第四,他得出了一个非常清晰的结论:被试报告的大小和物理刺激的大小之间的相关基本上是很完美的,而报告的大小与视网膜上成像的大小是呈弱相关的。

在我和我的同事看来,不伦瑞克的成功并不是偶然的,他研究的视知觉领域的例子代表了心理学理论中最复杂的领域之一。这个课题有几个有利条件。第一,因为可以利用心理测量的理论,所以他就可以用标尺确信地测量出物体的大小,被试到物体之间的距离以及视网膜上成像的大小。简而言之,他可以确切地描述任务环境的相关信息,而忽视那些如室内的温度、物体的颜色等不相关的信息。

第二,当问到被试"____有多大"这个问题时,不伦瑞克对于被试如何回答是很有信心的。他有很强的理由相信,这个问题将会让被试注意到主试认为相关并且可以测量的环境中的那些部分。[3]

另外,不伦瑞克可以依赖于实验室中得出的竞争性假设,这个假设是关于环境的理论相关方面是如何映射到被试两方面的回答的。也就是说,他可以详细说明视网膜成像大小和物体大小之间的相关的意义。最后,他对其中的一个假设作出了一个基本上完美的预测。所有这些任务上的限制条件及其解释都是他分析的重要来源。

尽管卢因同意不伦瑞克的部分观点,但他在 1943 年专题研讨会上提出的某些原理质疑了不伦瑞克的结论。卢因提出了他著名的观点,时间 t 上的行为仅仅是时间 t 上情境的函数,因此我们必须找到方法来确定"在给定的时间里"生活空间的属性。这种要求相当于人种志学者提出的"要考虑研究对象的观点"。它寻求将主观与客观结合起来。

按照卢因论述的逻辑,如果一个人赞同从研究对象生活空间的角度来理解心理学过程的重要性,那么不伦瑞克的问题就是不恰当的,因为这些问题不符合研究对象的生活空间。不伦瑞克是在非实验室的环境下做的物体评估实验,而不是在真实生活环境下观察人们对大小的评估。在卢因来看,不伦瑞克改变了研究对象的生活空间以满足他预先定义的一系列观察条件的要求。

乌尔里克·奈瑟(1976a)强调了生态效度是认知实验的一个重要目标,因为它提醒了心理学家,实验室任务的人为性可能会导致结果与我们真正想要解释的(在实验室之外发现的隐含的)现象无关。他把真实的物体和事件"空间的、时间的、统合连续性"看做在实验室研究中通常被忽视的正常环境下的重要方面。

与涉及对学校教育的认知结果实验的困惑的讨论尤其相关的,是奈瑟对"学业"智力和"一般"智力的区别的讨论。

> 真实情境下的智力行为通常涉及同时满足各种动机(比如实际的动机和人际关系的动机)的行为,因为这些动机的出现可能是同时的。它通常伴随着情绪和感情,这在涉及其他人的情境下出现是正常的。另外,因为大多数情境都会是我们之前没有意识到的,因此智力行为为许多类型的认知增长提供了连续的机会。(1976b,pp.136-137)

相反,在学校中,我们被期望"解决其他人已经设定好的问题。我们还可以注意到,学校测验中的难题都被认为是'公平的',也就是说,要解决这些问题所需的所有信息从一开始通常都是给定的。当学生用其他可能的方式来解决问题时,他们不会有任何收获"(p.137)。

尤里·布朗芬布伦纳(1979,1986)特别倡导生态效度研究,并且他的观点已经影响到了我自己的想法。他在对生态效度特征的详细描述中结合了卢因和不伦瑞克的观点。他写到,生态效度研究必须满足以下三个条件:(1)保留了想要调查的真实生活情境的完整性;(2)忠于研究对象来自更大的社会和文化环境;(3)与参与者对情境的定义保持一致,这里他的意思是实验控制和结果必须"由参与者以一种与研究设计中外显的和内隐的概念定义相一致的方式感知"(1977,p.35)。

我们认识到布朗芬布伦纳和奈瑟在解释怎样执行生态效度实验以及不伦瑞克的程序之间存在着巨大的差异。奈瑟、布朗芬布伦纳以及其他研究者没有提出,我们要在很多情境下开展实践。他们提出,我们要在非实验室情境下,发现并直接观察到任务发生(或没有发生)的方式。此外,在布朗芬布伦纳看来,我们还必须发现卢因"生活空间"的等价物,也就是说,任务和其他相关因素是怎样作用于研究对象的。

认为这种探索程序是可能的观点在当时是相当流行的,我认为并不比如今受关注度要少。一个权威不亚于赫伯特·西蒙的人断言:

> 一个一般的实验范式可以在许多任务领域中来检验认知过程的共性。这个范式是简单的。我们发现两个有相同形式结构的任务(例如它们都是多维度判断任务),其中一个来自于社会情境,而另一个不是。如果这两个任务内在都拥有相同的过程,那么我们就应该可以在两个任务环境中发现一种现象,这种现象能够证明,两个任务拥有相同的基本认知机制。(1976,p.258)

然而,我们还有很多理由相信,建立生态效度的需要将会给心理学家带来巨大的分析负担。十多年的经验已经表明,一旦我们离开实验室环境来寻找代表性,我们识别任务的能力就降低了。不能定义分析任务的范围,或不能保证发现的任务就是想要研究的任务,会破坏这个研究。[4]

## 构建当地实践模型:瓦伊部落中的识字

我与我的同事开始研究识字,这是最近我在跨文化研究中关注的内容。乍一看,像识字这么宽泛的一个选题似乎在应用一种"把实验看做活动的模型"的方法上是一个棘手的话题,这种"把实验看做活动的模型"的方法是在我们解释文化和发展的不断努力中演变而成的。

识字通常被视为伟大的心理转变性发明,它支撑着系统知识的积累,人类思想的转变以及文明的发展(Goody,1977;Havelock,1963;Olson,1994)。识字使学校和政府项目制度化,它已经被看做是产生参与学校教育的认知和社会结果的机器引擎(Lerner,1958;Greenfield and Bruner,1966)。因此,正如我们已经看到的,实验心理学在评估学校教育的心理学结果上遇到了严重的困难,那关注识字又有什么优势呢?

矛盾的是,因为在前一章我强调了跨文化研究的局限性,那这个问题的第一个回答就是识字并非等同于学校教育。识字独立于学校教育而获得的例子虽然很少,但也确实是存在的,这给我们解开这些常常被混淆的活动形式提供了机会(Berry and Bennett,1989;Scribner and Cole,1981)。同样重要的是,分析各种识字活动的练习不仅促进了学校教育对认知影响这一问题的概念重建,而且更清晰地证明了在实验中构建当地文化实践模型的可能性。

第二,早期文化历史理论家就是那些提出这样观点的人之一:识字是一种主要的新中介手段,具有深远的认知影响。鲁利亚(1928/1978)对幼儿书写的"前史"做了一个特殊的研究,这个研究强调,书写的合并原则改变了如记忆等重要心理过程的结构。维果茨基(1934/1978,1978)追随着珍妮特以及许多当代欧洲和美国的心理学家,他提出,识字的获得或学校教育使人们产生更高级、更有逻辑性的思考形式,因为书写方式改变了一个人系统思考的资源。他认为,"书面语言使儿童表现得更理智。"

在 20 世纪 70 年代,我和西尔维娅·斯克里布纳得到了支持来研究瓦伊人的识字学习和学校教育。瓦伊是居住在与塞拉利昂接壤的利比里亚西北海岸的部落。[5]瓦伊第一次引起我的注意是在我研究克佩列人时,并且我们在文化背景下的学习和思考中报告了关于识字和记忆的初步研究。西尔维娅在研究生时已经写过了关于识字的理论,并且她对维果茨基的观点感到很兴奋。她恰好把瓦伊人的识字看做是一次检验竞争理论的机会。

尽管瓦伊人的标准民族志使他们在大多数方面看上去与他们的邻居相似,但他们又是与众不同的,因为他们使用他们自己发明的书写系统已经超过了一百年。最重要的是,他们的识字不是通过任何的正规学校教育获得的。

斯克里布纳和科尔(1981)的报告中详细描述了我们的研究,这个研究包括三个重叠的阶段。为了了解当地的识字组织,我们在所有有瓦伊人的城市、蒙罗维亚①的瓦伊人以及在瓦伊的一个单独的村庄中的日常生活民族志中实施了一个识字与学校教育社会关联性的调查。[6]我们在调查中加入了一系列以前用来证明学校教育效果的心理测验,来回答人们可能提出的最直接的问题:瓦伊人的识字能取代学校教育在学习、分类和问题解决任务方面带来更高的认知能力吗?

从这个预实验中我们了解到,瓦伊人中有三种类型的识字:大约 20% 的人通晓瓦伊语,16% 的人在一定程度上会阿拉伯语(大部分但并不是全部从古兰经中获得),大约 6% 的人从学校中学会英语。(很少有女性通晓瓦伊语和阿拉伯语,因此我们的实验分析基本限制在男性。)

我们的调查和人种志观察使我们了解到,不像从学校中学到的识字,瓦伊语识字不涉及掌握深奥难懂的知识和成惯例的社会互动新形式。它也不需要让学习者对多种新的经济和社会活动做准备,在这些活动中通过印刷来中介行为是必要的。学习几乎总是日常活动中的个人事务(常常是一个朋友或亲戚同意教学习者阅读和书写字母)。

瓦伊语的识字技能在传统职业中非常有用,它主要作为记录和书写的方式,由在利比里亚乡下来往的无处不在的出租车传播。尽管我们收集了一些包含故事和格言警句

---

① 利比里亚首都。——译者注

的瓦伊语书籍的范本，但是它们都是手写的，没有为大众传播产生文本的传统，并且传统职业也不要求一个人要有文化。

我们的心理测验数据对我们关于瓦伊语识字的认知影响有一个很明确的回答：在心理测验的表现上，瓦伊语和古兰经识字都不能替代学校教育；通常那些接受学校教育的人在成套测验上表现更好，特别是当他们被要求解释他们行为的基础时。

在第二轮实验研究中，我们缩小了我们的关注范围。我们不是追求"一般的认知改变"，而是想要去检验一个广泛的概念，即阅读和书写的练习改变了一个人语言特性的知识。我们在"元语言调查"中的任务包括给词下定义、三段论推理、区分物体和它的名字、判断符合语法的多种谈话，以及解释在不合文法的谈话中哪里出错了的能力。

语法任务是唯一一个对瓦伊语识字持续产生积极影响的任务。就一般而言识字会提高元认知意识这一观念来说，这个结果是令人失望的，但因为它指出了认知任务与作为瓦伊语识字影响的发生地的日常活动之间的紧密关系，所以它又是有希望的。

从我们对瓦伊受过教育的人参与他们日常活动的观察中可以知道，在"固有的瓦伊语"中，字母中是否包含短语的讨论是常见的，因此，把瓦伊受过教育的人在这方面的技能归因于书写和阅读字母的实践似乎是最合理的。这种结果是有前途的，但是我们想要研究许多涉及文本中介的活动的日常任务。

在第一轮和第二轮的实验中，我们监测了作为实验分析模型的参与识字的形式。例如，对一个大型语料库中的字母的分析揭示了，尽管内容通常是日常的并且很容易解释，但由于读者不是和作者面对面交流，因此内容中包含了许多情境因素。我们推断，通过给其他场所中的人们书写的广泛练习可以为当地的事件提供一个更全面的描述。

在第三轮实验中，我们通过创建一个与日常游戏相似但要接受更明确的指示的简单的棋盘游戏来检验这一想法。我们要求瓦伊的非文盲和文盲学习这个游戏然后向另一个人描述它，通过面对面或者给其他村庄的人写一封信的方式，给出他足够的细节，让那个人可以在仅有的指示下做这个游戏。正如我们的预期，在这项任务上非文盲比文盲要做得好，并且在非文盲中，阅读和写作经验的多少与行为表现呈正相关。

在基于其他民族志观察的一系列关于阅读和写作的研究中，西尔维娅（Sylvia）构建了一些画谜任务，比如把图片上的一些一般物体组合起来组成一个有意义的句子（见图 8.1）。句子中单词的发音与单独念单词的发音不同。例如，鸡这个单词（tiye）和桨这个单词（laa），当不改变读音而组合它们时就会产生单词水边（tiyelaa）。图 8.1 的下半部分展示了由这些图片组成的完整的"句子"。为了"读"这个句子，一个人必须能整合这些图片并恰当地转化它们的读音（例子中需要七个这种改变。）我们通过发音的正确率以及回答简单的理解问题(比如就图中的句子会问"这只鸡死了吗?""发生了什么")的能力评估了人们的阅读。

tiye            laa

Kai      laa      tiye      ba      ta

**图 8.1** (上排)鸡(**tiye**)和桨(**laa**)的图片结合产生了水边这个词。(下排)一系列图片对应的句子是"男人烹饪了一大只鸡。"

也许让人惊讶的是,考虑到对材料和任务的不熟悉,在一个简短的训练部分之后,即使是文盲的瓦伊人也可以阅读和理解大约 50% 的句子。但是非文盲者表现地更熟练,正确率为 80%。受过教育的瓦伊人尤其擅长解释需要很多读音转换的句子(比如图中给的例子),而这些句子对文盲来说是很难的。当给人们一系列图片并要求他们"写下"这些句子时可以获得类似的结果。

瓦伊语的书写系统代表了音节水平而不是音位水平上的口语,即它是音节,不是字母。在书写时单词间不需要空格,这使语法分析书面文本来重构它的语言成分的工作变得困难。当我们在阅读时,人们通常把音节放在一起,以多种方式阅读一个单词。因此,我们推测,瓦伊受过教育的人也许更善于在音节水平上分析语言。

我们用了一个任务来检验这个推测,这个任务是呈现一个句子然后让人们复述他们所听到的。"句子"有三种类型。在"音节"的水平上读一个有意义的句子,每个音节之间停顿两秒。例如 Anu ma ta kunumu mutina(They didn't visit us yesterday)以一种单音调的语气读出,读作 a nu ma ta ku nu mu tina。在"单词"的水平上,每个句子以一种单音调来读,每个单词之间有两秒的停顿。最后,在"短语"水平上,单词以无意义、随机的顺序来读。当短语呈现时,瓦伊文盲与非文盲之间没有差异。当单词以常规顺序呈现时,瓦伊非文盲要稍稍胜过文盲。但是当音节被分别读出时,瓦伊非文盲的表现远远好于文盲。

表 8.1

| 结果的分类 | 识字的类型 | | | |
|---|---|---|---|---|
| | 英语/学校 | 瓦伊语 | 古兰经 | 阿拉伯语 |
| 分类 | | | | |
|    形式/数字分类 | √ | √ | | √ |
| 记忆 | | | | |
|    增量回忆 | | | √ | √ |
|    自由回忆 | √ | | | |
| 逻辑推理 | | | | |
|    三段论推理 | √ | | | |
| 编码与解码 | | | | |
|    字谜阅读 | √ | √ | | |
|    谜画写字 | √ | √ | | √ |
| 语义整合 | | | | |
|    整合单词 | √ | √ | √ | √ |
|    整合音节 | | √ | | |
| 口语解释 | | | | |
|    交流游戏 | √ | √ | | |
|    语法规则 | √ | √ | | |
|    排序几何数据 | √ | | | |
|    逻辑三段论 | √ | | | |
|    太阳—月亮名字转换 | √ | | | |
| （因为在这个项目中有一些模棱两可之处，因此仅有出现在一个维度以上的那些识字影响才包含在其中） | | | | |

　　表 8.1 中呈现的是研究中各种任务结果的总结，其中的"√"表示一个群体要比一个非文盲控制组表现得好。这个表强调了某些仅关注瓦伊受过教育的人时会忽略的重要的结果，而这些结果对从这个研究中吸取主要经验很有帮助。

　　我们注意到，被标记为"增量回忆"的条目是唯一一种学校教育和瓦伊识字都不能提高而学习古兰经可以提高的行为。我们用曼德勒和迪安（1969）提出的程序来检验增量回忆。这个程序是，开始时只有一个项目，每轮实验往里面加入一个项目，从而构建一系列单词。我们采用这个程序是因为这是我们在古兰经学习的课堂上看到的一种教学实践模式，在课堂上学生通过这种增量模式来学习背诵整篇文章。相反，当每次实验项目的顺序都改变时（自由回忆），学校识字是唯一能影响表现的行为。

　　表格的中间部分是画谜和句子重复任务的结果。我们注意到，尽管任何识字练习都可以提高单词结合的成绩,但音节的结合是唯一一个能够证明瓦伊识字是改善表现的唯一影响因素的例子。在表格的下部,我们看到,尽管学校教育普遍增长了对一个人认知表现的语言解释的能力,但阿拉伯地区的识字就不会产生这种现象,并且仅仅在与瓦伊识字实践(读写字母)密切联系的情况下,瓦伊的识字才会产生这种现象。

对于研究中的多种认知任务的例子,学校教育是最有可能提高行为的吗? 这是学校教育影响的另一个研究,我们能做的也不过是重复以前的工作。或者是学校教育确实对认知表现(特别是一个人讨论他自己的分类、记忆、问题解决过程的能力)有一个转换的作用,或者因为这个测验的形式和内容与学校教育的形式和内容非常相似,所以结果的形式是人为的。

因为这个研究包括了对替代性识字练习建模的实验程序,并且受过学校教育的人在某些关键任务下表现得比受过教育的瓦伊人更差,这为我们提供了许多其他的解释。正规的学校教育由一系列练习组成,这些练习不少于瓦伊识字或古兰经识字的瓦伊形式。没有更多的理由解释以下这种情况,即受过学校教育的人在我们测试读写能力的任务中表现得出色,他们要比瓦伊和古兰经非文盲者在这种情况下表现得更好。例如,学校采用口头解释解决问题过程的方法来提高学生的技能,这一事实似乎能够通过课堂上典型的师生对话所需要的技能来得到最自然的解释(Griffin and Mehan,1981;Mehan,1979)。老师通常要求学生回答例如"为什么你给出这样的答案"或者"到黑板前解释你的回答"的问题。

通过找到文化实践中的认知变化,并把这个原则应用到学校教育的实践而不仅仅是写信和记账中,并且通过把认知实验当做相关实践的模型,我们得到了实验方法与日常实践之间的平衡,这种平衡的可能性我在本章的开始时质疑过。这种文化实践方法还提出了一种方法,这种方法重新解决了与文化组织行为中的变化相关的认知中"一般的"与"特殊的"变化的问题。并且如表 8.1 中,当学校教育与其他形式的识字相比较时,学校教育在认知行为中是明显不对称的。

我们的调查和人种志数据表明,相对于我们将技术先进社会的识字联系在一起的实践的范围,瓦伊人中识字实践的范围受到了限制。造成范围受限制的原因有很多:缺少大规模生产的技术,在民政事务中使用瓦伊文的法律限制,坚持信仰一个使用完全不同的书写系统和外语的宗教等。我们以活动为基础的文化实践方法强调,如果书写使用的很少的话,在一个活动和内容相对狭小的范围内,技能发展的培养也将会局限在一些小范围的任务内。

同样,当技术、社会、经济条件创造了很多对阅读和书写都很有帮助的活动时,识字技能的范围变得更宽,同时也更复杂。在这些情况下,"特定的情境"和"一般能力"的识字结果的解释汇聚在一起。在任何识字练习普遍存在并且复杂相关的社会中,相关的认知技能也将变得更广泛和复杂相关,这显示出了思维模式的一般转换。

这里,我们看到了将俄罗斯文化历史心理学家基于历史历时的观点和以情境/活动为基础的美国学者不考虑历史背景的观点相结合的强大影响之一。这种结合提供了一个系统的方法来重新获得描绘社会文化如何改变的特征的真实的多样性。俄罗斯人把识字看成一种人类经验的转化器,并且促进它的潜力来转化思想和社会。尽管我和我的同事认为识字是认知和社会工具,但我们关注情境特异性中的识字效果,以及它在扩大社会不平等性上的作用。产生的异质性应该怎样分类仍是个争论,但理由已经从"识字是一般的转换器"的观点转变到把社会组织活动当做问题来一件件解决的观点上(Goody,1987;Olson,1994;Wagner,1993)。

## 学龄前儿童的交谈

我下一个例子是基于一般的观察,即儿童在自发交流的过程中而不是在他们被大人问起时,他们似乎是以一种更复杂的方式来说话,并且完成更复杂的智力任务。当涉及为了学术安排和指导的目的而评估少数群体中的儿童的心理语言能力时,这个问题就很有意思了。在一个关于儿童语言使用复杂性的情境变量的著名证明中,拉波夫(1972)认为,那些说不标准(黑人)英语的儿童不能在标准化语言能力测验中得高分是由于测验的不适当性,而不是因为儿童没有能力。为了证明他的社会语言因素控制讲话的观点,拉波夫安排了三种情境下一个8岁小男孩利昂他在语言使用的情况比较。

在正规测验情境下,利昂被带到一个房间里,一个友好的、身材高大的白人采访者把一个玩具放到利昂面前的桌子上,并跟他讲"告诉我你知道的关于它的一切信息。"接下来发生的是来自于采访者一系列痛苦的语言刺激以及来自儿童的很少的回答,并且儿童在问题和单音节的回答之间的停顿长达20秒。对这种行为的权威的解释是,儿童没有获得语法能力,而拉波夫的解释是,在"他说的任何事情都可以成为呈堂证供"的情况下,儿童会主动尝试避免说任何事(pp.205-206)。

在测验中拉波夫相信,只要将社会环境和谈话内容做出适当的改变,利昂的能力就会显现出来。拉波夫安排了一个黑人采访者在家来访谈利昂,采访者叫克拉伦斯·罗宾斯,是哈莱姆区①的当地人。这次访谈的主题是街头斗殴。尽管采访者、情境和主题的改变设计得更有唤起性,但获得的结果和在正规测验情境中得到的结果却是相似的:成人问问题,而利昂也只用一个词来回答。

在第三种情境下,罗宾斯带来了大量薯片和利昂最好的朋友,8岁的格雷戈里。罗宾斯和孩子们坐在地板上并且介绍禁忌词汇和主题。渐渐地,这些改变创造了一个更

---

① 美国纽约市曼哈顿的一个社区。曾经长期是20世纪美国黑人文化与商业中心,也是犯罪与贫困的主要中心,目前正在经历一场社会和经济复兴。——译者注

加非正式,几乎像聚会一样的情境,在这之中成人和儿童之间的权力关系发生了改变。这些改变对利昂的谈话的影响是戏剧性的。他不仅使用超过一个单词来回答问题,而且他也积极地参与,兴奋地与他的朋友和罗宾斯谈论街头暴力和其他事情。在这些观察的基础上,拉波夫总结道,利昂在使用英语上没有困难,并且他展现了典型的黑人英语方言丰富的语法形式。

从这些观察中拉波夫得出了两个主要的结论。第一,他断言,应用在他类似测验情境(来源于伊利诺斯心理语言测验)下的内容在 IQ 测验和阅读测验中同样适用:它们会低估儿童的语言能力。第二,他坚持认为,社会情境是语言行为最重要的决定因素,并且那些想要测试儿童能力的成年人必须进入一种恰当的社会关系中来找到儿童有能力做什么。

毫无疑问,拉波夫成功地削弱了基于标准化测验的论断,即贫穷的黑人儿童在语言和智力发展上受到了阻碍。然而,正式的一对一测验和关于禁忌话题的不正式的三方谈话的意义是等价的,或者在一对一交流中利昂的欠佳表现来源于他的防御性,这些都还没有充分的根据。为了证实这个结论,我们有必要表明,在一些正式意义上,利昂在类似测验和类似聚会的情境中遇到的任务在它们的结构、功能和认知需要方面是等价的。

许多研究者都指出:即使这些被测试者对话题感兴趣,也不感到紧张,并且和测试者说着同样的语言,但测试情境还是给被测试者造成了一些特殊的困难(Blank,1973;Cicourel et al.,1974;Mehan,1979)。这些困难可归结为一个事实,即对测试问题或在教室中教师的提问做回答可接受性是高度受限的;一个人知道提问者知道问题的答案,就必须按提问者的条条框框来回答问题,而这些条框是不明确的。相反,在其他情境中,同伴中的对话或不同地位之间的人的对话更可能允许大家共同控制话题,共同评估可接受的回答的标准等。

在类似测验的情境中回答问题会相对困难的观点得到一些观察的支持,即观察到非常小的儿童不能重复成人说过的句子,甚至不能重复他自己十分钟前说过的句子(Slobin and Welch,1973)。这种不能展示已经表现出来的能力的观点认为,自发谈话编码了“想要说什么什么的意图”,而成人引出的谈话需要儿童只用语言术语来处理和产生句子,这就丧失了谈话的有意的和情境性的支持(Bloom,Rocissano,and Hood,1976)。

在 20 世纪 70 年代,我和我的同事试图重新检验拉波夫和罗宾斯研究的基本结果。我们挑选了 24 个年龄在 3 岁 2 个月到 4 岁 10 个月之间的儿童,让一个研究者把他们成对带到超市,这个研究者之前在学校做过几个星期教师助手(见 Cole et al.,1978)。之后要把儿童们在超市的对话和他们在教室的对话做对比。从学校到超市这些孩子都坐在携带有录音机的购物篮子里。他们被允许触摸商品但不能滥用它,并且每个儿童允许买一条泡泡糖。在他们返回学校的路上，他们的老师询问他们关于他们在超市看到的和做的事。这一对话也被录下来。

在超市的时间持续三十到四十五分钟，返回途中与老师的对话持续大约十分钟。作为谈话的样本，我们从每个对话的中间选取三分钟来做比较分析。

在一些例子中我们获得了对拉波夫报告的现象显著的肯定：那些在教室里很少说话并且说的大都是单音节的儿童在超市里说的更多并且句子更长。一个在超市中比较健谈的儿童被观察到在学前班早晨休息的时候仅说了 15 个单词。那 15 个单词回答了问到他的 63 个问题中的 9 个，对其他 54 个问题他则保持沉默。

我们一开始的分析关注的是对这种行为的分类，比如每分钟自由说话的数量，句子的平均长度，儿童在两种情境下使用的语法结构的数量。在每种情况下，超市中的对话的得分都会比教室中的对话得分高（例如每分钟 5.8 句话对 2.4 句话，不同的语法结构为 6.9 对 3.8，每个句子包含的单词为 3.4 对 2.9）。这种差异在更小的儿童身上尤其明显。

尽管在更约束的和可量化的条件下这些结果为拉波夫之前的研究提供了一个有趣的证据，但我们的评分方案与拉波夫的有同样的缺陷：我们没有表明在两种情境中对谈话的限制是相同的，因此实际上，儿童在超市和教室面临着的是相同的任务。同样地，我们没有分析仪器，因此无法确认两种情境中对谈话的限制有什么不同。

为了克服这些缺陷，并且为提供一个条理化的测验以检验社会情境对儿童言语的复杂性造成的影响，我和我的同事利用了最早由奥斯汀（1962）和瑟尔（1975）提出的，由多尔（1978）发展的语言交流行为理论所提供的形式主义。基于命题的内容、语法结构、谈话的功能，多尔的描述系统将成人和儿童的说话方式进行分类。比较儿童在学校情境和非学校环境下的谈话证明了下面这个分类是有用的。

RQ：请求（征求信息）。

RS：回答（直接补足之前请求提供的信息）。回答再细分为 RSWH（对问句的回答），RSYN（对是非问题的回答）以及 RS（对其他类型问题的回答）。

DES：（对事件、特性、地点、事实、信念、态度等的）描述和陈述。例如，"猫爬上了桌子"或者"你必须和其他人分享玩具"。

ID：确认。

Q：问题。

QUAL：限制条件（对一个问题提供未经请求的信息），例如，"我没有做那件事。"

ST：陈述。

以下是一组文字记录的事例，第一个来自超市，第二个来自返回幼儿园之后的谈话。两组对话告诉大家我们怎样对谈话形式进行评分和分类。

超市

儿童:呃,大象,呃,大象吃意大利面吗?(RQ)

成人:大象吃意大利面吗?(RQ)不吃。(RS),你知道它们吃什么吗?(RQ)

儿童:恩(RS),它们吃什么?(RQ)

成人:它们吃花生。(RS)

儿童:和意大利面?(RQ)

成人:不是的,大象不吃意大利面。(RS)

儿童:我看见动物园里的大象吃意大利面,它们还吃爆米花和甜点。(DES)

教室

成人:过来,(RQ)我想问你一些问题。(ST)坐下,(RQ)让我问你一些问题。(RQ)你去哪里了?(RQ)

儿童:商店。(RS)

成人:你去哪里了?(RQ)

儿童:去商店。(RS)

表 8.2

| 语言交流行为 | 超　市 | | 教　室 | |
| --- | --- | --- | --- | --- |
| | 频率 | 语句平均长度 | 频率 | 语句平均长度 |
| 对问句的回答 | 28 | 1.92 | 72 | 2.57 |
| 对是非问题的回答 | 32 | 1.68 | 41 | 1.45 |
| 其他回答 | 37 | 1.98 | 11 | 2.12 |
| 限制条件 | 11 | 2.46 | 6 | 5.25 |
| 问题 | 24 | 3.37 | 4 | 2.66 |
| 请求 | 36 | 2.87 | 16 | 2.21 |
| 确认 | 31 | 1.90 | — | — |
| 描述 | 83 | 4.30 | 11 | 5.57 |
| 语句平均长度平均值 | | 2.82 | | 2.14 |

　　表 8.2 展示了根据谈话行为把更年幼的儿童谈话分组的结果。这些列成表格的结果有一些难处理,但是它们值得认真研究。两种情境之间第一个显著的差异是,在超市的对话中有更多交流的回合(在三分钟的样本里总共是 282 对 161 个句子,这代表了每个儿童平均说 23.5 对 13.4 个句子)。第二,当我们注意不同种类谈话行为的相对频率时,很明显可以看出,在教室中,儿童更多地是回答老师提出的问题。在超市的对话中儿童也会有"回答"的时段,但是他们更可能成为谈话的发起人(表中显示的相对高频率的问题、请求、确认和描述)。第三,在不同情境下使用语言形式主义比较行为方面

最显著的地方是,在对话行为分类中语句的平均长度是非常相似的:实际上,有很多情况是在某些谈话的分类中,教室中语句的平均长度大大多于超市中语句的平均长度(尽管例子的数量很小从而使数据处理无效)。

这些结果表明,使用多尔的语言交流行为理论提供的形式主义来对儿童的谈话进行分类确实是有效的。由不同语言行为指示的谈话的限制与特定的认知需要相联系,这些数据为在不同情境下行为的相似性提供了证据,因为在参与特定的任务如回答问题或提供描述时它们之间是没有差异的。更确切地说,社会情境的影响改变了不同谈话行为的相对频率,在研究的两种社会情境的比较中,每一种情境产生特有长度的语句。

## 测验,学校和社团情境

我们已经意识到,在我们在尤卡坦的研究中,我们需要找到一些方法来确定日常生活中与认知心理学概念紧密交织在一起的认知任务。我们决定直接分析认知心理学任务,课堂教学和更多以社区为基础的活动形式之间的关系。我们的想法是优先选取一些非学校、非测验的活动,通过这些活动我们可以在许多场合观察到认知行为,而这些认知行为也会在学校和测验中发生。然后我们回答关于学校教育的认知结果的基本问题:在没有被研究者或教师控制的日常情境下,认知的差异会表现出来吗?

我们的实验开始于 1976 年的秋天,参与者为 17 个来自不同种族和社会阶层的8—10 岁的儿童,他们就读于纽约城一个小型的私立学校。[7]我们的方法很简单。我们推断,如果由心理学家组织起来的心理学任务实际上可以测量实验互动外的事情,那么我们应该能够看到人们参与到这些任务中,并能描述他们是怎样做的。

我们想要以一种可以详细记录在三种情境中会发生什么的方式来操作这个实验,三种情境分别为:心理学测验、教室以及课后活动。我们推断,如果心理学测验模拟学校实践,我们就能够在测验和教室的研究中都"看到"心理学过程,并且确定儿童在这两种情境下是否表现得都很好。同样地,如果我们让孩子们参加像"自然社团""烹饪社团"这样的活动,我们应该可以发现在社团中发生着和在学校、测试中类似的任务,而且我们也可以扩展孩子们从事特定认知任务所处的情境的范围。

在与乔治·米勒(以及来自格兰特基金会大力支持)合作的过程中,我们创建了一个大型的游戏室,在这里不同年龄的儿童可以被观察到,我们用视频和音频来记录他们的活动。[8]我们同时记录了一小时时长的测验——在测验中每个儿童由专业的教育测试者呈现一种来源于实验室的认知任务。最后当儿童和教师处在他们日常活动中时,我们在这些儿童的教室里进行记录。我们充分意识到,我们取样的是一系列有限制的情境,但是我们希望我们的观察可以让我们讨论特殊的认知任务和行为是怎样作为它们所发生的情境的函数而变化的。

我们选取的认知测验代表了用来预测和评估学术能力或认知发展的测验。我们在尽可能的范围内找寻使儿童要做什么的更明显的测验指导语，并且我们设想了一些在学校和非学校环境中可能遇到的任务，并从这些任务中大量抽样。

我们的成套测验包括韦克斯勒儿童智力量表（WISC）中单词相似性的分测验的修改版本，首先由阿列克谢·列昂捷夫（1931）发展的中介记忆测试，用来测量冲动性的图形匹配任务，一个三段论推理的任务，一个采用常见的家居用品的分类任务。我们不抱有任何错误的想法：这一系列任务能彻底探讨儿童日常遇到的一系列可能的智力要求。但是，我们有信心它们与教室和社团情境相关。

我们开始在儿童们的教室中进行观察，来看看是否（a）我们可以详细说明儿童回答智力任务时的方式，以及（b）我们可以观察在测试的后一部分实施的任务的发生。我们对多种教室活动的样本进行录像：指导式教学（例如对动物王国进行分类的练习），个人学习时间（老师从学生身边走过，对作业进行检查和帮助），对课堂上产生的社会相互影响的问题进行小组讨论，以及个人的"自由时间"（在这段时间内儿童可以自己选择进行任何活动，例如画画，下棋，阅读和写日记）。

一开始我们受到了鼓舞，因为似乎可以在我们的教室观察过程中确认不同认知任务的发生。我们可以发现，像类似分类、自由回忆、配对联想学习等任务和一些之前已经充分研究的其他实验任务可以作为儿童活动很自然的一部分，尤其是在正规组织的课堂上。

我们可以确信的是，在课堂上遇到的任务与实验室中的任务是不同构的。它们都不是持续发生的；很长时间，似乎什么都没有发生。但是我们最初的结果显示，一些类似实验室中的任务也会发生在真实的学校情境下，因此我们开始进行跨情境的比较。

几个星期后，我们开始观察之前的那些儿童在课后社团中的行为。一半学生参加了重视自然活动的社团，而其他的人参加了烹饪社团。这些社团在洛克菲勒大学特别准备的游戏室里进行，每次持续一个小时或一个半小时到两个小时。学生的活动包括准备不同的菜肴（蛋糕、面包、一整顿饭），训练动物，培育植物，做电实验，以及一些类似"建造"的任务。儿童的行为不是被严格控制的，但是我们的确尝试建构活动，成功地完成这些活动依赖于从书面指导、社团领导和其他儿童获得的信息的变化。

这些社团活动最显著的特征是极少有可确定的认知任务。如果教室可以用穿插着可观察到的"什么都没做"的间隔的认知任务环境来形容的话，社团活动就可以被描述成带有在很少的间隔中穿插着不可确认的任务的混乱活动环境。但儿童并不是静静地坐着，陷入沉思。他们是活跃的、好辩的并且一直忙碌的。但是，我们想要发现的如分类、推理和其他任务甚至是在多次观察我们的录影带之后也不是那么容易觉察到。我们发现我们自己处在一个比较荒谬的情境下:我们在研究中感兴趣的、明显需要认知过程的活动是已经在进行(食谱被人们读,蛋糕被烘焙,动物被训练),但是我们不能确定这些目标是怎样以与智力任务直接相关的方式来完成的,而这些智力任务是以过程为导向的认知心理学的主干。

我们要首先来阐述一些问题:实验室中研究的认知任务实际在不同的教室和社团情境下出现的频率是多少? 我们可以表明在不同情境中遇到任务的儿童个人行为的相似性和差异性吗? 承认根据发生的情境,给定任务的严格形式会不同,我们可以详细说明情境怎样影响任务的特定形式和儿童对它的回答吗? 我们最初假设我们能够确认在实验室和教室之外的认知任务并回答这些问题,但这是错误的。但是,对如何确定和分析跨情境认知行为这个问题我们还没有明显的解决方法。

录像带转录的一些例子可以表明这个分析问题的困难之处。第一个例子来自于儿童争论他们的公寓里有多少间房子。多洛雷丝通过询问杰基她家有几间房子来开始记忆任务。之后她说她认为正确的数字是13。

1. 多洛雷丝:(指着杰基)她有13间房子,你没有。

2. 杰基:啊哈,我刚刚建了,我们刚刚建了一间浴室。

3. 迈克:他们减去了一间房子。

4. 多洛雷丝:(对杰基说)把它们全部数一下(多洛雷丝举起小指)。

5. 杰基:三间浴室(举起三根指头)。

6. 多洛雷丝:这不是房间。

7. 雷吉:他们是房间,是浴室。

8. 杰基:不,我在数浴室。我们一共有13个房间(伸出胳膊)。有两间(听不清)。

9. 多洛雷丝:(伸出三根指头)三,二(加了两根指头)。

10. 杰基:五(也伸出五根指头;多洛雷丝又伸出一根)。好(杰基也伸出六根指头)。

11. 多洛雷丝:不对,是五(伸出五根指头)。

12. 杰基:好(也伸出五根指头)。我爸爸和妈妈的房间。六(两个人都伸出六根指头)。我们还有(停顿)嗯……

13. 多洛雷丝:你的房间。

14. 杰基:我的房间和我哥哥的房间(两个人都伸出八根指头)。然后我们还有嗯……

15. 多洛雷丝:客厅(9根手指)。

16. 杰基:客厅(9根手指)。

17. 多洛雷丝:厨房(10根手指)。

18. 杰基:厨房(10 根手指)。还有我们吃饭的地方,我们吃饭的地方,11。我们还有,当我们走路(手指移动指着方向)(听不清),你走到这里。你知道(停顿)我们建了一间新房间。

19. 多洛雷丝:你已经数过它了。

20. 杰基:没有,我没有数过那间新房间。

21. 多洛雷丝:是的,你已经数过了。

22. 雷吉:是的,你已经数过客厅了。

23. 多洛雷丝:不,是新房间,你已经数过新房间了。(谈话继续。)

　　这里需要记忆,并且要数条目。但是信息可以来自于只要和团队之前的任务相关的任何地方。例如,我们可以看到,多洛雷丝(用手指)为杰基保留了一部分信息,积极地参与回忆过程,提供必要的信息(第 1 行,第 13 行),为杰基提供记忆术线索(第 15 行)。

　　当我们试图通过安排每个儿童和一个大人去城市中不同的有意思的地方,然后和他人一起吃午饭,来为儿童参与自由回忆创造一个自然的理由时,一个相当不同的例子就出现了。我藏在后面并为午餐做准备。因此,当我询问儿童他们去哪了以及他们看到了什么的时候,是个真实的问题,因为我不知道答案。通过预先安排,我们认同在尽可能的情况下,成人不要给儿童提供信息。

　　我问的第一个儿童说,她去了自然历史博物馆并且看到了恐龙。"你还看到其他什么了吗?"我问。她停顿了一分钟,看着陪伴她的大人并问他"还有什么?"大人说,"吉,我不知道,你还记得其他事情吗?"这个问题使谈话突然暂停了。儿童立刻感觉到了对话的人为性并拒绝回答关于她参观博物馆的更多问题。而且,让任何一个儿童都系统地回想他们早晨的活动是非常困难的。

　　尽管有很长的录音,但是我们可以从我们许多小时的录音中找到很多这样的例子,正如我之前提到过,特定的儿童遇到了一个"任务"并且详细说明他是怎样解决这个问题是根本不可能的。在可能的情况下,儿童这种交流的规则似乎并不是他们有智力障碍,而是询问其他人,改变话题,或者仅仅等待问题过去。

　　这种"看不见的认知任务"现象的一个有趣的例外是关注了那些被诊断为有学习障碍的儿童(见 Cole & Traupmann,1981)。我们对阿奇产生最初的兴趣是因为我们没有发现,直到第一年的观察后他说他有学习障碍而我们从我们同他的交谈以及对录像带的分析上都没有发现时。并且我们从一个询问我们阿奇在社团活动中是否有问题的老师那里也获得了这个信息。我对这种说法感到很惊讶。阿奇的同伴雷吉一直有人际困难,他冲进大厅并因此打扰了我的同事。但阿奇通常都是乐于助人且顺从的。

　　一旦我们知道了阿奇在加工文本上有困难,我们就开始注意到他有时候读单词会发错音(例如"spaghetti"读成"paschetti"),并且他经常依赖于他人来获得书面文本信息。阿奇在正式测验程序中经历过特别的困难，并且我们从课堂录音中注意到，他在避免被叫到回答问题上很有经验。他在特殊的社团会话期间我们举办的"IQ Bee"上也遇到了很多困难。然而，最有意思的观察来自于阿奇和雷吉一起学习的两个场景。这些会话来自一年中的晚些时候，那时我们开始意识到我们不能"看到认知任务的发生"的主要原因是，成人和儿童两方处于一种嘈杂但又紧密交织的劳动分工中。这种分工减弱了活动中的分裂状态。所以，我们开始通过找一些理由让大人少接触孩子来控制可能的劳动分工，希望可以在活动中产生一些共济失调，以此来让他们从事的认知任务更容易显现出来。

雷吉是一个很有能力的读者，但他在将注意保持在他手头任务上以及和阿奇合作上是有困难的。有一次，在阿奇让另一个男孩加入而将雷吉排除出团体的一个星期后，雷吉和阿奇被分到了一组而另一个男孩缺席了。录音揭示了阿奇处境的痛苦以及在处理这件事上卓越的能力。在会话的开始，雷吉故意拒绝帮助阿奇找他们需要烘焙香蕉蛋糕的信息。阿奇试图从在场的成人那里获得信息，但是大人们都找借口不帮助他，并且对阿奇没能听初步的指示而恼怒。在帮助阿奇将指示分解为几个项目后成人失去了耐心并告诉他自己解决问题。其他儿童也没有帮助他，在几次困惑和拒绝帮助后，阿奇开始哭起来。

雷吉一看到阿奇开始哭就同意帮助他了。从那一刻开始，一个显著的劳动分工就开始了。可以阅读但不能注意的雷吉在阿奇需要信息的时候把文本卡在他的鼻子下面，而阿奇积极组织雷吉参与到烘焙的过程中来，最终香蕉面包就做好了。接下来的一个星期，雷吉开始告诉阿奇他将会和阿奇合作，并且之前看到的认知的劳动分工又出现了。

## 对生态效度的进一步思考

在从我们对测验、教室和社团情境的比较中得到一些结果的努力中，我们受到了我们读到的E.C.巴特利特（1958）关于思考的书的影响。巴特利特区分了三种与问题解决的情境大致相关的思考。他先讨论了封闭系统的特性，这种系统有固定的目标，固定的结构，以及已知的成分。变位词问题、数字序列的推断、或者排列和结合的计算就是例证。

巴特利特将这种任务成分和提前知晓正当回答的封闭系统和两种开放系统进行了对比。首先，参与到实验思考的人们是处在探寻者而不是旁观者的位置上。他们有一个目标的概念，但是并没有标明什么样的反应是适宜的，也没有标明尝试实现目标的限制条件。

他们必须把任何可利用的工具添加到未完成的结构中去。"他必须使用的材料有它们自己的特性,直到他使用了它们,他才能知道其中的一些特性,并且其中一些特性很可能是在使用它们的过程中形成的"(p.137)。一个在病毒学实验室里寻找治愈癌症疗法的生物学家就是在开放的实验系统中工作的人的例子。巴特利特指出,在一个封闭系统中,回答就是回答;而在开放系统中回答只不过是在更大的感兴趣领域中新一步的详述。

其次,巴特利特讨论了一类描述日常思考的开放系统。"我的意思是,通过那个系统,大多数人为了一些理由,在那些活动中尝试去填补他们尤其感兴趣的可利用信息的空白"(p.164)。这种对空白的填补不遵循封闭系统或实验思考的限制,因此确定它其中涉及什么程序通常是很难的。

研究到最后我们得到的结论是,总的来说,标准认知心理学实验程序的运用意味着封闭分析系统被成功地实施在了更加开放的行为系统上。在行为符合预先分析分类的程度上,一个人可以在不伦瑞克的意义上实现生态效度。然而,我们的研究、西库里尔和他同事的研究(1974)以及其他人的研究已经表明,即使是心理测验和其他被假定闭合系统的认知任务也是可渗透、可协商的。在这个程度上,心理学家的闭合系统没有真正抓住开放系统的成分,这个成分是被假定建模的。实验的结果从系统上来说,也不能代表他们所抽取的生活过程。生态效度难题也就因为所使用的分析程序而变成一个施加于感兴趣的现象上的暴力问题。[9]从这个意义上说,我们认为,生态无效已经直接成为标准化测量程序自身的一部分了。

## 中期评估:活动中的认知分析

这里总结的三个实验表明,在这种相对复杂、多方的活动中分析与认知心理学家支持的方法相联系的行为确实是可能的。在瓦伊人识字实践的实例中,在某些情况下我们可以建构实践中包括的认知技能和知识的实验模型。这个研究有力地巩固了我在第5章中提出的"活动相关"的观点。在学前儿童语言使用的实例中,我们发现,以分类语言行为的理论驱动计划开始,我们可以准确指出在非正式地去超市以及接下来在教室里对同样的内容进行的展示——讲述环节的讨论,这两种情况下使用的语言是不同的。在指向生态效度的研究中我们发现,通过对一群在测验中、在教室和在课后社团中的儿童和成人的录像,我们可以清楚地分析三种活动中谈话和思考上的社会交互作用限制。我们认为,尽管这些情况很少,但在社团共同活动中的不时的劳动分工使看到人们参与(对心理学家来说)可识别的认知任务变成可能。人们安排和重新安排他们活动的情境的能力发展成为一种重要的特征来区分学校课堂和测验以及区分学校课堂和课后社团活动。

当然,我们的三个研究并不是唯一能阐明与日常实践相关的认知心理学实验的性质的研究。在过去的 20 多年里,许多认同我们对标准化跨文化研究的批评的学者已经发展了他们自己的策略来克服他们发现的不适当的研究和理论。

### 考虑场景的实验

西尔维娅·斯克里布纳创造了一个新词"考虑场景的实验"来阐述实验和自主组织的活动之间的关系。她的观点是实验任务本身经常作为情境的成分而发生(这里注意,她在这里运用的是"把情境作为优先限制"的情境版本),因此研究的目的应该是设计能够"自然地考虑情境"的实验,这个实验要与分析的活动相关。瓦伊语项目是这个策略的例证。

倡导文化心理学应关注情境和意义的首批跨文化心理学家之一的道格拉斯·普赖斯-威廉姆斯(1975),提出了"累积的步骤"设计来连接自然发生的事件(也就是事件是有理由发生的,而不是由于心理学家的便利)和传统实验。他把事件分为三类:一个人被要求完成的任务,材料,以及社会背景。随着其中一个或几个成分因为习惯的状态而改变,实验就越来越像标准形式。

20 世纪 70 年代中期所做的两个研究揭示了这种方法。卡拉·蔡尔兹和帕特里夏·格林菲尔德(1980)在南墨西哥兹纳坎提织工中做了模式—代表和模式—完成的实验。"熟悉的"任务是使用棍子去代表目标形式的条纹来复制传统的红—白模式。蔡尔兹和格林菲尔德发现,那些在 8 岁之后一段时间开始纺织的女孩在她们复制模式时就像她们在纺织时一样精确,但是她们在完成不熟悉的模式时就会遇到困难。

在珍妮·拉弗(1977a,b)所做的实验中我们也可以看到这种方法的应用。拉弗在我们开始着手瓦伊语研究的不久之后也访问了利比里亚,并且决定开始她自己的研究项目。她想要比较在处理不熟悉的问题时裁缝所使用的在他的日常生活实践中所获得的数学技能的程度。她还对影响裁缝的解决问题的数学能力的正规教育经历感兴趣。她的兴趣点与我们的有很多共同之处。

在观察裁缝和进行预实验一段时间之后,拉弗想出了一系列的任务,这些任务从在裁缝铺里特别熟悉的到特别不熟悉的。一些不熟悉的问题实际上与在学校教学中使用的应用题相似,而其他的一些问题可能在任何环境中都没有学过(例如,一个任务是让被试匹配两个印在卡片上的数字的比例)。

我们用表现分数的多重回归分析来确定,在遇到多种问题时,几年的学校教育和几年裁缝经历所产生的相对影响。当问题是在学校教育和裁缝经历中都不熟悉时,没有变量可以影响表现。对于基于学校练习所建构的问题,几年的学校学习在预测表现上比裁缝经历更重要,而对于基于裁缝实践所建构的问题,几年的裁缝经历比学校教育更重要。结果的形式表明"问题解决技能的划分是在不同的情境下学到的"(1977b,p.179)。

这个研究带给讨论的一个重要的因素是,它强调了保留分析实验和日常生活之间的平衡的重要性。拉弗批判"实验中心"的观点,这种观点是当认知心理学家想要建构被分析的系统的特性时所拥有的特别的特权工具。

**明确指定的领域的优点**

之前例子的一个重要特征是,尽管设计任务来模拟文化实践的各个方面,但主要数据却是来自于人工构建的任务。其他的努力更多地直接聚焦在特定的认知活动分析上。

H.J.里德和 J.拉弗对我们理解这些讨论的认知分析中所产生的条件作出了重要贡献,这些认知分析围绕瓦伊裁缝在数学问题解决时运用瓦伊和英文数学系统的方式。他们认为"算数领域的系统特性使当特定问题引起特定回答时产生的对问题解决程序的强有力的推断成为可能。几乎没有人类活动的领域(除了语言是值得关注的外)会足够正式来提供这个机会"(p.568)。[10]

拉弗第一次在她学徒制训练和正规学校教育的认知结果的研究中利用了这个观点。之后她把这个观点用在了与超市形成鲜明对比的研究中,并用学校中所教的数学来衡量观察者的数学。一个被讨论过很多次的例子是,一个人要算出四分之三又三分之二杯松软干酪,他先估计出四分之三杯,然后在这四分之三杯中估计出三分之二杯,而不是直接取出二分之一杯,对这个例子的分析提供了一个清晰的实例,在这个实例中,数学的结构为参与者解决任务,以及为分析者对他们的问题解决活动发表一些系统的观点提供了工具(Lave,1988;Lave,Murtaugh,and de laRocha,1984)。

坦乃志纳·卡拉赫,戴维·卡拉赫,安娜露西娅·施利曼以及他们的同事在巴西累西腓①为我们提供了许多与使用数学的社会实践相联系的认知分析活动的例子。他们的研究是在儿童小贩中进行的。他们所使用的方法之一是接近市场中的儿童并问一些潜在购买的问题。下面的例子是卖椰子的 12 岁小贩,三年级的 M。(采访者被称为顾客):

顾客:一个椰子多少钱?

M:35。

顾客:我想要十个,一共多少钱?

M:(停顿)三个是 105,再加三个是 210。(停顿)我需要再加四个,那就是……(停顿)315……我想是 350。

研究者似乎可以合理地认为儿童解决问题的形式是 105+105+105+35。儿童最初怎样得出的 105,是 35+35+35 还是 35×3 是不太确定的。但他们肯定的是这个过程不

---

① 伯南布哥州的首府,巴西第五大城市。——译者注

是在学校中学得的,学校中所教的过程是 10 ×35。

这个例子完美地在"日常互动中"使实验"考虑了情境因素"。这可能因为在这个例子中,心理学家感兴趣的(算数)任务被文化习俗紧紧地限制了。儿童回答成人的问题仅仅好像它从儿童的观点看是"真实的"。这里我们得到了事实上完美的生态效度,一种"自然"任务与心理学家施加的任务的一致。[11]

累西腓团队和其他研究者把他们的例子扩展到一种日常实践的领域,包括建筑行业和多种职业,以及学校教育和正式实验(Bremmer,1985;Carraher,1986;Saxe,1982,1985,1991)。这些研究中的许多研究都表明,受过学校教育的人会在学校外的情境下使用在学校中学到的算法和步骤。相反的情况也会发生。例如,在贝齐・布雷默(1985)的研究中,瓦伊儿童使用的是在裁缝和木匠中发现的策略(比如减少乘法而进行一系列的加法)以及以学校为基础的策略。另外,那些被观察到使用最不同策略的人测验分数最高。杰弗里・萨克斯(1982)也观察到奥克萨珀明儿童使用奥克萨珀明身体计数系统来想出学校课堂中的回答。

文献中一个引人注目的发现是当在学校和日常实践中都遇到相同的算术问题时(测量布长、卖椰子或糖果),在日常实践中的解决效率更高一些(Carraher,Carraher,and Schliemann,1985;Lave,1977a,b;Scribner,1984)。对问题解决过程的仔细研究揭示了(正如上文描述的卖椰子的例子一样),人们发展出一种专门的策略来处理日常遇到的问题(分解问题,重组数字,以及各种其他简化他们计算的经验法则)。

除了获得简化的策略,有经验的人还对导致不合理回答的错误很敏感,因此他们可以采取正确的测量方法。有经验的实践者实际上从来不会想出荒谬的回答,而那些在学校中学过所有算法的儿童却会经常这样。

尽管现在在什么是课堂教学组织的课程方面没有达成精确共识,但这个研究的大量发现都与我们如何考虑课程的组织有关(参见最近在关于解释日常数学对学校教育的重要性的论战:Brown,Collins,and Duguid,1989;Palincsar,1989)。在当前情境下,最让我感兴趣的是这种证明,即证明当一系列逻辑上闭合的文化习俗是活动的主要部分时,分析联合活动是有帮助的。

在文化实践结构中的实验

尽管通过数学模式的中介活动被证明是最有成效的领域之一,在这个领域中人们对日常思维进行认知研究,但分析学家又表明:利用由文化实践提供的其他结构来源是可能的。例如乔伊・史蒂文斯(1990)对快餐店女服务员的研究。通过在这个工作场景中的参与式观察,史蒂文斯证实:女服务员们(同时为十个客人提供服务)会为应对诸如记录客人的点单、将客人点单传送到后厨、估算从后厨到客人的传送时间这样的工作建立起一套复杂的策略。这些女服务员利用各种各样外部的记忆辅助工具(订单纸/收据;客人面前三明治、饮料和甜点;客人的位置)来了解哪位客人会在什么时候需要什么东西。史蒂文斯稍微介入到这个场景之中:她安排了五个同伴到这家餐厅吃饭,创造出由安排好的项目排成的策略上平衡的列表,并且她还说服女服务员带上无线麦克风,这样就使得她们叫单的顺序能够被跟踪记录下来。这个增加的小设备能够让她分析女服务员用怎样的方法去把那些她们要记住的项目归类。分析得出,不是顾客,而是菜品的种类和顾客的位置被归在一起,作为记住哪位顾客在什么时候需要什么这项复杂工作的一部分。

比奇(1993,1995)、哈钦斯(1995)、川床(1995)、上野(1995)、斯克里布纳(1984)、古德温(1994)、萨奇曼(1987)还有其他人进行的许多研究也使一个关键点越来越清晰,即对当地实践有着充分了解可以为情境中的认知分析提供强有力的基础,这些情境没有和认知评估一起被设定为目标。

### 展现发展的动力

谈论到以活动为基础的传统中所做的跨文化实验,杰弗里·萨克斯(1994)指出,它很少揭示关于发展变化的实际机制的很多东西。使用数学的力量来分析数学领域可利用的日常实践,萨克斯已经能够研究巴西卖糖果儿童中的发展变化的社会文化动力(Saxe,1991)。

与 6—15 岁儿童一起工作,萨克斯能够研究到包括操纵比例这样更复杂形式的数学的发展。由于巴西的高通货膨胀,材料的复杂性也增加了,这创设了一种儿童需要操纵大量资金的情境。

萨克斯(以努内斯、施利曼、卡拉赫的研究为基础,1993)开始分析日常实践。他发现卖糖果是一个包含四个阶段的周期(批发糖果,给糖果定价,卖糖果,为下一个周期采购新糖果)。每个阶段都会产生一系列数学目标。

萨克斯证明,产生的实际的目标依赖于儿童先前的知识以及他们作为一份子的团体的社会互动的种类:经常是年幼的、能力不足的儿童在某种程度上受到大一点的儿童以及成人的帮助,这让人想起了维果茨基最近发展区的概念。文化方面的人工制品也在儿童寻求实现的目标中起到重要作用。一个例子是以比率的形式来为糖果定价的传统。(例如,三包糖果卖 500 克鲁赛罗①,或五包糖果卖 1000 克鲁赛罗)。这些传统既简化又复杂了儿童的交易,而这取决于一个人考虑的是活动的哪个阶段(例如,这使卖糖果变得方便,但却使在准备售卖时计算利润变得复杂)。

随着儿童年龄和经历的增长,萨克斯观察到在完成新的数学目标中文化形式的变化。反过来,这些变化依赖于儿童的社会地位和已有的技能:年幼的儿童在活动的售卖

---

① 巴西的货币。——译者注

阶段有优势，因为他们很可爱，但是年龄大一些的儿童更擅长多种数学计算。因此年龄大一些的儿童帮助年幼的儿童来进行困难的计算，直到年幼的儿童可以自己谋生。作为承担着更多责任的卖者，他们还要开始承担更难的认知任务；例如，他们开始不仅在卖糖果时使用比率价格，并且在计算利润时也这样。

本章中所呈现的证据表明，模仿日常实践创造实验任务，以及当日常实践受到很多的约束，或当合适的形式可利用时，在正式的实验任务之外对认知过程进行有效的分析是可能的。在一些情况下（当涉及录像或录音带数据时），需要进行分析的程序可能是相当艰巨的，并且对当前呈现的许多情境和许多有趣的心理学问题的认知分析并不存在。然而，对于一些发展学家主要关注的认知领域（尤其是现代教育实践的内容的领域），已经证明了执行扩展的文化—历史理论需要的多种认知分析是可能的，而这种理论是我在第5章中开始展开的。

下一个挑战是证明，除了为开始于文化组织日常活动的分析的人类发展提供一个似乎合理的描述外，文化—历史活动理论还可以作为解决关注当代社会的实践问题的有用工具。这就是我现在即将关注的任务。

注释：

1. 这个讨论重点关注的是科尔、胡德以及麦克德莫特（1979）还未出版的专著。

2. 其他关于生态效度观点的重要来源包括，认为社会情境对行为的影响的研究对当前仍有影响的罗杰·巴克，以及J.J.吉布森，他声称知觉研究中的重要问题是，要解决与其说对感知者的关注，不如说是对环境，特别是日常生活安排如何给一个人"提供"感知的信息。

3. 考虑不伦瑞克会面临何种问题，会使他被迫地继续进行而没有任何解释的资源。如果他基于近端的或远端的线索获得了关于恒常性模棱两可的结果，他会左右为难。或许他想要通过综合近端和远端线索以得到现实生活中的知觉；他可能会辩解说他的被试在某种程度上来说是不典型的。他可能已经开始担心他的问题的效力，这个问题是作为在现实世界的环境中诱导被试参与他在实验室中已经成功完成的任务的一种手段。

4. 在我们的研究开始不久之后，施瓦茨和泰勒（1978）在他们验证标准化成就和IQ测试的讨论中提到了这一点："测试会引起同样的行为，正如相同的任务会嵌入真正的自然情景中一样吗？……现实是一个晦涩的概念。物理和认知心理学都告诉我们，人类与现实世界的相互作用通常—有些人说仅仅—由告知旁观者视角的模型调节。更进一步来说，甚至跨情境的相同任务也需要任务结构的模型。在缺乏这种模型的情况下，一个人不会知道等价性存在于何处"（p.54）。

5. 福特基金会和卡耐基基金会支持了此项目。

6. 调查工作是在伊桑·格雷戈尔、罗伯特·施瓦茨和伊丽莎白·许-汉娜的协助下进行的。迈克尔·史密斯做了瓦伊人识字的乡村人种志研究。

7. 我与洛伊斯·胡德、雷·麦克德莫特和肯·特劳普曼合作进行这项研究,这项研究得到卡耐基公司的支持。

8. 运用这一设备对其他项目进行描述,参见米勒(1997)。

9. 扬·瓦西纳和劳拉·贝尼尼(1986)认为(在我看来是令人信服的),生态研究必须以生物有机体(如智人的例子)是开放的系统为前提,以及以生态研究必须研究有机体及其有意义地建构的环境(它的文化情境)之间持续的交流为前提开始。

10. 约瑟夫·格利克(1991)提供了一个思考这一问题的有用框架。他认为,在某种分析工具以及被分析的现象的结构之间存在着一种权衡:"如果分析工具有弱点,就需要通过最严格的、封闭的系统方法来获取'强大'的数据。然而,如果有好的分析工具,你就可以对进入系统的数据放低标准。"

11. 我们对比学龄前儿童在教室和在超市中使用语言的研究运用了里德和拉弗语言的例子。

# 第9章　活动系统模型的建构

第8章的研究里提出了两种基本策略来应对各种复杂的、多人互动类型的活动,心理学家认为我们的日常生活都是由这些活动所组成的。第一种是使用日常事件作为灵感来源的实验模型,例如:Vai 的识字能力研究和史蒂文斯关于服务员回忆的研究;第二种是观察行为场景的兴趣,并且从形式主义的角度来分析它,例如:言语行为理论、算术规则或常规的心理学回忆任务。

尽管这些研究都各不相同,但它们都属于"基础研究",因为在这些研究中,研究者们并没有刻意运用理论原则来改变被研究对象的生活状态。可以肯定的是,每一个研究中的基本原理都涉及一些社会问题,例如:Vai 的识字能力研究试图通过兴趣培养来促进非洲农村地区经济和教育的发展,城市儿童在教室和超市两种不同环境中言语和认知能力发展的对比研究,以及直接影响教育问题和应试问题的生态效度的研究。

在本章和下一章的内容中,我们将运用理论原则作为指导,进一步为大家介绍活动是如何建立的,这里所说的活动是指以教育为目的的活动。因此,心理学家所运用的传统范式都可以被认为是应用文化心理学的案例。然而,心理学研究基础和应用两种标准划分并不适用于文化—历史心理学。正如第4章中我们提到的,俄国的文化—历史心理学家声称,在实践中,他们能够运用自己的原则为理论分析提供基本验证。

在这一章中,我们所讨论的两个研究都十分强调理论联系实际的方法论。第一个研究涉及与某教师团队合作,目的是把我们的想法和所要研究的认知任务融于课程,与教师共同完成课程和研究任务。第二个研究则侧重于课外学习障碍的矫正和改善,其中我们力求全面实施我们已设计好的活动,同时保证参与儿童能够从中获益。

## 不同场景中的相同任务

在我们研究组与课外兴趣活动组的合作中,我们深深感到心理学家通过实验提出认知程序的能力与正规学校教育的社会安排之间有着密切的关系。认知任务是有目的、有组织的,它是在活动中产生的,并且是在学校教育中通过回答老师的问题和任务测验这一特殊的方式产生的。在这种条件下,任务的定义相对简单、直接,因为课堂互动或多或少都会受到类似认知心理实验的约束。

这种推理表明我们以前所研究的认知任务可能误入歧途,与其去寻找发现认知任务,不如在不同实验情景中进行相同的任务,然后观察其在活动中重组、转化、分散甚至消亡的过程。这样,我们才有机会去更好地研究实际的社会工作中的认知任务。

我们所采取的策略是在一开始与教师合作建立课程单元,使认知任务具体化。[1] 在为期两年的课程学习中,我们建立了诸多科目:科学课程中的实验单元(电力学、动物学、家用化学)、数学(长除法)、社会学(美洲原住民)。每个单元中,我们还在不同的社会环境中安排了"相同的任务":大组课程、小组活动、辅导课以及课外兴趣小组活动。对于三四年级的学生来说,每个单元的内容都实现了一部分官方规定的教育目标,例如:家用化学单元可以帮助学生了解自然科学,而这一提议是来自一位老师对于混合清洗溶剂可以引发火灾和其他家庭安全隐患的担忧。我们很乐于接受这个想法,因为它与著名的皮亚杰任务的密切相关。

我们设想在不同的教学环境(小组学习,一对一辅导等)中,课程目标的实现恰恰利用了常规逻辑图式(Gick and Holyoak,1980)作为"同构"问题。通常,这种"同构"问题的研究主要局限于单一的社会背景下,而实验者与被试的关系和兴趣则集中在问题和内容的变化上。在我们的研究中,尽管也会改变案例中的实验内容,但是,在相同任务但不同社会结构条件下针对相同的逻辑结构问题而才是我们的首要关注点。

通过对皮亚杰的变量组合任务的分析,我们认为程序和结果的取得都受益于这一策略。在一对一任务和成人—儿童合作的任务中,先给儿童展示几组卡片,每组卡片上都有不同的影视明星,首先展示四组,要求儿童尽量将这些卡片上的明星进行配对(找出一切可能的配对)。当儿童尽可能多地完成这一任务之后,成人开始利用系统的检查程序,通过提问的方式对儿童进行训练,检查是否有遗漏的配对("你是否找出了关于 Mork 的所有配对?""你是否找出了关于 Elvis 的所有配对?"等)。检查完成之后,把四组卡片收回,接着开始以同样的程序进行第五组卡片的配对,呈现卡片之后,要求儿童找出所有可能的配对,然后成人对儿童找出的配对进行提问检查。完成五组卡片任务之后,再进行第六组,依次类推。

当儿童完成了一部分或者全部的配对(包括特殊卡片的配对)后,我们会对儿童的表现计分,例如1&2,1&3,1&4;或者2&3,2&4。完成得越多,分数就越高。对于三四年级的学生来说,尽管在完成检查程序之后,他们可以运用系统的策略进行配对,但很少有学生能够在不借助外界帮助的情况下自觉运用检查程序。

完成上述任务之后,这些儿童还要参加一个小组活动。小组由三到四成员组成,要求是找出烧杯中的化学合成物。每组有四个烧杯,为了帮助辨认,烧杯中没有颜色的物体已经被标记出来;实验还给儿童分配了一排试管和两张纸,要求儿童分别在两张纸上写出"化学合成物"和"发生了什么"两种答案。化学物质被选出来之后进行混合就会产生一个独特的结果。实验开始之前,老师会先请一位同学大声朗读活动要求和规则,然后，儿童要尽可能多的找出可能的配对组合且不能重复，同时，强调每个同学独立完成任务。

由于儿童在完成影视明星配对之后，还要完成化学物质合成任务，因此，我们可以将儿童在两种实验条件下的表现进行对比，但是，两种任务的不同社会背景是显而易见的。

在影视明星配对实验中，儿童和成人的分工相对来说比较清晰，因此，在实验程序中，我们可以知道哪些任务是儿童自己做的，哪些任务是通过外界帮助完成的，但是，在多个儿童化学物质合成的实验中，实验任务比较复杂，没有明确的分工，因此，我们也很难确定每一个儿童对最终的实验结果贡献了多少，理解了多少。

例如，如果一个儿童负责化合物的合成，另一个儿童负责记录，那么就不代表负责记录的儿童也理解了这个结果，这种困难直接来源于老师给予儿童的额外自由，它也证明了即使是完成相同的任务，但是由于环境不同，我们也很难对结果作出定论，因此，环境对于结果的影响要远远大于任务。然而，我们发现多人活动中的变量组合任务揭示了一个新的现象，那就是标准化的任务和实验程序常常会被掩盖——儿童第一时间并不能找到任务目标。当儿童在进行标准化的化学物质合成实验时，我们也会意识到这样一个问题：怎样使每一个儿童都有均等的实验机会呢？这一问题在标准化的实验中是无法解决的，只有儿童轮流进行实验并且对任务分工进行严格划分，而后儿童才有可能将他们的注意力集中在实验任务上。

没有证据能够证明儿童能从一开始就能把注意力集中在实验任务上，因此，更多的争议是来自于实验任务的公平分配，而不是实验内容本身。一旦儿童解决了社会公平问题，并且成功找出了一些化学合成物，我们则会考虑是否还可以进行其他的实验程序。在这些实验环境中，儿童将会自由表达他们对于找出化学合成物的想法，因为他们需要通过与同伴的交流来维持社会秩序。

相反，在一对一的影视明星配对中，我们可以很清楚地观察到哪些是儿童自己完成的，哪些是在成人的帮助下完成的，但不能证明儿童完成目标是受到成人的影响。虽然儿童在成人的帮助下能够完成配对任务，但是由于有了成人的帮助，这个任务就不是一个社会问题了，因此也很难对儿童的贡献作出评估。

即使我们再重新设定一个新的特殊环境，这种"相同任务"的不稳定性依然会存在。米恩和玛格丽特·里尔设计了一个校外的变量组合任务，这个活动叫做背包熊。在这个任务中，主试要求儿童假想自己要进行为期几天的徒步旅行，需要选择每天的餐饮，每餐都有两个荤菜和几个配菜（胡萝卜、黄豆、豌豆等）。在活动中，儿童可以选择不同的荤菜和配菜。但是，儿童只会选择他们最喜欢的配菜而忽视其他的任务，对于这一结果，我们毫不意外，这也提醒了我们，活动中"任务"的存在必须是共同完成和维系的。

在化学合成物单元还有另外一个部分就是教师会对儿童的知识进行评估,这也为我们提供了一个重要信息,评估阶段是为儿童进行化学合成任务做准备的。在本研究中,我们会把 4—6 个儿童分为一组,老师会给儿童提供动手的机会并做记录。起初,老师希望这个活动有一个总结阶段,让儿童讨论化学反应的过程和不同的化学合成物,同时,老师也为儿童准备了一个完整的实验程序,使得儿童在实验过程中表现出来的一些技能和得分能够被记录下来。

结果,实验一开始,老师的目的和学生就完全分离了,老师忙着准备即将到来的实验,当然,学生对即将发生的一切毫不知情,他们只是兴奋地讨论着那些即将分发到他们手上的化学物质。

实验的程序是,儿童先将两种指定的化学物质混合在一起,然后记录下反应。因为有两种不同的化学物质组合,所以儿童需要进行两次混合,老师则在必要之时监督和指导每组的实验。

我们还要通过两种子任务来记录老师帮助儿童的情况:将两个烧杯的物质混合,记录反应结果。在每一个子任务中,我们要区分出高程度的帮助和低程度的帮助,这样可以为我们的实验提供更全面的信息。对于每一个子任务,我们会通过两种方法来记录:"需要帮助"和"需要帮助但没有求助",因为在很多情况下,当儿童并没有求助时,老师提供了帮助,而此时儿童确实是需要帮助的。例如,老师会告诉儿童应该把哪两种化学物质结合在一起,并提醒他们做记录,此时,我们应该评估儿童是否需要帮助。结果如图 9.1 所示。

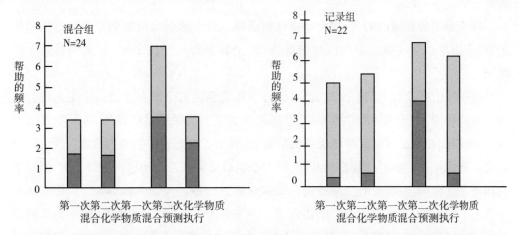

**图 9.1**　左图为儿童被要求混合化学物品时获得帮助的数量,右图为儿童被要求记录结果时获得帮助的数量。深色部分为儿童需要帮助并求助后得到帮助的次数,浅色部分为儿童在需要帮助却没有求助的情况下得到的帮助的次数。

在结果中,我们可以发现一些非常有价值的信息。首先,所提供的大部分帮助都是模糊的,同时,儿童并没有发出明确的求助信号;其次,从第一个问题到第二个问题,高程度帮助是呈下降的趋势,说明儿童在实验中的学习技能有所提高;最后,即便是在儿童没有求助的情况下,老师也提供了很多帮助。

为了对这一互动结果有更好的理解,我们对老师进行了采访。关于提供很多帮助的问题,老师说这节课本来是为下一次要上的课做准备的。她很担心儿童记录时的表现,因为这方面在她在介绍活动时讲的很少,而记录其实是下一节课的重点内容。关于儿童没有求助,老师却提供了帮助的问题,老师回答,这是因为她希望学生在下节课上能确保正确完成所学的东西。因此,在这里我们可以看到第7章中我们所讲到的期待效应,老师的行为会受到对未来期待的影响。

在这个活动中,我们还发现了许多其他有趣的结果,这里我们只选择上述一个案例,这个案例很直接的说明:不确切的定位和对未来的预期作为一种文化特征,会对我们的活动参与性和认知产生影响。这个课程单元是由老师玛丽莲·坎萨和研究者安德里亚·佩愁匋共同设计的(Petitto,1985;Newman,Griffin,and Cole,1989,ch.6)。

这个过程是为了之后给四年级的学生上长除法课,他们是第一次接触到长除法。这个课程包括两个阶段,第一阶段,老师会在黑板上提出一些问题,然后由儿童给出答案;在第二阶段,儿童如果需要,可以在老师的帮助下解决问题。老师希望学生能够学到基本的一些乘法(例如:7×6=42)和简单的除法(例如:? ×7=42,答案是6)。在这节课中,老师会介绍一个新的内容就是余数,余数适用于无法整除的情况,例如:7×? =46。在这样问题上,老师告诉学生这个问题的解决方法和简单除法的解决方法是一样的,先找出一个与7相乘小于46但最接近46的整数,用46减去相乘的结果,找到余数。

即使是了解长除法的人,这个解释也很模糊。对于第一次接触到这个问题的学生来说,即使他们学过乘法表和简单的除法,对余数也有一定的了解,但这仍然是一个难题。

在一次由几位日本同行参加的会议中,安德里亚说对于没有学过的学生来说会更难。她解释说,对于四年级学生来说,掌握乘除法之间的关系是很难的,为证明自己的观点,她假设在学生理解乘除法关系的情况下,展示了教师和学生围绕除法问题进行的讨论。安德里亚的解释让我豁然开朗,因为小组成员会就某一问题讨论好几次,但日本人却不是这样的。最后,有人举手提问要求解释这一新的概念"gazzinta",安德里亚不知道怎么回答,她用缓慢而夸张的语调说:"进来",然后向大家演示关于46是7的多少倍这一问题的整个过程。虽然仍有几个日本人对这个问题很困惑,但是我们却发现了英语和日语的有趣结合。最后我们发现,每个人都认为,学生在遇到一个新概念时,理解这一概念要比同化这一概念要快得多。对于四年级的学生来说,第一次遇到长除法所遇到的困难比日本同行大得多,因为日本同行学习过除法,并且熟知商数的评估过程。学生在看到"gazzinta"这个词时,会像一个学者一样去查找,然后记下它的意思,但是老师不会说这个词的意思是什么。一般来说,如果一个人不理解这个词的含义的话,他也不会对这个词给出明确的解释。"Gazzinta"这个词是乘法和减法的结合所组成的一条线。

针对这一困难,老师给出了一个万能程序,学生可以利用这个程序来找到答案。例如:17÷3,如果学生无法算出商是 6 的话,老师可以让学生在乘法表中找到除数:1×3 = 3,2×3 = 6,等等,通常,老师会把乘法表也写在黑板上,以便于学生运用。在学生练习解决几个问题之后,他们就开始寻找捷径,但仍然要利用乘法表。通过反复练习,有些学生已经能够和成人一样灵活运用乘法表快速解决问题了,但只有很少一部分学生能够如此熟练的运用。

当儿童可以熟练运用乘法表解决问题的时候,我们发现了一个奇怪的现象:对于同一个问题,老师和学生的关注点是不同的(例如:老师讲的是商,而学生关注的是被除数),但是如果谈话中没有明显的中断,学生是可以算出正确答案的。如果老师和学生之间可以很好协调,那么他们之间关注点的差异也是被允许的。

这些发现以及与其相似的观察都是我们对认知任务的概念有了新的认识。我们最初了解的认知任务的概念只强调要达到的目标和达到目标的种种条件。现在看来这种看法并不适合我们观察到的种种交互的多变性。不仅实现目标的条件会随着环境和时间的改变而改变,而且目标本身也会消失、出现和变化。

此外,对这些任务的理解因不同的参与者的不同视角而异。即使是标准心理学实验任务,不同的参与者也会有不同的解释;这也是为什么看似是"官方"认可的解释仍会遭到很多非议。在这种框架中,没有执行"不同类别"的任务,只有在执行同一任务时表现好坏的区分。

我们认为不能把认知任务看成是一个一成不变的东西,他们更像是参与者用来对当下情景释意的一种工具,像小说一样的一个策略性或合理性的推测。在这个意义上,一个认知任务通常扮演的是像凯瑟琳·纳尔逊所说的脚本中的角色,它是对人际关系、公共资源的协调行动,我们没有必要在人际人工制品和内部认知表征这两种脚本间找到一一对应的关系。

在第 8 章我们介绍了课外兴趣组儿童的研究,我们已提及并相信认知心理学的标准程序缺乏生态效度。在此,在完成该追踪研究项目时我们也得出类似的结论,这一结论现在已经应用到与基础心理学研究相关的教学实践中了。从事诊断测试或学习实验的心理学家和从事课堂教学的老师们所参与的活动的形式是完全不同的。心理的、教育的认知研究应考虑在成人—儿童一对一的互动中去鉴别和诊断孩子的能力和评价教学过程。如果孩子感到不悦,她随时可以离开实验回到教室中,也不会因此受到任何惩罚。

老师需要同时管理 25 或 30 个儿童,期间,老师还需要评估他们当前的知识和技能水平,因为老师需要创造一些条件,以此提高他们的知识和技能水平。至于像"是否给予了学生太多帮助"这样的问题对老师来说似乎不太重要。但是,如果学生得不到鼓励,想放弃学习,或者感到不安,因此逃离课堂,这对老师和学生来说都是一个很严重的问题。从这个层面上来看,教师往往发现教育心理研究的成果远离他们的日常工作,如果研究不能为教学服务,教师的这种感受和指责也就不足为奇了。

## 阅读指导的"再中介"

在第 8 章中,烹饪活动研究给我们的深刻印象是,阿奇的阅读能力不佳,但这不代表他没有学习能力。基于对这一问题情境的兴趣,我们打算运用"相同任务,不同环境"的方法来探寻儿童学习能力的缺乏的原因。[2] 为此,我们特意选取了一个班级的儿童,这些儿童均被认为有学习障碍(learning disabled,LD),并对这些儿童进行至少为期一年的深度研究。每一个儿童所处的环境都是相同的,并且由研究学习障碍的专家对其进行训练,这些训练包括各种场合的训练,有在学校的,也有在家里的。同时,每个儿童还要完成学习障碍标准化测验,并且接受大量的认知技能训练。

研究开始进行得很顺利,我们选出两个不同生源地学生的学校,然后对学生进行测试,筛选出有学习障碍的儿童,并且请到几个从事学习训练的专家,本研究计划将两个学校分别看成是两个组,一个学校是进行认知训练的学习组,而另一个学校则是控制组。在学习组,我们将会对学生在不同场景中的表现进行观察,还会要求学生完成标准化的测验来对儿童进行了解,通过测验我们发现,有些儿童存在典型的学习障碍,而有些儿童则没有。

然而,没过多久,老师开始对我们的研究感到很反感,认为我们的工作干扰了他们的教学,而且很不欢迎我们,因为老师们平日教学任务繁重,而我们的研究又没有让他们看到即时的回报。尽管负责分管这项工作的老师很支持,但是班级的任课老师还是不看好我们的研究,他们甚至认为从我们的角度来看,这个研究也是毫无价值的。因此,我们打算在第二个学校进行研究,但是让我们感到很苦恼的是,这里的老师也不支持我们的工作。

我们非常能够理解老师的态度,为了尽一切办法提高学生的成绩,他们自身也面临着巨大的教学压力。学校颁布了新的课程标准,要求老师把每一天的时间精确分配给每一个学科。如果我们能够保证我们的研究在提高学生成绩方面比他们自己方法更有效,那么,他们也许会支持我们的工作,但是显然我们并不能保证这一点。

为了解决这个问题,佩格·格里芬和巴德·米恩与老师们进行了谈话交流,最后,老师们勉强同意了继续我们的研究,但是他们对我们的研究限制增多,而这会彻底破坏我们的研究。

这样的话,我们的研究根本无法进行,但是,我们既不愿意放弃研究,也不愿意在这种种限制中进行研究,因此,我们将研究进行的时间由课内改到了课外,我们将用自己的课程内容创建一个课堂,并且将学生在课堂内的表现与课外的表现进行对比。

学校允许我们使用图书馆,因此我们会邀请之前就被列为研究对象的儿童参与到我们的活动中来。1981 年 12 月 7 日,我们为这 24 名儿童开设了"菲尔德课外学园",而他们中几乎一半人都符合学习障碍的临床定义。

在研究之初,我们会教儿童一些基本的阅读方法(LCHC,1982),这个阶段持续了一个夏天,后来又继续进行了两年。简单来说,这项研究由佩格·格里芬组织进行,我们建立了四个教学模块,每一个模块都有清晰的阅读要求。[3]学生被分为两组,每组 12 人,训练时间为周一和周三或者周二和周四,每个模块为一个小组,每组六个人。

我们经过努力所获取的重要经验教训之一是课程的设计和实施花费了太多时间,如果没有佩格·格里芬的精心设计的话,这项研究有可能会以失败而告终。相反,在每一个课程模块进行的过程中,在对于儿童所表现出来的问题,我们发现了很多有趣的信息。

也许我们开展这一研究的另一个主要教训是把阅读指导从课内调到了课外。因此这一活动由学校强制变成了自愿。洛克菲勒大学的课外俱乐部活动情况也是如此。但是我认为这边俱乐部的课程太少了,每周只上一次课并且不具有强制性,很多学生把这些课程活动只当做是娱乐。我们怎样才能找到一种阅读指导的方法,让这些已有两到四年阅读障碍的孩子依然觉得阅读有趣呢?

我们试图通过小组活动的方式使我们的课程变得更有趣,调动更多学生的积极性,对于没有参加阅读训练的学生,我们会安排他们玩一些电脑游戏,如果学生有违反纪律的行为,我们会予以制止,我们主要是想通过这种方式来间接制止违纪行为,并设计一系列深受孩子喜爱的教学活动(例如:绘画或者扔纸团)。只有当人身安全受到威胁时,我们才会立即采取行动制止。在课程中,学生可以根据自己的意愿来进行参与。仅有一例是我们拒绝了这名儿童的参与,原因是他对自己和研究人员都表现出一些伤害行为。极少数情况下,我们需要护送孩子回家。一般情况下,孩子们都很喜欢我们的活动。

### 阅读技能获得的传统理论

在我们建立起相对完善的工作环境之后,我们的研究第二年在菲尔德课外学园继续进行,我们教学活动的一部分内容就是诊断并提高儿童的阅读技能。

众所周知,阅读是一项复杂的技能,培养阅读技能需要协调一些相关的子进程和信息来源(Crowder 和 Wagner,1992)。尽管在 20 世纪,尤其是近 20 年,有大量关于阅读技能的研究,但是阅读技能的形成过程仍然存在争议(Adams,1990,关于阅读技能的争议)。这些争议都是很重要的,因为目前确实有很多智力正常的儿童也存在阅读问题。

目前,关于阅读的核心过程有两种截然不同的理解和方法,一种是解码,就好比是字母表中对应的声学模式;另一种是理解,相当于将信息分配到视觉和听觉的过程。对于两个过程的重要性问题,理论家们产生了分歧,到底是解码更重要还是理解更重要呢?怎样更好的帮助儿童解决难题,是通过语音分析的方法,还是教给她所有的词汇呢?这些都是理论家们探讨的问题。

琼·乔尔(1983)的研究可以算作是"解码在先"的重要例子。他提出了关于阅读能力发展阶段的理论(关于这个理论,我主要关注与我们的研究密切相关的早期阶段):

阶段0:前阅读期,在这一阶段,儿童开始有阅读的倾向,并且认识一些字母名称。

阶段1:识字期,这一阶段的主要任务是学习字母表中任意组成的单词,然后对其进行解码,并且能够读出来。

阶段2:流畅期,这一阶段,儿童复习、巩固前一个阶段的研究成果,为了避免混淆,儿童会练习同一类型的比较简单的文章。

阶段3:阅读新知期,这一阶段,儿童的阅读已经不仅仅是停留在文章表面的阅读,而需要理解文章的意思和意义,乔尔认为,只有在这一阶段,阅读才与意义有联系。

在第二和第三个阶段,儿童开始形成理解技能,并且能够将事实、理论与思想结合在一起。但是,有研究对这一理论的假设(儿童的阅读能力的发展是从社会到学校的过程)提出质疑(Goodman and Goodman,1990),例如:儿童能够认识各种路标,认识麦当劳的标志,甚至认识自己的名字。与乔尔的观点不同,古德曼认为技能的获得不是阶段性发展的,不需要任何新的过程和对原有技能的巩固。所有的孩子从一开始就要按照要求完成任务,扩展知识面,这种扩展是在经验的基础上产生的,最后,解码技能和阅读技能会得到同步提高。

文化中介模型

我和同事都认为,阅读技能的形成是一个发展的过程,而且阅读技能能够帮助儿童认识事物、了解事物,这一点与乔尔的研究结果一致;同时,我们认为,阅读是利用各种方法巩固之前认识世界能力的过程,这一点与古德曼的研究结果一致。

我们提出的这个方法是独特的,它强调三个相互关联的要点:第一,我们认为阅读强调解码和理解会同时在活动中进行,假设阅读是自下而上(特征→字母→单词→短语→……)和自上而下(知识-理解)的过程,这是一个全新的模式(McMlelland and Rumelhart,1981)。第二,我们认为通常情况下,成人在协调儿童活动中起着必不可少的作用,能够促进儿童阅读发展,阅读技能的获得需要合作活动。第三,我们认为成人有效的干预应该是基于以文化为中介的阅读材料,这里我们强调,这些阅读材料必须是人工制品(最明显的应该是,但也不限于),必须是具有预见性的,能够以有效的方式协调儿童与将要获得的中介系统之间的关系,协调社会关系。

图 9.2 与图 5.1 是一样的,但是随着文本代替人工制品,从广义上来看,提醒我们要从两个方面来协调信息。读者必须看到从书本中折射出来的世界,同时,读者也应接触现实世界,二者需同时进行。在第 5 章中我们也讨论过中介,中介流程如图 9.2 所示,这是一个理想的模式。即使是阅读技能好的读者,要将两种方法结合起来,也需要在现实生活中调整书本知识,或者建立新的理解。图 9.3 描述的是没有将二者结合的情况,更能准确反映我所想的动态过程。这里的理解所描述的是来自两个路线的应急结果,时间排除在外。

有了这一结构,我们现在可以转向另外一个至关重要的问题:假设儿童没有在学校拓展自己的阅读理解能力,我们应该怎样培养孩子这种新的中介行动系统呢? 为了回答这一问题,我们需要同时解决另一个重要的问题:怎样才有可能获得更强大的认知结构? 除非在某种意义上,它已经开始了,福多尔(1983)和贝赖特(1985)将这个问题称之为发展相悖论,该理论认为,无论阅读能力如何,都不能说明阻碍阅读发展的约束,把期待放在一开始,使得其他发展过程与阅读能力发展相关度不高。

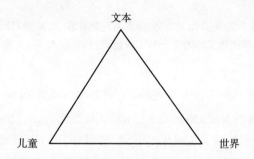

**图 9.2**　中介三角图式,以文本替代了通用的主体—中介—客体的模型中的中介。

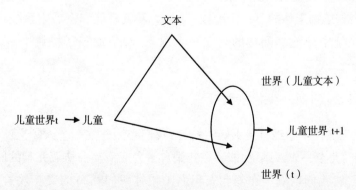

**图 9.3**　图 9.2 显示的是封闭的协调动态系统,在这个系统中,儿童的理解在时间 **t** 上必须通过文本的调节使其在时间 **t+1** 有新的解释。

相对于学习悖论来说，乔尔的阅读发展阶段理论是非常脆弱的，因为阅读发展阶段理论阅读技能的获取是一个发展的过程，一个定性的发展过程（这一过程我们称之为再调节，就是用一种新的方法进行调节），我们首先必须展示发展的最终结果，也就是调整自己对世界的理解，从而出现一个理解世界的雏形。

要解决这个问题可以参考维果茨基（1978）文化发展的一般性起源法则：儿童的文化发展功能会出现在两种层面上，一个是出现在文化或人际间的层面，另一个是在个人或心理的层面。所有具这种社会根源的高层次心智功能都会逐渐内化。在这种情况下，我们所寻求的成熟的阅读是介于儿童和成人之间的交互，前提是这种新的活动结构作为儿童个体心理功能而出现。

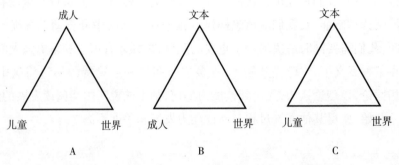

**图 9.4** 当一个新手从系统 **A** 开始学习时，中介系统就存在了，儿童可以通过成人的调节来认识世界；在系统 **B** 中，成人能够通过文本的中介来了解世界；在系统 **C** 中，儿童－文本－成人这三者之间的关系是阅读教学的目标。

从图 9.4 可以看出，在一开始，两个先前存在的中介系统可以作为创造必要的限制的来源来促进儿童阅读的发展，而在最右边的图中，我们可以看出儿童经过几年阅读经验的积累，可以调节他们与成人和世界的互动，而从中间的图形我们可以看到，成人通常可以通过书本文字来调节他们与世界的互动，而最左边的图形是一个发展中的调节系统，在这个系统中儿童是发展的对象。

图 9.5 是分析/结构策略的下一个阶段：儿童的发展系统和发展中系统是并列的，"心理之间的"系统中介能够间接的建立一个双系统，帮助孩子协调书本与已有的知识。

### 创建阅读活动：问题—提问—阅读

目前，教学/发展任务已经有了更好的划分：我们必须建立一个人际交互系统来整合图 9.5 中左图的儿童—成人系统，能够在儿童自主完成活动前协调儿童的阅读行为。为了完成这一任务，我们以安·布朗和安玛丽·帕林萨（1982）的交互教学程序为基础，稍加改动并实施。在我们的程序里，老师和学生默读文章后，就文章的内容进行对话，包括总结文本内容，讨论内容理解上的问题，并且针对中心思想提出问题，再预测文章

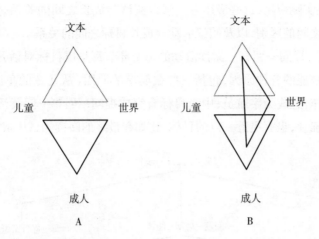

**图 9.5　已形成的和将要形成的两个并列调节系统需要进行协调。（A）两个现有的系统。（B）两个现有的系统加上将要形成的系统。**

接下来的内容。我们选择了对儿童而言比较有趣的文章（详细情况参考 LCHC，1982），同时增加了角色数量，一方面因为和儿童一起理解文章比较困难，另一方面因为我们想让活动尽可能更有趣。这样一来，既兼顾了分工合作，也能使任务目标更具吸引力。

这个程序的核心是角色分配和任务分工，每一个角色在阅读中都承担着不同的任务，每个人扮演什么角色都写在卡片上，每个参与者至少承担一个角色的任务，角色有如下分类：

A. 对不会读的词汇提问

B. 对难以理解的词汇提问

C. 对文章段落的中心思想提问

D. 选一个人来回答别人的问题

E. 对接下来将发生什么提问

所有的参与者包括指导员都有一份文章的副本，可以在阅读过程中进行标记（回答隐含在角色中的问题），而卡片是为了提醒他们不要忘记自己的角色。所有的步骤和答案都会写在黑板上，成人所用到的人工制品作为工具去建立结构化的媒介来促进阅读的发展，儿童也可以利用记录，在他们理解的基础上帮助其他参与者。

为了将笔记运用到阅读过程中，我们将笔记嵌入到复杂的活动中，这些活动能够凸显出阅读的短期目标和长期目标，并且可以协调整合笔记。图 9.2 到图 9.5 就是从聚焦于阅读结构模型到聚焦于阅读能力获得的转变，这一转变就是我们所说的共同活动。

为了帮助儿童从需要辅助的阅读过渡到独立阅读和主动阅读，我们需要建立一个中等程度的目标，创造饱满的对话和活动环境来帮助儿童培养阅读技能。整个活动都包含在全局性的活动框架内，我们称之为菲尔德课外学园（活动在菲尔德小学的礼堂开展）。作为参与学园应用的一部分，提问—回答—阅读环节是一项重要的活动，在活动中，儿童要完成实际应用，这些应用着重强调阅读与成长之间的关系，他们还会参与讨论长大与成长之间的区别，以及阅读活动与成长目标之间的关系。

如图 9.6 所示，提问—回答—阅读活动的每个环节都是以目标对话开始的，讨论儿童想要提高阅读技能的各种原因，包括一些很简单的原因（从儿童的角度），比如说为了找到一份好工作，想成为宇航员；中级目标有完成提问—回答—阅读活动，能够协助成人完成计算机辅导；也有更近一点的目标，比如在最终的阅读测试中取得好成绩。

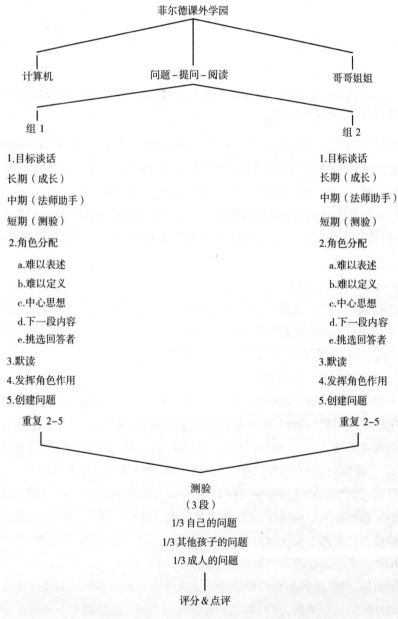

**图9.6 菲尔德课外学园"问题—提问—阅读"的完整结构**

在小组讨论环节,我们会讨论当天阅读的话题,如图 9.6 所示,这些都是写在黑板上的内容,每个人都有角色扮演的卡片。许多对话通常都会确定每个人扮演的角色,"挑选回答者"通常是最受欢迎的,而"中心思想"这张卡片像烫手山芋一样,所有人都不想要。一旦卡片分配好和文章分配好(通常在当地报纸上选择儿童感兴趣的文章)后,参与者(包括指导员和成熟的阅读者,通常是本科生,还有儿童)就开始一段一段地静静阅读。

我们缩写为 QAR 的这个系统是构建有意义阅读的一个实验设计(Brown,1992),这一设计是基于最近发展区的原理,具有考特尼·卡兹登(1981)定义的最近发展区的特点,即为"胜任能力前的表现"做准备。我们不要求儿童为了参与 QAR 而完成所有的阅读项目,他们只需要完成自己的角色人物,理解阅读材料。QAR 允许儿童参与所有的阅读理解项目,有些阅读甚至一开始成人都觉得很难,但是随着时间的推移,儿童会成为一个完完全全的参与者(也就是优秀的阅读者)。

起初,QAR 对大家来说是很陌生的,甚至对研究者来说都是陌生的,但是经过一段时间关于 QAR 的训练,某种微观文化逐渐形成。参与者之间会有一些惯例出现,例如,吃过点心后再开始阅读,儿童有一段时间会在户外玩耍,而成人就会安排好一天测验。每个人负责一部分,成人的角色扮演不会比儿童少,在扮演小组成员和小组领导者之间,成人能够分配自己的注意力。我们试图通过这些程序来建立一个中介,使得图 9.3 中的三个中介三角形能够重复出现,并且为儿童进入这一中介系统提供条件。

数　据

这些程序的证据有以下几个来源:教学课程的录像、学生测验原件和测验结果,尽管我们从第一节课开始就收集数据,但是最重要的证据则是对儿童掌握所有的技能之后的分析,这样小组工作就相当于一个互动的协调组织。

我们这些策略在很大程度上是受到亚历山大·鲁利亚(1932)的专著《人类冲突的性质》的影响,在实验程序上我们花费了很多精力来揭示"隐蔽的心理过程",比如:想法和感受。鲁利亚的"结合动力法"的基本思想是建立一种情景让被试在看到刺激词语时同时执行动作回答(握紧电灯泡)和口头回答(头脑中第一个出现的词语)。

在这个过程中最戏剧化的环节最终被纳入测谎系统,鲁利亚以此用来审讯嫌疑犯,他会给这些人呈现一些语气词或者中性词,直到他们能够快速、准确地作出反应,而在中性词中,又会呈现一个与犯罪事件相关的词(例如:毛巾,如果某人用毛巾勒死了一个人)。他认为选择性的打断所建立的顺畅系统可以揭示主体的特殊知识状态。

我们关注的不是动作反应和谎言,而是儿童所阅读的文章、角色卡片和在 QAR 过程中选择性中断,因此,对我们来说最重要的是创造条件使儿童参与到活动中,并且顺利完成角色扮演、知识创建和文章阅读。

在前几次会话中，儿童的学习活动进行得很顺利，我们的活动也受到了本科生的帮助，活动中至少要有两个成人，研究者和本科生，这就意味着两个参与者同时协调并参与整个阅读活动，最终，儿童才能掌握如何参与到 QAR 中，即使他们在阅读方面存在某些障碍，因此，儿童能够通过阅读为诊断隐性心理过程创造条件。

这里我们将重点放在考试活动的协调和不协调的过程上，因为考试活动是儿童内化能力的核心来源，从微观层面上，我们可以观察到儿童哪些内化过程的失败，导致活动结构的选择性失调，例如，两名儿童都存在阅读障碍，但是他们在考试活动中的失调行为是不同的，因此，我们对他们的障碍诊断也是不同的。

成绩排前两名的是两个男孩，比利和阿曼迪图，他们已经开始阅读当天的第二段阅读材料了，凯蒂是他们的老师，拉里是另外一名读者，而考试活动的内化证据就来源于这些例子，通过儿童的谈话和行动，我们可以预测儿童下一步要做什么，无须成人的提醒。

1. 凯蒂：好，下面我们开始第二段的阅读
2. 比利：他们是怎么找到这些阅读材料的？
3. 阿曼迪图：爱斯基摩人
4. 凯蒂：我觉得这是一个意外（当她说这句话的时候，她开始低着头分发角色卡片）
5. 比利：（拿到一张卡片）为什么，什么样的意外？
6. 比利：（看着自己的卡片）。又是同一张卡片。

在第二行中，比利的提问就是一个内化的版本，"接下来将会发生什么？"的角色中，没有人被明显刺激到，他将卡片交给他，问了一个与文章相关的问题，要他评论之前交互活动与将要做的事情之间的关系。他是通过考试来协调的。

阿曼迪图的参与和其他人不同，他的评论与主题相关，但是不透明，他没有拿卡片，但必须被凯蒂刺激到，而比利则继续提供证据：

7. 凯蒂：阿曼迪图！（他看了看，拿了一张卡片）
8. 比利：我们每个人再拿一张（每个人再拿一张卡片，因为只有四个参与者，凯蒂没有拿，所以每个人要再拿一张）。

从成绩单上，我们可以看到阿曼迪图在活动中有些失调，而且是不同类型的失调，而其他三个参与者仍然坚持鼓励他一次又一次的尝试，最明显的就是画一幅画或者假装完全放弃活动，但是阿曼迪图的反复尝试却增加了具体分析的困难。而另外一个例子则表明他对问题的中心思想和对核心问题所提供的信息的不满（很多例子都可以证明）：

9. 拉里：（他拿到的卡片是挑选回答者），阿曼迪图，中心思想是什么？
10. 阿曼迪图：我想说说我自己的，我想问问接下来会发生什么？

11. 拉里:不,我知道你在想什么,但现在是我提问,我拿到的是挑选回答者卡片。

12. 阿曼迪图:中心思想是……这些人如何生存。

阿曼迪图参与到了 QAR 活动中("我想说说我自己的"),同时又试图跳过这一环节,避免回答中心思想的问题。他既然接受了这个角色(12)就要回答中心思想,但是他的回答很模糊,而且是关于前一个段落的。

经过一系列这样的训练,我们已经掌握了一致的模式,但是在这个模式中,比利发现自己试图在总结中心思想的时候很容易被一些对应关系所困扰。在总结中心思想的时候,他会反复在文章中找与中心思想相匹配的单词,然后大声阅读相关的句子,却没有理解意思。阿曼迪图的问题则不一样:他常常会忽视相关的文章,从当天的室内活动或之前阅读的文章中提取信息,而这些活动和文章与中心思想并没有关系。

从这个活动中我们得出的第一个结论就是,我们成功建立了一个结构化的中介活动,允许图 9.5 中的诊断性有用的信息缺失,然而,我们也想通过 QAR 活动使学生掌握阅读技能。事实上,比利和阿曼迪图的阅读能力都有所提高,并且阿曼迪图在课堂上的行为表现改变得尤为明显,取得了很大的进步,他也因此获得了学校的奖励。然而,这种个别学生的进步并不能全部归功于 QAR,因为它只是整个活动系统中的一个部分,而且我们也没有控制组进行对比。

为了弥补这个缺点,凯瑟琳·金(1988)重复了这一阅读实验的程序,在研究中,她增加了适当的控制条件,对预测和事后检验都运用了更严格的量化标准,而且她将实验设置在课前,并且是唯一的活动。

此外,她还通过增加控制组来检测 QAR 的有效性,实验组的儿童接受结构化的实验干预,这种实验干预被玛琳·斯卡德玛丽亚和卡尔·贝赖特(1985)称之为"程序化促进",这一干预能够评估 QAR 的动态性和特点,并且能够评估 QAR 是否比一一完成卡片上的角色任务这种课本活动更加有效,在实验中,被试的选择与之前的研究相似,会选择小学高年级有阅读障碍的儿童。

金发现 QAR 和自己的实验研究都能够促进儿童阅读能力的提高,但是,在 QAR 活动中,儿童掌握的信息显著多于控制组,并且实验组儿童会花费更多的时间,表现出更浓厚的兴趣,由此可见,动机和社会内在关系与活动中的认知关系密切。

尽管这一结论不够完善,但是仍然为本章的结论提供了一定的证据,因此,我们认为,阅读是一个理解意义的过程,这一过程的实现需要我们将文章中的信息与自己已有的知识相结合,然后将其与现实相联系,阅读技能的获得能够为社会的发展变化提供条件。

如图 9.7,QAR 作为一个将不同活动系统整合起来的工具,能够重新解释恩格斯托姆的扩展模型中介和活动(图 5.3,p.140)。图 9.2-9.6 中的三角形仅仅只说明了儿童与成人之间的双向关系，并且 QAR 活动的参与者也仅仅是众多学生中的一部分。通过对 QAR 的扩展说明，我们可以将文字和程序转化成为社会规则，在整个模式中不断变化分工。从活动中我们可以看出，许多协调的来源都隐藏在个体先前所提出的分析中。

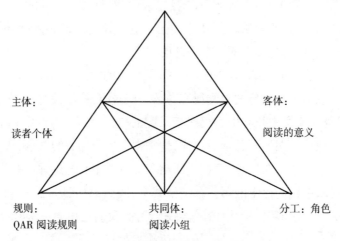

**图 9.7　QAR 模型是活动系统模型的扩展**

### 对再中介的反思

我相信把整个阅读的过程当做是再中介的过程是十分有意义的。作为再中介的过程，有必要运用完全不同的、更有效的方法来调节小组和个体行为。需要强调的是，再中介也提醒我们，儿童在接受阅读训练之前并不是一片空白，他们的行为会受到语言、人工制品和社会规则的影响。同时，再中介也面临一定的挑战，我们需要建立一个新的调节系统来适应新的活动。这一过程与其他阅读技能获得的不同点在于寻找利用一个适当的中介来协调共享活动原有中介作用的简单系统，使其服从阅读理解的共享目标。

总之，我认为 QAR 是文化—历史发展理论在阅读障碍和问题诊断领域的成功运用，结果证明与其他方法相比，QAR 更为有效。但是，有一个方面却不尽人意。一旦用于支持研究"基础"运作的钱用完，现实情况就会是再也不会有什么实验的结果。

然而，学园还有另外一半不同的命运，这一命运涉及计算机的运用。在接下来的第 10 章中，我们会为大家介绍以计算机为中介的活动的产生和发展。

注释：

1. 这里所说的"我们"包括丹尼斯·纽曼和佩格·格里芬，他们都为本项研究的完成贡献了自己的全部力量；同时，感谢玛丽莲·坎萨、金·胡利、威尔·尼布利特、巴德·米恩、玛格丽特·里尔、希拉·布罗伊尔斯、安德烈亚·佩愁甸为本项目各个方面的开展所作出的贡献。想了解更多内容，请参考 1989 年纽曼、格里芬、科尔的研究。

2.关于这项研究的全面报告请参考佩格·格里芬、埃斯特班·迪亚斯、凯瑟琳·金、迈克尔·科尔的"再中介学习难点"研究。该研究采用社会—历史研究方法探讨学习与教学,于1989年由教学之家出版社出版,关于这一研究的更多内容可以在LCHC(1982)中找到。承担这一工作的主要成员有安·布朗、乔·坎皮恩、巴德·米恩、肯·特劳普曼。布朗和坎皮恩主要从事创建新的阅读活动和认知训练工作,帮助低成就儿童克服学习障碍,特劳普曼也分享了他们在认知训练研究中的兴趣点,米恩也已经开始研究影响特殊儿童命运的相关因素,当地残疾人教育局为该研究提供了支持。

3.该研究的四个模型主要基于以下四个观点:(1)通过增加词汇路径来提升理解(本观点主要基于伊莎贝尔·贝克和她的同事在匹兹堡大学的研究:Perfetti and McKeown,1982);(2)加强内化问题解决式阅读理解(见Kamehameha早期教育项目,KEEP,1981年);(3)通过有指导的意义预测来加强阅读理解(Fillmore and Kay,1983);(4)互惠式阅读指导(Brown and Palincsar,1982)。

# 第 10 章　文化心理学的多元方法论

在菲尔德课外学园工作期间最有趣的事情之一就是,我们逐渐认识到一种责任并开始承担培养参与研究计划的儿童。如果把文化比作一个花园的话,我们一开始只是参观花园的农学家,后来我们又增加了一个角色,即照料花园的园丁。在这个研究过程中,理论与实践并不是同步的。

以往对教学过程的研究为我们教学活动的实施提供了有益的指导。作为一名实践者,我发现我一直在用理论原则引导自己的活动。在随后观看活动录像时,我发现,由理论引导的活动实际上受到了实践知识的强烈影响,而这些知识是我作为教师这一角色时获得的。

就这一点而言,我认为埃米莉·卡恩和谢尔登·怀特(1992)将这一研究项目的特征定义为"第二种心理学"是很合理的,他们认为"第二种心理学"的实践者可能在学校和诊所中工作,即"为大众服务"。"第二种心理学"的研究结合了理论的目标和实践的结果。与它要取代的量化、实验等"硬性"研究方法相比,它似乎是一种"温和"的研究形式。问题—提问—阅读这种方式就很符合第二种心理学的研究传统。

这一章我们要讨论的研究项目显示了对理论与实践的双重取向。一方面,它力图加深我们对心理与认知发展过程中文化中介作用的理解;另一方面,它力图改变日常生活中的行为。该研究项目超越了我们在菲尔德课外学园的工作,因为它不仅发展了活动系统,而且涵盖了那些参与研究项目的儿童。

在一开始,我们的调查活动都围绕着一个非常实际的问题:为什么这么多已经"证实有效"了的教育改革最终会失败? 为什么它们无法持续下去?

## 为何关注持续性?

我对教育改革持续性的兴趣源于我在西非的工作经历。从美国发展心理学家或教育学家的角度出发,要找出利比亚学校教育中的缺陷并不困难:教师用死记硬背的方式教儿童识字和算数;很多学生甚至听不懂老师上课时使用的语言;使用的教材大部分都不适合当地的文化与社会环境;辍学率非常高。这种教育常常使儿童对他们的父母和当地经济生活的传统形式变得更加疏远。

我认为,这一问题的解决方法应该是创造一种新的教育形式,并在符合当地技术、知识和兴趣的环境中,向学生传授那些参与现代经济、社会和政治活动所必需的知识和技能。这种方法的必要性非常明显。但令我惊讶的是,我游历了整个国家,却没有发现这样的学校。

随后的文献研究更加深了我的不解。我找到了一组学校的数据,这些学校是按照我认为的合适的准则建立起来的(例如,Murray,1929)。这些课程内容的设定是一个"谨慎"的过程,包括对当地农业、工艺技巧和民间习俗的教育。在这些课程中,文学和数学是被当做研究、记录和交流的工具来教授的。这些学校看起来是在践行杜威"从做中学"这一思想的典范。学校的主管人员也报告说,孩子们掌握了所学的课程,包括那些更加传统的、以欧洲为背景的内容。但当我调查这些学校的结局时却意外地发现,这些学校最终都倒闭了。

结束了菲尔德课外学园的工作后,我开始为国家研究委员会撰写专著(Cole,Griffin & LCHC,1987),这一过程又重新激起了我对教育改革持续性的兴趣。我们的任务是找出那些阻碍女性和少数民族裔参与技术领域学习的因素。

工作期间,一名国家研究理事会的员工给了我一份美国科学促进会提交的关于针对女性和少数民族裔成功开展技术教育的报告(AAAS,1984)。在对168个教学项目进行评估的基础上,这份报告总结出了成功教学项目的16个要素。但为什么我们的报告是重要的呢? 为什么每年仍有一些缺乏这些被 AAAS 报告中认定重要因素的新的教学项目还会被重新提出来呢? 为什么那些被证明合理有效的教学项目不能延续下去呢?

在美国和利比亚的个案都恰好回答了上面的问题。只有在计划实施中所需要的经费能够由计划者自行承担费用的时候,这个有效的计划才会被社会机构所接受,并持久展开。但如果单纯依赖外部资助,当外在的资助停止以后,他们便不可能依靠内在资源获得成功。

很明显,并非所有教学改革都会以失败告终。一些教学改革会延续很长时间,如用智商预测学业成绩或者用桑代克的"反复练习法"来教授基础知识。但到底是哪些因素决定了教育改革的成败呢?

## 以模型活动系统作为研究工具

我在菲尔德课外学园的部分中提到,问题—提问—阅读只是计划的一半,另一半就是被称为"第五维度"①的以电脑为媒介的活动。在菲尔德课外学园的实践中,"第五

---

① 第五维度系统是以活动理论为指导,由儿童、大学生和研究者参与的课外活动。这个系统以电脑为媒介,通过构建迷宫、魔法师等虚拟人物和游戏,将学习和游戏结合起来,达到寓教于乐的目的。——译者注

维度"被证明是一套行之有效的活动系统,它可以在较长的时间段内使儿童、大学生和研究者进行深入的互动。尽管无法投入我们预想的那么多的时间,但我们仍然拍摄下了许多重要的活动场景,并发现其中有许多理论上有趣的教学事件可以用作下一步的分析(见 Griffin & Cole,1984,1987)。

基于对第五维度项目有限的经验,我们相信它可以作为研究教学改革持续性的有效工具。它对教育与游戏的巧妙结合使得许多课外培训机构都乐于学习和效仿。我们也十分确信,"第五维度"不仅仅只适用于课外的环境中。我们知道有很多方法可以吸引儿童参与课外的学习活动(Molly,&erson,& Diaz,1985,Riel,1985),但我们不知道这些方法可以在哪些方面进行改变。是考虑潜在的社区课外机构还是儿童数量?抑或是各种以电脑作为媒介的活动?

于是,一个研究计划诞生了。我们决定在一个社区的 4 个不同机构中使用 4 种课外电脑媒介活动。另外,在加利福尼亚大学圣迭戈分校(UCSD)儿童发展中心开始一门实习课程,作为该计划的"孪生姐妹"。我们会追踪并观察每个活动系统的发展状况。在这个阶段内,我们会尽可能地了解那些与我们合作的课外机构的历史与现状。[1]

这个始于 1986 年的研究计划预计进行 4 年。第一年用来收集目标信息。社区机构和研究组的成员将一起工作,在大范围内调查适合儿童需求的电脑媒介活动。第二年和第三年用来设计和运行这个系统。第四年是"调整年",在这一年中,社区机构和研究组的成员将共同努力,以便在专项资金停止后做出调整。我们认为,对这些模式成败的分析(假设至少有一个获得成功),可以在机构层面上带给我们一些关乎教育改革持续性问题的启示。

当然,我们的兴趣并不仅仅局限于"机构"这一宏观的层面上。我们知道,"第五维度"系统也提供了充足的机会让我们对微观层面进行研究。我们认为,如果儿童参与这个计划的时间持续 2 到 3 年,我们就可以在整个活动系统的不同层面上收集足够多的数据,来分析儿童发展在微观、个体和文化—历史层面上的联系。

## 第五维度系统的基本结构

"第五维度"这一电脑媒介活动的设计目标受到了理论与实践两方面的影响。实践方面,我们必须设计一种儿童乐于参与的活动。我们很快发现,我们必须要将儿童喜欢的、娱乐性较强的活动与我们感兴趣的教育性的活动结合起来。

第二,就是要创造出一种独特的活动,这种活动必须在问题解决的目标和策略方面富有很多书面和口头交流的机会。在活动设计中强调交流的重要性是有理论依据的。如皮亚杰强调反身抽象的重要性;维果茨基认为交流可以使思维更加完善。

第三,前人的研究发现,女孩参与电脑活动的次数比男孩少,而且喜爱的内容也不

同。因此,我们力图创造出一系列富有多样性的活动。促进阅读与写作的目标与吸引
男孩和女孩共同参与的目标相结合,促使我们将"电讯"作为活动的内容之一,因为交
际写作是女孩们感兴趣的电脑活动之一。

第四,我们不希望用游戏来诱使儿童按我们的意愿进行活动。我们希望儿童自愿
参与某种游戏或为了达到特定的级别而努力。为了实现这个目标,我们设定,在整个活
动系统中最为普遍的一种奖励方式就是,获胜后可以解锁,开启完成更高级别的任务的
模式。

图 10.1 是第五维度系统的概略图。这个系统的核心要素的基本结构相对持久。
在合适的时间,我们会对它们进行适当的更新。第五维度的核心要素就是一个被分成
12 个"房间"的迷宫,每个房间包括 2 种活动。迷宫一般用纸板做成,约 1 米高,3 英寸
(约合 7.6 厘米)高。迷宫的房间由一些小门连接,儿童可以用代币在迷宫中移动。大
多数活动都以电脑程序的形式呈现出来,既有娱乐性活动也有教育性活动。还有一些
艺术、手工活动和体育运动。

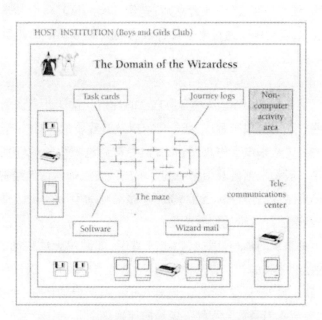

**图 10.1　第五维度系统迷宫与其他人工制品的概览**

除了电脑和电脑游戏之外,第五维度系统还包括很多标准化的道具:

一个印有全部规则的手册;

每个儿童都有一个专门用来记录其信息的盒子;

至少有一台与调制解调器相连的电脑,以便儿童之间或儿童与魔法师之间进

行远程交流;

写有任务内容和提示信息的任务卡;

一个关卡表，用来描述儿童完成当前任务就可以进入的"下一个房间"；

一些被称为"暗夜精灵"的代币，上面写有儿童的名字以便记录其任务进度；

一本写有窍门和策略的提示书；

一个二十面的骰子，以便决定在某些情况下进入哪个房间。

根据第五维度的规则，儿童必须完成每个游戏中的任务，以便在迷宫中继续前进。除了完成三个等级的游戏外，第五维度还有许多其他的任务目标，以便吸引更多的儿童参与活动。例如，儿童可以通过交换"暗夜精灵"来获得他们更喜欢的小雕像。他们也可以沿着某条路前进来得到更喜欢的游戏。要想完成迷宫或者升级，儿童必须至少以"优异"的成绩完成一半游戏，同时以"良好"的成绩完成另一半游戏。取得这项成就后，儿童会获得一件 T 恤作为奖励，同时会为他们举办一个聚会并授予他们"魔法师小助手"的职位。这个职位可以让儿童参与更多的远程交流和更加复杂的游戏，并使其获得相应的权利和义务。[2]

第五维度系统还有两个重要特征。第一就是"魔法师"这个模糊的神秘人物。我们告诉小朋友，第五维度是魔法师（或者巫师）送给儿童的供其玩耍和学习的礼物。规则是由 Entity 制定的，它也可以通过电子邮件或者聊天的形式帮助儿童完成目标或者解决争论。

当然，一些争论是关于魔法师本身的。儿童们一直在探讨魔法师的身份、住所和性别。"Entity"（不管它是什么）则总喜欢变换自己的性别。这让儿童认为它既是男的又是女的。还有一些争论是与规则解读、任务要求以及游戏质量等有关的。

关于魔法师的争论从来没有停止过，儿童们经常讨论魔法师的性别、权力和责任。但关于规则的争论一般都根据游戏结果得到了解决。魔法师承认他经常犯错并且感谢那些有助于提升第五维度的辩论。当儿童成为"魔法师助手"后，魔法师会让他们选择一个新的游戏，当做魔法师送给他们的礼物。

因为魔法师负责系统的福利，因此，当出现错误（如游戏无法启动或任务卡损坏）时，儿童和成人就会给他写信。作为一种规则，这是行之有效的。但是他常常无法承担责任，而且非常幽默。另外，他也很健忘，经常忘记一些必要的任务（如维修电脑）而导致错误。这时候，参与者们经常会言辞尖锐地向他抱怨。

另一个要特别说明的特征就是迷宫的内容与构造。图 10.2 是一个 1995—1996 学年使用的迷宫的详细说明。可以注意到，每个房间都有两个活动，迷宫内有很多道路，儿童在每条道路上都会面临选择。他们可以选择继续玩当前的游戏或者是在同一个房间内玩一个新的游戏，他们也可以去其他房间内玩其他游戏。通过这种方式，我们力图让儿童实现他们自己的目标，并确保他们真正自愿地参与第五维度的活动。

据我们的经验，儿童常常只玩自己的游戏而忽略其他的。因此，我们采取了一系列措施来减少这种行为。我们的目标就是创造一个使儿童可以尝试多种游戏的系统。我

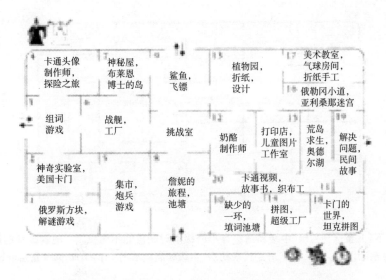

**图 10.2　1995—1996 学年使用的一个第五维度迷宫及其内容**

们也鼓励儿童尝试更高级别的游戏(即便初级游戏也有点困难),第五维度的很多特征都涉及了这一问题。例如,在图 10.3 中我们可以看到儿童完成所有初级任务时的行动轨迹。值得注意的是,仅停留在初级水平的游戏中,儿童很快就会进入死胡同,因为他们仅仅是在两个房间中转圈。在图 10.3 的地步可以看到不同难度游戏的结果。游戏轨迹的这个设计可以促使儿童完成更高级别的游戏以获得奖励。更高级别的成就会使儿童在迷宫内拥有更大的选择权,他们可以选择继续玩喜欢的游戏或是进行下一个游戏。

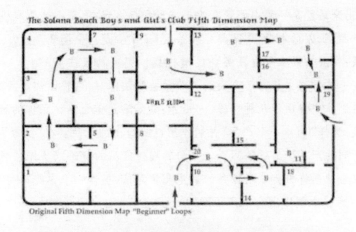

**图 10.3(上)儿童选择初级难度时的轨迹(B 代表初级水平)**

图 10.4 描绘了儿童利用任务卡完成游戏时的过程。本例中的游戏是皮亚杰所说的"形式运算"阶段中的问题。通过任务卡,我们可以看到,在初级水平下,儿童只需要

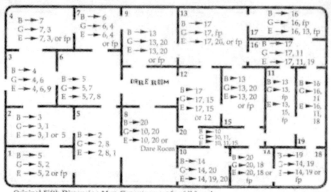

图 10.3（下）儿童选择初级、中级和高级等不同级别时获得的不同权限。随着级别的提高，儿童的选择权也会逐渐增大。（B、G、E 分别代表初级、中级和高级水平。fp=free pass 直接通过）

完成电脑程序中的任务即可，但在"中级"和"高级"水平下，儿童不仅要完成程序中的任务，还要写下自己使用的策略和学到的知识。这些记录可以给其他人提供线索，也可以供魔法师或其他地方的儿童使用。[3]

欢迎来到威利的工厂！你现在是工厂的主管，你的任务是生产新产品！你有很多机器可以使用！这些机器可以在产品上钻孔，也可以把产品旋转到不同角度，甚至还能帮你在产品上印上不同的花纹。你的工厂的目的是设计新颖的产品，事实上，这也正是你的职责所在。现在马上开始吧！

初级：首先测试工具。如制作如图中第一个的产品。在屏幕下方，可以选择打孔、旋转或是印条纹。选择打孔，然后选圆形，再选数字 1 你可以看到一块木板进入机器，出来后就是一块中间带孔的正方形木板。现在，请测试所有机器并制作出如下的产品：正方形木板，中间部分有条纹，正中心是一个圆孔。

中级：完成初级水平的任务并继续挑战！完成初级任务"制作一个产品"，直到你能在一次尝试中获得三个奖励。然后给魔法师写信，描述你产品的样子，并告诉他你在制作中使用了几种机器。（提示：最好通过笔记来记录你的过程）。

高级：选择"制作一个产品"并制作出电脑给出的产品。在"高级"水平上制作出 3 种不同的产品。给魔法师写信并向其描述产品的样子以及你在制作中使用的机器。或者给同样进行这项任务的其他儿童写信，描述一下你的某项产品，让他们在"高级"水平上制作出这个产品，并写信向你描述。

## 第五维度的社会组织

前面的几节描述了第五维度是如何作为一个活动系统来运行的。但如果不涉及社

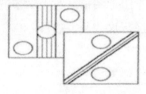

**图 10.4　一个儿童利用任务卡完成互动游戏的例子。在本例中，游戏是阳光公司开发的"工厂"。**

会关系的话是难以准确描述一个文化人工制品的。我们不仅要关注人工制品所影响的社会关系，而且要重视那些制约这种中介作用的社会准则。

在菲尔德课外学园进行的阅读小组活动让我们认识到了大学生在与儿童互动过程中的重要作用。他们在与儿童玩耍时经常要调停一些争端。我们希望大学生能够在研究者与儿童之间起到一种"现实生活"的过渡作用。他们一方面像研究者一样是来自大学的成年人，但他们在某些方面又具有儿童的特征。如，他们还在读书，被分成不同的年级以及反抗成人的权威等。

我们让大学生担任魔法师的助手，他们是儿童的朋友和帮助者。这种角色安排非常有效，大学生和儿童（甚至研究者）一样，需要学习很多东西，以便能够熟练的参与游戏并且使用通信设备。与儿童相比，在学校中面临困难时，大学生通常会广泛阅读书籍并努力进行尝试。凭借着研究者与儿童之间"中间人"的身份，大学生改善了成人和儿童之间的互动状况。

第五维度教育实践的一个原则就是：在保证学生和儿童积极性的前提下，尽量少给他们提供帮助（这种启发式教学法符合维果茨基最近发展区的理论）。每一阶段结束后，学生们都会写下很详细的笔记，以便记录他们与同伴、魔法师和软件的互动以及他们在第五维度中的生活点滴。这些笔记是第五维度这一文化系统运行的基本数据。

第五维度系统的参与者有很强的多样性。这种多样性不仅体现在年龄上，也体现在他们的参与时间和熟练程度上。加利福尼亚大学圣迭戈分校（UCSD）每学年为 30 周，分为三个阶段进行。因此，第五维度也分为三个阶段进行，每个阶段时长 8 周。大学生通过名为"儿童发展导论"这一课程来参与到研究计划中,他们也可以重修这门课程以获得学分。同时,儿童也可以每年都参与到第五维度中来。因此,参与的儿童年龄为6—12岁不等。大学生中有的是老手,有的则是新手。

这样的安排造成了一个有趣的现象,即文化知识、身份和年龄并不是紧密联系在一起的:很多时候儿童比大学生更加了解第五维度中的电脑程序、游戏和规则。知识和技能的这种不寻常的多元分布是记录日常权力关系的良好来源,也因此在劳动分工中造成了有趣的变化。

1987年秋天,我们把第五维度放在了三种不同的社区机构中:一个图书馆、一个托儿所和一个儿童俱乐部中。他们都位于距加利福尼亚大学圣迭戈分校不远的沿海小镇中。此后,我们就开始一边观察,一边运行这些研究项目。

## 第五维度的理论阐释

前面章节对文化、环境和以人工制品为中介的活动的介绍使我们可以更好地理解第五维度及其所体现的发展形式。

我也将第五维度看做是一种高级的人工制品,在这个系统中,日常生活中的事实都变得稍微有所不同了。初级人工制品(如电脑、铅笔、调制解调器等)和中级人工制品(如规则手册、任务卡以及为魔法师小助手举行的仪式等)只有在参与者使用它们时才会发挥作用。第五维度系统的活动要求成年人(研究者和大学生)与儿童一起玩一个角色扮演的游戏。这个游戏由"魔法师"提供,但魔法师的性别不明,而且只能通过电脑与其联系。大部分儿童一开始只是受到电脑游戏的吸引,但他们很快就感受到了在第五维度中玩游戏与在游戏厅中玩游戏的区别。在第五维度中,儿童必须要大量地阅读与写作,而大人们则需要经常串通起来谈论魔法师并争论其性别。这种"串通"也使得大人们觉得更加有趣。

作为一种高级的人工制品,第五维度在很多方面都是有意义的。这种意义取决于参与者在系统中的地位以及他们的观点和经验。所有的参与者都能在这种"替代现实"中的活动中体验到人际互动。尽管互动可能伴随着矛盾,但人们仍然很开心,因为他们可以尽情玩耍。第五维度对儿童俱乐部中的员工以及儿童的父母是有意义的,因为他们认可儿童参加的活动。第五维度对大学生是有意义的,因为他们除了可以获得学分之外,还可以提高教学技能,也可以帮助他们评估在毕业后参与儿童工作的兴趣。第五维度对研究者是有意义的,因为它提供了丰富的研究媒介。最后,第五维度对儿童是有意义的,因为它不仅可以让儿童高兴地玩电脑游戏,还可以让那些对电脑游戏不感兴趣的儿童获得尊重。

作为一种理清分析脉络的实用性启发式教学法,我认为从代表生态心理学和情境主义的"嵌入式环境"角度来分析使用第五维度的整个系统是非常有益的。

**图 10.5 第五维度的"文化花园"隐喻。**最核心的一层是儿童与父母等面对面的交流。第二层代表了整个活动系统。其他各层指的是更大范围的环境。每个层次的环境都有单独的评价标准。

图 10.5 用环境嵌入的框架表示了第五维度系统。用这一方法分析时,将大学生与儿童的互动放在最核心的一层是很自然的,我们也正是在这一层的环境中观察细微的变化。用来分析这一层系统运行状况的资料包括录像、活动笔记、儿童的成就记录以及任务卡上的评估测试等。在第二层,即将第五维度看做一个整体的"文化—历史"层次中,也会使用到上述资料。除此之外,还会用到以下的资料:每天参与活动的儿童的数据、男孩与女孩的比例、活动中用到的物品(如魔法师的生日庆典、地图、表单、电脑游戏等)。在最外一层,即机构层面上使用的评估数据包括:系统运行所使用的资源、活动的官僚化程度以及机构预算等。

从总体上讲,正如我在第 5 章强调的那样,整个系统的每一层次都是密不可分的。游戏的方法既会影响到第五维度的总体状况,也会受到第五维度项目开展情况的影响。第五维度的状况,反过来也与其他层次的环境息息相关。因此,展现第五维度系统层次之间的联系以及不同时间内层级之间的相互作用,是我们主要的、长期的目标。

我们对持续性的关注给系统增加了一个新的、嵌入式环境系统中没有的维度——时间。对第五维度中文化适应性的分析,既包括了微观和个体发生学层面上对儿童的研究,也包括了中期时间层面上对活动系统的成长,以及机构之间的协调配合的研究。

## 作为一个文化系统的第五维度

关于文化的一种共识是从相对大的社会群体的角度出发的，如"在 20 世纪 20 年代，玛格丽特·米德探访马努斯岛时遇到的当地人"，甚至是"单一民族国家的人民"（法国文化）。但根据我在第 5 章给出的文化的定义，文化存在于某一时间段内参与活动的人群中。当我们以外来人的身份进入到某个有着独特的做事和说话方式的社会环境中，如体育馆、汽车商店、学校或医院等，我们就能直观地感受到"微观文化"。

几十年前罗斯和费尔顿（1955）研究了文化产生的最低条件，他们建立了几个小组来完成特殊复杂的任务。他们发现，小组内的成员很快就会创造出独特的词汇以及行为方式，这正是初级和中级的人工制品。新成员加入到小组后，也能很快的掌握这些独特的方式，尽管他们可能要对自己的原有方式做一些改变。

对那些看到正在运行的第五维度的人来说，这一过程是再清晰不过的了：一开始，一切看起来都是混乱复杂的，很多儿童和大学生正在完成各种各样的任务；他们以一种难以理解的方式四处移动；他们因为一些外人看不到的事情而激动万分；他们说着稀奇古怪的语言（野猫倒下了！右方 45 度！加德满都！我恨魔法师！）；凡此种种，不一而足。

在思考第五维度是一个文化系统时，我受到了加里·艾伦·法恩（1987）的影响。他参与了第五维度的活动，并论述了"棒球小联盟"这一活动中的文化。法恩指出：文化包括富有意义的传统和群体中的人工制品。如思想、行为、语言及物质材料等（p. 124）。他将小群体中的文化称之为"特有文化"，即"群体内的成员所共有的知识、信仰、行为和传统等组成的系统。群体内的成员分享经验，这种经验的分享是建立在能被其他成员理解的预期之上的，并因此被用来为成员构筑事实"。上述的这些描述很符合第五维度的情况。

第五维度中随着时间成长起来的文化一开始对于普通的参观者来说可能不是那么明显。许多参观过第五维度的人这样描述：一开始，一切看来都非常混乱，孩子们来回走动，并不时地争论，电脑不断闪烁。但我很快就发现，几乎每个人都知道应该干什么。没有人相互冲突打闹，孩子们看起来都非常开心，而且他们做的事情很多都与学习有关。

参与活动能使人强烈地感受到其中的文化。一般情况下，大学生们一开始写的活动笔记都认为他们处于一个陌生的但却有共同文化的系统中。因为他们不是一般的参观者，而是其中的初学者，他们意识到自己必须要学习第五维度项目中的文化。这种意识会给他们带来焦虑，并让他们力图去弄清楚该怎样做才能成为群体中的一员：

> 当我从窗子中看到那个房间时，我心里面有很多疑问。这个系统是如何运行

的？我应该干什么？在我对电脑游戏一无所知的情况下,我怎样才能成为一名领导者？(活动笔记,JG,01/20/92)

让一个年轻人带领我们做游戏感觉很奇怪。我感到有点无助,并想到,在这个社会中,知识就是力量。我们这里正是这种情况。大学生们很快就能启发儿童的思想,并帮助他们完成第五维度项目,而我们甚至连第一轮任务都没能完成!作为一个男孩,我感到有点羞愧。(活动笔记,CM,10/04/91)

同样地,大学生们在他们的课程报告中都认为,在参与第五维度项目的过程中,自己对这个系统的认识都产生了很大的变化。

我与这里的每个人都非常熟悉。我们几乎就像一个小家庭一样,以为我们互相帮助并分享关于儿童的想法。我从来没料到在这里会有这样的凝聚力。

我的笔记一开始都是这样的陈述,如"我问我应该做什么……当我解释时……我建议……我告诉她……"我认为这些句子说明我逐渐开始界定我在第五维度中的角色,即便我知道这并不是有意识的决定。

第二个适应文化的更加微小的指标能够在可预见的转变中找到。这种转变就是,当大学生熟悉了整个系统后,他们的活动就会受到第五维度项目的人工制品的影响。参与者们经常会在活动笔记提到基础性的人工制品,如魔法师、迷宫、规则、任务卡等,他们还会描述自己逐渐成为有作用的成员的经历。

对活动笔记的分析显示与人工制品的互动存在三种模式。第一种可以称之为"定向模式",这种模式下,人们把人工制品当做"物质本身"。第二种是"工具模式",因为人工制品被用作某些目标导向性活动的中介物品。第三种是"反省模式",它指的是在使用人工制品时的一种独特的留心的方式。

更有趣的是,随着参与者对文化系统的逐渐熟悉,他们会逐渐从定向模式向工具模式继而向反省模式转变。活动笔记显示,一开始参与者只是用人工制品来了解自己在第五维度系统中的角色:

斯科特逐渐告诉我们了更多关于项目的东西:我们的任务是怎样引导儿童使用迷宫,任务卡……然后我们分成不同的小组来利用电脑做游戏。(LA,10/1/91)

我们学习了任务卡、线索盒、旅程日志、魔法师以及魔法师助手、第五维度的地图、规则……尽管任务卡并没有给你提供很多建议。(JG,1/14/91)。

其后,随着参与者对文化的逐渐适应,他们更多地将任务卡看做工具性的物品:

因为他没有阅读说明,所以我让他阅读了任务卡,并请他告诉我游戏的目标以及为了完成游戏他应该做什么。(LA,10/31/91)

任务卡提到你应该从第五级开始,然后逐渐增加变量来确定它们属于哪个级别,最终达到游戏要求的100厘米(植物园)。(CM,12/5/91)

　　对关键人工制品（如任务卡）的定向和工具模式的使用频率分析提供了一个随着文化适应而逐渐变化的数量图。如图 10.6 所示，在第一周，学生们初级的定向模式来使用任务卡，但到了第八周，工具模式的使用数量已经超过了定向模式。[4]仅参加过一次课程的学生几乎不会用反省模式来使用任务卡。但长期参加课程的学生则会使用这种模式，而且他们还会评论新手的使用方法，并提出针对人工制品的改进意见：那天一早，罗米就来找我，她问我黄金山的任务卡好不好……（然后她又写道）我认为，如果我直接把任务卡读给他的话，他早就不玩了……这个任务卡对孩子们来说没有挑战性（CM，11/5/91）。

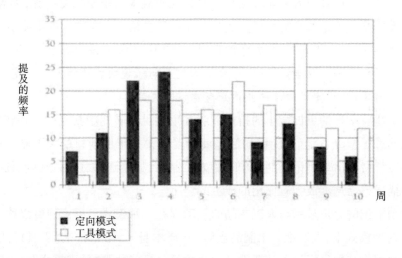

**图 10.6　在参与第五维度的大学生书面语言中，任务卡的定向和工具模式的使用频率。**

　　这些结果显示，第五维度确实是一个文化系统。适应这个系统的文化涉及即时掌握知识、改变自身角色及用新的模式对待人工制品。

## 第五维度项目的跨文化研究

　　开始这个计划时我并没有想到还可以利用它进行跨文化研究。我只对单一的第五维度系统有经验，并没有思考它在环境变化时会有什么样的表现。我一直聚焦于持续性的问题，并没有充分意识到不同机构运作第五维度项目时的可能差异，尽管我们早就采用了"相同任务，不同环境"这一策略。

　　这里的"相同任务"指的是，所有的机构在构建第五维度时都使用相同的初级和中级的人工制品。但参加不同项目的大学生都来自相同的课程，有相同的阅读背景，并且都将第五维度项目的内容作为课程任务进行了正式的培训。这些大学生以及我们指导教师都已尽最大努力以确保第五维度在所有机构都能正常运行。

　　我们先前的经验表明，"相同的任务"放到"不同的环境"中时，它们很快就会变得各不相同。这对处在不同环境中的第五维度也是适用的。不同机构都有各自独特的运作方式。

　　每个第五维度都是不同的文化系统，我的这种经验来源于学生们变换机构时所作的评论。他们常常都会提到，另外的第五维度是多么的不同。这给我们开展跨文化研究开辟了道路。

　　阿格利基·尼科卢普鲁和我对儿童俱乐部和图书馆两个第五维度系统中儿童的表现进行了跨文化分析（Nicolopoulou & Cole，1993）。活动笔记普遍显示儿童俱乐部中的第五维度系统复杂而混乱。儿童们为了因为一些莫名其妙的理由而来回穿梭。儿童也与大学生们合作和玩游戏，但他们之间似乎都不熟悉，而且他们之间的互动充满了争论和大量的恶作剧。第五维度的许多规则也没有得到遵守。

　　相比之下，图书馆内的孩子们则更加亲密、守纪和专心。他们来得很准时，而且一直待到最后才走。有时候甚至是被父母拉走或者被图书馆的工作人员劝走的。儿童和大学生之间建立了牢固的友谊。

　　理解这两个第五维度系统之间差异的关键在于考察他们所处的环境。在不进行第五维度的活动时，儿童俱乐部是一个喧闹的地方，里面放着摇滚乐，小孩子们跑来跑去，俱乐部里面也没什么好玩的游戏。但俱乐部外边经常有小孩子玩各种有趣的游戏，如捉迷藏、游泳。还有的小孩子聚在一起吃零食或者聊天。没有第五维度时，儿童俱乐部的主要活动就是游玩游和同伴活动。

　　与之不同的是，图书馆是一个安静的场所，里面的儿童都彬彬有礼。学习，而非游戏，是主要的活动。在儿童俱乐部，当第五维度的活动结束后，孩子们就可以做他们喜欢的事情。他们可以参加许多活动，如果愿意的话，甚至可以回家。但是在图书馆中，活动结束后，儿童会一边安静地读书，一边等他们的父母。

　　当把这两个第五维度系统的运行状况与其所处的外部环境特点结合起来以后，我们马上可以看出活动（或内容）与环境相结合的方式（见图 10.7）。如果用一个相对粗略的变量"噪音水平"来代表两个地点的质量，我们可以发现，在同一时段内，儿童俱乐部要比图书馆的第五维度项目噪音大，图书馆内的第五维度项目要比其外部环境噪音大，但儿童俱乐部的外部环境要比其第五维度的活动噪音大。每个第五维度项目的质量特点取决于"内容"与"环境"或"活动系统"与"机构环境"的关系。

　　每个第五维度都混合了好几种主要的内容——友爱、同伴、教育和游戏。而每种第五维度项目所展现出的不同文化特点正来自于不同活动内容的差异。在儿童俱乐部这种以游戏为主的环境中，第五维度的教育特征就让它显得相对严肃和教学化（更安静）。但在图书馆这种环境中，与其安静的学习环境相比，第五维度的游戏特征就让它显得更加游戏化了（更吵闹）。

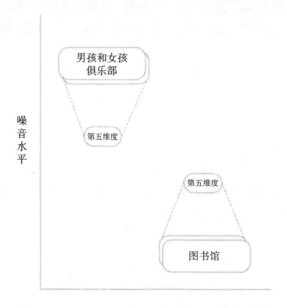

**图 10.7　图书馆和儿童俱乐部的噪音水平图。** 儿童俱乐部开展第五维度项目时的噪音水平高于图书馆;图书馆内的第五维度项目要比其外部环境噪音大,但儿童俱乐部的外部环境要比其第五维度的活动噪音大。

　　为了检验第五维度系统中文化差异之间的认知关联,尼科卢普鲁比较了两个系统中知识分享的程度以及儿童个人成就的水平。她的证据是儿童在玩一个叫做"神秘屋"的电脑游戏时的活动笔记(Nicolopoulou & Cole,1993)。图 10.8 是两个系统内的儿童在一年内玩这一游戏的表现。可以看到,儿童俱乐部内的儿童玩这一游戏的水平总体上没有进步,年末的平均表现甚至还不如年初。相比之下,随着图书馆内儿童知识分享的增多,他们玩这一游戏的水平也有了显著提高。以上证据以及对两个系统中文化密度和文化增长的测量数据都表明,在这一年中,儿童俱乐部中的文化几乎没有什么增长,但图书馆中的文化却有了显著而长久的增长。

## 面对面互动中的变化

　　为了方便讨论,我们用儿童在"神秘屋"游戏中的表现来代表他们的总体成绩,我们综合了两种不同情境下活动参与情况的质性资料作为分析内容。我们可以发现,儿童俱乐部在促进文化增长方面似乎是一个"贫瘠的花园"。然而,儿童俱乐部的人员认为他们仍然值得支持。这是出于他们希望儿童使用电脑的这一简单的愿望呢,还是有证据表明成人们认可那是一种学习活动呢?

　　为了考察儿童俱乐部中的日常活动,我再一次阅读了学生们的活动笔记。以下是两则活动笔记的例子。第一则是一个儿童在用来提高语音分析能力的游戏中记录的,

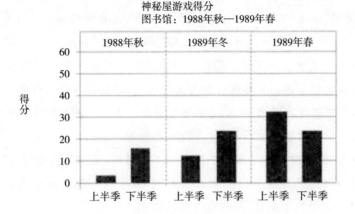

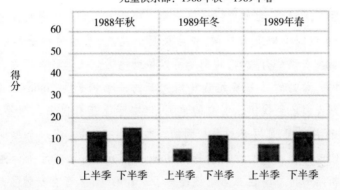

图 10.8　在图书馆和儿童俱乐部环境中，儿童在一年时间内从事某一游戏的表现变化。注：儿童在图书馆中的成绩提高更为明显，反映了图书馆中更浓厚的分享学习的文化。

第二个则来自提高儿童数列操纵能力的游戏。我在一些特殊人工制品和第五维度实践之后的括号中添加了一些说明，这样做有助于理解活动笔记。

### 一堂语音课

这则活动笔记描述了"咬文嚼字"这个游戏中的互动。这个游戏要求儿童识别出所给字母的特殊读音，这些字母用一个 5X6 的矩阵呈现出来。儿童必须灵活地操纵键盘来控制人物上、下、左、右的移动，以便躲避一个间歇出现的"坏人"。对于初学者，甚至是大学生而言，这个游戏都不太容易获胜。活动笔记是特里·穆尔写的，他与 8 岁的亚当一起玩这个游戏（笔记中的所有儿童均为化名）。

亚当毫不费力地理解了"咬文嚼字"的规则，并从第一关开始了游戏。这个游戏按照元音音标的发音分成了不同的类别，如"tree"里面的"e"的发音、"mouse"里面"ou"的发音等。第一个是"tree"里面的"e"的发音，他正确的听出了很多单词，但是并不是所有单词都正确。即便他能正确的判断出单词的发音，却常常将他们错误的归到其他类别中去。亚当很难区分长元音和短元音,他经常因为相近的发音而出错,例如"hook"中"oo"的发音。我必须承认,有时候单词的分类是很有迷惑性的,因为一些单词之间只有很细微的差异。例如,"hook"和"rope"似乎都有"o"的音,但它们的发音其实是不同的。类似的例子对亚当来说很困难,我想他在学校中刚开始上拼读课。亚当有时会发音错误,有时会出现分类错误,而他旁边的朋友查利又常常对他大喊大叫,这使亚当连第五关都没完成(根据任务要求,必须完成第五关才能达到初级水平)。于是我决定帮助他。

我告诉他,他必须完成第五关才能合格。那时候,亚当已经很沮丧了,他经常用完全部的三次机会都完不成一个关卡。"我能帮助你完成第五关,"我跟他说"我是高手"。我们换了座位,然后我开始了游戏。

我并没有仅仅让亚当坐在那里看,我让他和查利都读出目标单词的发音。这是亚当的最后一次机会,我向他保证不会输。我让他们告诉我单词的发音,然后才行动,对于那些他们不确定的单词,我会反复读几次,然后再把分类读音读几次。这种重复对亚当来说是有效的,特别是可以帮助他区分长元音和短元音。

我印象特别深刻的区分长元音和短元音的一个例子是"mouse"中"ou"的发音。亚当以为我们已经找出了所有的单词,但实际上还有很多。那些单词虽然没有"ou"这两个字母,但是发音却是相同的。我找出了"clown"这个单词,但亚当却不认同。我让他再听一遍的我的读音,"clown"与"mouse",然后告诉他:相同的发音不一定是相同的拼写。但亚当最终接受了这种看法,尽管有点勉强,因为他一开始以为只有拼写相同才能发音相同。我们进行到了第四关,他们两个对每个单词都作出了反馈。

"好了,现在必须让你来完成最后一关了,"我告诉亚当,"你一定能完成第五关的"。这是他最后一次机会了,我告诉他我会帮助他。

在我和查利的提示下,亚当表现还不错。但是他控制的人物最后还是被坏人吃掉了。亚当经常控制不好人物,让其在迷宫中来回乱走。我告诉他要小心坏人,但他最后还是被吃掉了。总之,他失去了最后一个人物,我认为游戏到此就结束了,他也觉得失败了。但最后他发现我们又额外得到了一次机会。我不太清楚为什么会这样,可能是因为我们的分数很高吧。最后,亚当用这个人物打到了第七关,也终于完成了初级水平。

埃米告诉他,他只有在我这里才能拿到任务卡。我跟他说,他必须要通过笔试才行。他写下了五个元音(差点忘了a),然后尝试着区分长元音和短元音。这一直是亚当的弱项,我很好奇他能不能通过。任务中一共有五个单词,必须要找出它们中的元音然后判断它们是长元音还是短元音。他顺利找出了元音字母,而且他也正确的判断出了"cake"和"tree"属于长元音,但是他在一个非常简单的短元音

"red"上面却出了错。我通过对比"tree"和"red"的发音来启发他,经过多次提示,他终于做对了。最后,他完成了任务卡,并从埃米那里得到了星星。

这些笔记记述了一个大学生参与阅读任务,并为其中一个儿童提供特殊帮助的过程。它很好地说明了第五维度吸引成人参与的几个特征。

毫无疑问,儿童在活动中,也会得到成人的指导,但这种指导与学校中的指导并不相同。在上述的例子中,大学生对儿童的指导形式非常有弹性,这与大学生本人对游戏的理解有关。尽管活动中有 3 个参与者,但游戏的分工使得大学生可以将注意力聚焦于一个儿童最大的问题上——长元音和短元音的发音区别。

第五维度的规则和这一游戏的结构,使得大学生可以通过游戏中实际的帮助来鼓励儿童:她亲自完成了游戏中的一些任务来启发儿童,然后把其他的任务交给儿童让他自己去完成,这时候她又回到了"有帮助的观察者"这一位置上。在这个过程中,她发现了将来可能继续导致亚当犯错的一个混淆的概念,即发音相似的单词拼写也必须相似。

要全部完成任务卡,儿童还要通过最后部分的"后测"。亚当在分辨音节长度方面还有困难,但我们相信他在区分长短元音方面已经有所收获,在这个过程中,他学到了很多东西。然而,他的理解仍然比较浅显,需要进一步的强化。

### 利用直角坐标系进行数列估计

第二个例子的主人公是 9 岁的布雷恩,他玩的是詹姆斯·莱文发明的"猎捕鲨鱼"游戏。活动笔记是由埃米莉·鲁宾记录的。图 10.9 是该游戏在第三关以上时的图示(第一关中,只有名为"目标"的横坐标;第二关中,只有名为"距离"的纵坐标)。

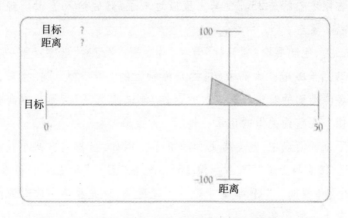

**图 10.9　高等级"猎捕鲨鱼"游戏的图示**

我拿到了任务卡,然后找到了坐在电脑前的布雷恩。我曾经在任务日志中见到过他的名字,所以当我写出他的名字的时候,他觉得很惊讶。"你怎么知道我的名字呢?"他问道。我告诉他以后,他笑了起来,然后将游戏光盘放入了电脑。他打开了电脑,我打开了显示器。电脑上的第一个问题是"谁要玩这个游戏?"

他问我,怎么才能告诉电脑有两个人要玩这个游戏。我说,这是一个单人游戏,他必须输入他自己的名字。他一边念着"B-R-I-A-N",一边慢慢地输入了自己的名字。我告诉他,我也没怎么玩过这个游戏,所以我们最好先看一下任务卡上的说明。

当我正在读任务说明的时候,他已经开始玩第一关了。在前 5 关,我用任务卡记下了他在"猎捕鲨鱼"时所猜测的数字。他一开始并不知道我在做记录,当我说出他离目标差了 2、3 或者 1 的时候,他才意识到这个问题,并开始注意我所做的记录。他还时不时地问我自己上次猜测的数字是多少。

在第一关的时候,他还不太懂得数轴的概念,他并不知道什么是"目标"或者"距离",他只是凭感觉填上数字。第一关只需要填写横轴"目标"的大小,他看了看数轴两边的数字(从 0 到 50),然后说,"这也太大了吧"! 他一边想一般说"我要填……我要填 45"。我对他说,这个数字太靠近右侧,他要填一个小一点的数字。很快,他经过两次尝试就捕获了鲨鱼。

第二关要难一点,这一关既包括"目标",也包括"距离"。他输入了一个数字,点击"确定",然后靠在椅子上等着鱼叉飞出去。但是电脑却显示,"请输入一个数字"。"输入一个数字?!"他喊道。"我刚才已经输了一个呀。"我告诉他,他也必须猜测"距离"。我指着屏幕上的数轴跟他说,"你不仅要输入数字来确定鲨鱼的位置(水平方向),还要输入数字来确定鱼叉的高度(垂直方向)。"第一次,他把距离猜错了,因为位置太低。接着,他准备输入一个更小的数字。我提示他,"记得上一次吗? 你刚才输的是 33。"他马上反应过来了,然后输入了 35。经过 3 次尝试,他终于捕获了鲨鱼。

在第三关,他既要输入"目标"数字,又要输入"距离"数字。第一次尝试后(没有我的帮助),他喊道:"太高啦(指的是纵轴上的数字太大)"! 接着,他开始学着像我一样参考前面的数字。第二次的时候,他说:"又高了,而且方向也偏了"。这些评论就像我在前两关做的记录一样。

在接下来的游戏中,他变得更加独立了。例如,当我们在减小数字时,我建议他输入 17。但他马上说"不,我会填 16"。他在"目标"轴上填的很准确,但在"距离"方面还有待提高。"好,我再来改一下距离"。这是我第一次听到他说"距离",而非在屏幕上去指那条轴。

尽管他已经越来越独立,但随着游戏难度的增加,他也更加乐意接受我的建议。例如,在第五关的时候,他说,"我要填 16"。我告诉他,数轴的范围是 0-50,填 16 太靠近左侧了。他说:"好吧,那我填 25,不填 29。距离呢,就填 70。"但是鱼叉还是偏了一点,他自己开始分析起来:"很不错(他说的是距离)……但是稍微偏左了一点,填 26 一定可以!"他发射了鱼叉,并且成功的升到了第 6 关。在检查任务卡的时候,他尖叫道:"我打到第 6 关了,太棒了!"

　　游戏难度逐渐增加,因为数轴上包含了很多负数,而且斜率也更低了。但他看起来更加积极了,而且难度的增加并没有让他畏缩。他关于数轴的只是已经相当丰富了,即使数轴的范围是从 -100 到 +100,他也能够应对自如。有一次,他甚至教我如何射的更准确。我告诉他,我会填 30。但当填入 30 后,电脑显示"太小"。他叫道:"太小!哦,是 -32!那么应该填 -40!因为这样会更低一些(他指着距离轴说道)。"他注意到了负斜率的问题,但我却没有注意到。

　　打到第 8 关的时候,布雷恩异常兴奋,"我不敢相信自己打到这里了!"他已经能够熟练地使用横轴和纵轴了,基本无需帮助就可以完成任务。"在高一点,再向左一点",他边想边说,"上次填的是 39,这次填 40 吧(目标轴)。这个上次是 39,这次填 49 吧(距离轴)。这样应该会更近一些。"尽管没有击中,但他没有失去信心。他说:"目标和距离都更近了!"他很快就通过了第 8 关,我们也完成了整个游戏。我告诉他:你已经完成了所有的关卡,而且已经成为了这个游戏的专家了。

　　还没等我让他填完任务卡,他就高兴得跳了起来,打算去选其他游戏。泰里帮我把他安抚下来,让他完成任务卡。上面有一个问题是:目标与距离有何不同?他回答道:"目标是鲨鱼的位置,距离则是鲨鱼的高度。"我随后让他画出了关于目标和距离的模拟数轴,他很喜欢大声读出数轴上的数字。有一条数轴是从 10 到 80 的,他依次读道:"10、20、30、40……"一直到 80。通过游戏,他已经发展出了一套解决类似问题的心理策略。

在这个例子中,儿童在数轴上面临的困难并不是那么清晰,而且这些困难看起来也没有那么严重。但是,我们可以清楚地看到儿童处理困难游戏的能力在提高,这种提高是伴随在他与大学生的互动过程中的(儿童在思考过程中说出来的话是分析这个案例的重要信息)。以下事件值得注意:

一开始,儿童没有注意到大学生在旁边做的记录。后来,他注意到了,而且开始利用这些记录来帮助自己完成游戏。

一开始,儿童难以理解游戏中的某些特殊名词,但他很快就掌握了。

在游戏过程中,儿童逐渐接受了游戏的评价指标和语言模式。

尽管任务难度越来越大,但是儿童在游戏中变得越来越独立了。

后来,儿童逐渐成了"出色的同伴",并指导大学生如何理解负数的含义。

从活动笔记中可以看到,随着儿童动作的准确度和复杂性的增加,他也变得更加兴奋和满意了。

尽管儿童俱乐部中"第五维度"的结构很松散,但类似上述的互动仍然随处可见。

相比之下,儿童在俱乐部以外的活动就比较缺少教育性的内容了。儿童经常到俱乐部中参加"第五维度"的活动,而且成人们也知道儿童参加的是有教育意义的活动,这些事实正是儿童俱乐部的员工支持"第五维度"的原因。

## 持续性的效果如何?

为了便于讨论,我们假设"第五维度"对儿童是有益的(儿童俱乐部中的表现也印证了这一点)。但是,这能解决持续性的问题吗?

当提到持续性时,我们实际上指的是文化—历史层面上的改变。遵循文化—历史方法的基本原则,我必须回到足够久远的过去来了解这些变化。在本文中,比较方便的起点就是计划开始的那一年,那时候活动系统还没有考虑到三种不同的活动情境。

在本研究计划确定目标的阶段(1986—1987),研究人员定期地举行工作坊。同意参与本研究的四个机构的员工也参加了这些会议。通过会议,他们逐渐熟悉了他们要做的很多工作,以确保让儿童参与到活动中来。

在那一年的年底,我也参与到了研究课题中。我采访了几个机构的主管,包括学校、托儿所、图书馆和儿童俱乐部。由于担心他们的电脑的安全,学校最终决定不参加研究计划,但表示愿意为托儿所提供帮助。另外两个机构的员工对"第五维度"很感兴趣,并认为儿童也会喜欢这项活动。图书馆的员工表示,希望"第五维度"的活动能够与图书馆的条件结合起来。我们欣然接受了这个提议。

### 在托儿所进行的第五维度项目情况

托儿所是第一个终止"第五维度"活动的机构,活动持续了 1987—1988 学年的三分之二个学期。活动终止并非因为儿童或员工对"第五维度"不满意。事实上,研究计划开始后不久,我们就应员工的要求对活动进行了调整,以便让所有的儿童都有参与的机会。

导致计划终止的重要因素是担心虐待儿童事件的发生以及大学生相对快速的流动性(加州大学圣迭戈分校一学期只有十周课)。那时候,洛杉矶的一起儿童虐待案件引起了人们的广泛关注,为了防止此类案件再度发生,托儿所的主管机构要求所有该机构中的成人必须到司法部备案指纹,并进行肺结核测试。资金不是问题,但时间是问题。当所有的文书工作都完成的时候,新学期马上就要开始了,大学生们已经没有多少时间了。有鉴于此,我们建议,在第三学期开始前,先暂停研究计划。托儿所的主管松了一口气,她曾经想退出计划,因为托儿所进进出出的陌生人让人难以平静。她不好意思让我们难堪,所以一直欲言又止。

### 在图书馆进行的第五维度项目情况

图书馆中的"第五维度"活动是在一个拐角处进行的。不开展活动的时候,电脑、迷宫等设备就放在旁边的一个橱柜中。图书馆与小学之间隔着一条公路,所以孩子们都是由家长开车接送的。几个星期之后,"第五维度"的活动才渐渐流行起来。在第一学期中旬的时候,有六七个儿童每周两次定期参加我们的活动。我们甚至打算给"魔法师"开一个热线电话,以便让儿童在没有活动的时候也能联系上他,但当时没有付诸实施。到第二年的时候,为了满足儿童的需要,我们决定每周四天、分两组进行活动,每次都有八九个儿童参加。

尽管规模有限,但是从影响儿童的角度来看,图书馆的活动是最成功的。正如我前面所讲的,图书馆中的儿童的游戏成绩非常好,而且他们与大学生之间建立起了牢固的友谊。

在研究计划的开始阶段,我们就为图书馆的员工提供支持来运行"第五维度"项目,而且帮助他们筹集资金来购买硬件和软件设施。我们设计出了一些独特的活动,来帮助儿童提高图书馆使用技能。在图书馆相关人士的帮助下,我们终于成功的开通了一个热线电话,以方便儿童与"魔法师"进行交流。

到第三年,研究计划结束的时候,我们与图书馆的成员探讨了未来的发展前景。我们都认为,应该将大学的一些职能转移到社区方面来。我们能保证在研究课题结束后,让一些优秀的大学生参与到后续的活动中来,但是我们不能提供常驻图书馆的人员,而且无力负担购买电脑等事宜。

图书馆决定不再实施这一项目,除上述原因之外,还有以下原因:图书馆的空间有限;儿童在玩游戏时经常兴奋地大喊大叫;他们缺少给工作人员支付报酬的应有资金,而且也没有时间来培训员工专门从事这项工作。上述问题也不是无法解决,但是即使资金充足、即使不缺少志愿者,这一项目也难以在图书馆继续进行下去。因为图书馆的人员认为,"第五维度"的活动不能契合他们作为图书馆管理员的主要目标。因此,图书馆的"第五维度"活动也结束了。

### 在儿童俱乐部进行的第五维度项目情况

儿童俱乐部中的"第五维度"活动是在一个大房间内进行的,这个房间的面积远远超过我们的要求。我们逐步在房间内放入四五台电脑,又招募了很多大学生,所以可以让很多儿童参加活动。有了足够的人员后,"第五维度"就开始运行了,每周开展四次活动。另外,我们把迷宫放在了房间的中央,还在墙上挂上了很多儿童的作品。

在儿童俱乐部中,每天参与活动的人数起伏不定,从四五个到十二三个不等。但是,最重要的是,这些儿童都是自愿参加的。有的人经常性地来参加活动,有的人每周只来一次,也有的人总共才参加了一两次活动。每天的参与人数差异巨大使得儿童与大学生难以建立起友谊。大学生和研究人员发现,很难统计儿童在不同游戏上的完成度。迷宫里经常有许多"陌生生物",这常让儿童们手足无措。上述情况也使得大学生们难以理解和执行规则。因此,一些儿童(也包括部分大学生)觉得规则是外在和强制性的,他们要么反对规则,要么无视规则。

这些困难促使我们在第一年的最后一个季度中决定简化"第五维度"的操作程序。我们取消了游戏的选择限制,并设计了一个包括 40 个游戏和表格的图表,用来表示儿童的游戏完成度(初级、中级、高级)。选择游戏方面没有了限制,儿童只需要选择一个游戏,然后参与他们没有完成的关卡。

事实证明,这种简化程序的尝试完全失败了。因为没过多久儿童们就只玩他们喜欢的游戏了。大学生们试图执行新规则,但是很快就觉得自己很专制,而且收效甚微。

那个夏天,我们在儿童俱乐部举行了一个独特的暑期"第五维度"活动,我们退回到了最初的结构中,并依据俱乐部的特殊情况重新制作了一些人工制品(如记录仪、升级版的任务卡等)。当"第五维度"回到正轨以后,它展现出了令人满意的稳定性。

我注意到,不管我们对"第五维度"多么不满意,儿童却很乐意参加。第二年的时候,雄心勃勃的大学生们在附近的一个儿童俱乐部开展了新的"第五维度"项目。很快,又有另外一家俱乐部要求参与进来。这些俱乐部都提供了资金支持,而且将"第五维度"作为他们的主要项目。更重要的是,除了专门的房间外,他们还提供了电脑和电话线。

在第三年末,我们与儿童俱乐部的主管会谈时,他们都表示会继续运作"第五维度"项目,他们也愿意为工作协调员提供一份兼职工作。因此,我们在该地区的三个俱乐部内运营"第五维度"。但是在 20 世纪 90 年代,经济衰退使得俱乐部和加州大学圣迭戈分校(USSD)都不得不削减开支,所以我们就只保留了第一家俱乐部中的"第五维度"活动。

在接下来的两年中,"第五维度"的状况起伏不定。UCSD 仍然开设实习课程,我们也继续向俱乐部输送大学生。但我把注意力和研究经费都用在了另一个与俄罗斯学者合作的"第五维度"项目中了。[5]这样就在一定程度上让儿童俱乐部中的项目自力更生了。尽管"第五维度"项目仍然吸引着大批儿童参与,并为大学生提供了珍贵的实践机会,但是它似乎已经开始走下坡路了。

然而,意想不到的是,"第五维度"又成了新一轮研究的热点。这让我们有机会来实验能否扩大原先的项目规模,使其涵盖更多的合作机构和社区伙伴。一种新一代的"第五维度"系统诞生了。同样地,这些"第五维度"系统给儿童们创造了珍贵的学习机会。有些"第五维度"发展壮大,也有些逐渐销声匿迹。在这一轮三年研究计划的末尾。一共有 7 个"第五维度"系统存活了下来(Cole, 1995b; Nicolopolou & Cole, 1993;

Schustak et al.,1994;Woodbridge,Olt,& Cole,1992)。其中,儿童俱乐部中的"第五维度"得到了蓬勃发展。

## 持续性研究的基本经验

当我在写这些文字时,"第五维度"仍然存在并正常运作。与十年前相比,第一代"第五维度"系统已经衍生出了十几种改进的版本。他们有的位于小学,有的位于儿童俱乐部,也有的位于基督教青年会和教堂中。参与这些活动的大学生来自不同的大学和学院。很多大学内也设立了相关的附属机构。尽管这些项目仍在发展之中,但它们已经持续了足够长的时间,我们也有了足够的经验,来总结出影响持续性的诸多因素。在这里,我重点介绍儿童俱乐部系统。

总的来看,我创立一个持续性的系统仍是非常困难。尽管"第五维度"的活动受到了课外机构的广泛重视,尽管它给大学生提供了独特的、便利的实践机会(建一个实验室要很多资金),尽管各方面都表现出了良好的意愿,"第五维度"仍然很难维系稳定的外部资金支持。为什么呢?

总的来看,有如下几个原因。在初始阶段,最大的困难就是难以得到认可,因为我们当时无法评估它的意义和价值。我们注意到,开工作会议的时候,社区机构的代表就经常变更。这说明这些机构长期人员不足,而且几乎没有员工是本行业的专家。这些机构之所以难以在初始阶段确立清晰的目标,就是因为他们缺少纵览全局的人物。

项目开始以后,一个显著的特点就是合作机构中的督导人员并不固定。我们参与的三个机构中,负责执行"第五维度"项目的人员都不是参与制订计划的人。

这种缺乏连贯性的问题也存在于大学方面。大学只是在一年中的部分时间可以参与到项目中来。他们的执行情况取决于实行学期制还是学季制、是否休寒假或春假等。我所在的地区,大学的开学时间比小学要晚好几个星期,因此儿童俱乐部认为活动开展的太晚。而且"第五维度"系统还时常暂停(如圣诞节),而俱乐部则认为这些时候应该开展更多的活动。

研究项目每年需要提供两到三次由专人负责的培训,但这类培训又取决于当地的学年计划,这又引起了新的问题。如果培训教师只是短期任职(两到三年),那么其他部门工作方面的事都可以临时搁置;但如果已经形成了惯例,那么该教师所在的部门就应该达成共识,即认为培训是有专人负责的,即便他(她)外出休假或者变换了工作。尽管这些活动意义重大,但要形成这样的惯例和共识也是非常困难的,因为每个部门的工作都非常繁重。

社区机构面临的另一个困难就是维持"第五维度"项目所需的物质基础。包括硬件设备和电脑软件,也包括我们提供的材料(任务卡、迷宫等)和专职人员。

缺乏连续性,导致难以保持活动顺利运行所必需的文化知识。这些知识包括多个方面。首先,"第五维度"项目的指导者必须具备一定的知识,包括会简单修理现场的硬件设备,解决故障等。其次,指导者必须在必要的时候修理或者替换硬件设备,也要及时寻找可以利用的新软件。最后,指导者必须要熟悉"第五维度"的文化,确保它在学期开始的时候能够正常运作,并在其运行过程中进行适当的创新。学校方面也有类似的职责。

"第五维度"系统能长久地持续下去吗?现在下结论可能还为时过早。不管它能否在这一轮研究之后继续运作下去,"第五维度"已然为应用和检验文化—历史心理学提供了丰富的媒介。

注释:

1. 这项研究的资金来自卡内基公司(Carnegie Corporation)、梅隆基金会(the Mellon Foundation)以及斯宾塞基金会(the Spencer Foundation)。

2. 列昂捷夫(1981)认为,除了那些仅仅能够被儿童理解的动机(如掌握新技术的需求)之外,第五维度系统还为他们提供了多种其他有效动机。

3. 这些材料基于森伯斯特公司为该研究提供的软件。

4. 这项分析由瓦妮莎·高克负责执行。

5. 第五维度被证明是进行两国或族间学习与发展研究的有效媒介(Belyaeva 和 Cole,1989)。其他第五维度中心仍在运行中:凯瑟琳·金负责在新奥尔良运营,吉利恩·麦克纳米负责在芝加哥运营,VEGA 国际实验室的成员负责在莫斯科运营。

# 第 11 章　在背景中进行研究

科学观察不仅仅是单纯地描述独立的事实。其主要目标是以尽可能多的观点来看待一个事件。它真正的目标是明了和理解事情或者事件相互关联的方式。

亚历山大·鲁利亚

现在,通过在史前心理学、几十年的跨文化研究以及文化历史心理学的重构中选定的问题,我已经把读者带上了一个相当漫长的旅程,并以我传统研究中的几个例子来结束这段旅程。这是一条从托雷斯海峡到第五维度的漫长道路①。

为了完成这段旅程,是时候回到我开始提到的那些问题了,现在通过我的现代文化心理学的镜头来看这些问题。在某种意义上,我们又回到了起点,我们结束时的问题正是我们开始时的问题:心理学的双重性质是什么,组织研究人类思想和行动的方法论的双重性质是什么;这一双重性对于文化心理学的影响是什么。

总体上,我对冯特思考的品质有相当深刻的印象,他考虑到心理学面临是否想在19世纪末成为一门独立科学的选择。他提出二元科学,将关于智人双重性的漫长思想史与可以对结果混合进行严格调查的方法合并。并且,他的分析很好地映射了学科中的分歧,一种是寻求把自然科学方法扩展到所有的心理学中,一种是寻求多种形式的文化心理都是一种表现的第二种心理学。

在当前情境下,冯特关于两个心理学问题的思考让人失望之处主要在于:他对怎样以及在哪里可以将两种心理学结合提供的指导很少;解决这个问题的良好尝试仍是下一代的任务,而结果证明这也是以后几代人的任务。用一个单一的范式来统一"两种心理学"的问题也并没有得到解决。

一个世纪前确有其事的是,心理学家中关于如何解决这些问题有三种主流观点。第一个,我在第2章和第3章所关注的焦点,是在第一种心理学的基础上继续前行。第二个,就是采纳狄尔泰建议的道路,把心理学放在文化科学中,允许人类生理学和基本

---

① 托雷斯海峡,第2章提到的托雷斯海峡项目,阐释了在所谓的基础心理学过程中,心理过程仍无法说明对任务的理解由于文化的不同而影响行为。第五维度系统是以活动理论为指导,由儿童、大学生和研究者参与的课外活动。这个系统以电脑为媒介,通过构建迷宫、巫师等虚拟人物和游戏,将学习和游戏结合起来,达到寓教于乐的目的。译者注。

心理功能的研究成为神经科学和其他自然科学学科的范围。或者,第一种心理学的范围应重新解释,重视文本和话语分析。

我相信我一直所采取的路线的逻辑会导向第三个方向。这条路是追随米尔、冯特和其他认识到人类和其他生物有重要不同的学者,这个差异与人类生活、文化的独特环境相联系。然而,这超出了冯特的建议,怎样将与冯特的自然、文化的两分系统相关的两种世界观统一为单一的科学事业。我在本书后面几个章节中一直在发展文化历史方法,我将用这个方法来回顾我们开始提出的问题。

# 关注问题一
## 为什么实践证明心理学家很难考虑文化因素?

一个简短的回答可能是:因为当心理学把文化当做自变量把心理当做因变量,它就破坏了文化和思想的整体性,并且把它们暂时排了序——文化是刺激,心理是反应。跨文化心理学的整个历史可以被看做成一种长期的努力史,即因为人类科学被分为社会科学和人文学科而导致被撕裂开的部分重新放在一起的努力。这是对心理学家和人类学家的方法论和理论继续进行讨论的来源,我在前面的章节中已经讨论过的早期阶段。(1995年出版的一本名为"心理与文化"的杂志,就是当前对这些问题的兴趣的一个表现,也见 Jahoda,1982,1992)。

对于这个问题的"更长的"答案在第2章和第3章中已给出,在后面章节我进行理论重构过程的讨论时补充过。我认为对于心理学家很难考虑到文化是因为,当心理学被变得制度化为社会/行为科学时,心理的构成过程就被分割为不同的科学:文化到人类学;社会生活到社会学;语言到语言学;过去到历史,等等。

每一学科都发展了适合其领域的方法和理论。如我们所看到的,心理学中主要的方法依赖于使用标准化程序(测试、实验任务,问卷),它允许随机分配被试到不同条件,量化数据,以及运用线性统计模型来决定结果变异的显著性。相反,人类学中主要的方法是依赖于参与到人们的日常活动中,以灵活的、探测的和社会可接受的方式进行访谈。考虑到在自然科学模型中进行人工实验的适当性,和在日常生活事件中收集数据的根基,这些方法是完全相对的。

普遍心理学的边界或多或少地被第一种心理学的要求预先决定了,20世纪60年代和70年代所做的跨文化心理学就属于这种普通心理学。方法论上的行为主义的实验的、定量的方法假定了与背景无关的法规的产生,但是,感兴趣的现象仅仅用一种还原的方式被这种术语解释,这种还原的方式在每天的事实和生活经验面前保持正确性,并且很难解释发展变化的过程。

跨文化实验中相同的特征使得它们也不能为人类学家所接受,但这是从不同角度来说的。这个关键的异议在 20 年前就被罗伯特·埃杰顿详细地论述过。与方法论的行为主义的规范实验方法相反，埃杰顿认为人类学方法主要是非干扰性的、非反应性的；我们观察、我们参与、我们学习，希望我们理解……这是不成文的范式，并且它与通过实验发现的真理直接相悖，至少在许多人类学家看来，这种真理忽视了情境并创造了反应（1974，pp.63-64）。

埃杰顿了解跨文化心理学家为变得更具文化敏感性所付出的努力，并且他鼓励这种行为。但是他认为这并没有创造出似乎即将发生的范式革命。它仍旧"创造反应"，即行为不是人们自然生活序列中的一部分。

这个结论肯定也适用于我要结合心理学和人类学的努力。正如第 2 章和第 3 章所描述的一样，尽管我们有最好的打算，但我和我的同事仍然只得到了很少的基于由日常活动开始的方法论的结果。[1]我们对其他人得出结论的方法的方法论批判，被认为是有用的，但我们的理论被摒弃为没有结果的排他主义——我们可以批评方法论的行为主义，但是我们不能提供其他可行的方法。古斯塔夫·杰何达为许多心理学家说话，他写道：

> 科尔致力于追寻在一些细节方面表现不佳的原因。一些实证研究事实上已经开始了，但是他大多数的解释主要是列举多种可能性，如一条似乎永无止境的小路消失在地平线上……这一方法似乎需要完全地投入，在实践中对行为的细节进行无止境地探索，却不能保证得出一个确定性的结果。在我们的处理中，如果存在一种可行的"情境理论"这就可能不是必要的了。但是科尔承认，并没有可行的理论。在"具体情境方法"中缺乏的是整体的理论性构念，这种构念与皮亚杰曾提出过的认知过程相联系，并把淹没于大量的难以管理的材料中的研究者解救了出来。（1980，pp.124-126）[2]

这是一条有趣的规定。到目前为止，当我们朝着满足生态效度的要求前进，我们就偏离了实验的标准形式，偏向将分析活动作为理论的实证基础。但这路线导致了对心理学过程中依赖情境和依赖活动本质的强调，难以满足一般化的需要。这些缺陷并不会很快消失。正如珍妮·拉弗（1988，p.173）几年后所评论的，研究认知的活动和环境特定化的方法仍然有责任解释日常活动中连续性的来源。这不同于我们在第二个问题中再次提到的背景。

## 关注问题二
**如果你是一名相信文化构成心理的心理学家，你能做些什么使得你既可以在学术上被他人认可，又能忠于你关于现象复杂性的感觉呢？**

当我还是一名本科生时，我接触到了在 E.G.博林实验心理学史中的时代思潮

(Zeitgeist)的概念,时代思潮按字面意思指的是"当下的思想和感觉方式或时代精神"。博林说的是使科学心理学的先锋有生气的科学实验精神。很长一段时间,我把时代思潮当做糟糕的往昔岁月中前科学唯心论的残余。然而,最近几年我花了大量的时间阅读19世纪学者的观点,体验到了关于文化、环境和发展的学术思潮地剧烈变革,我发现这一概念获得了某种肯定。

这种学术上时代思潮的普遍问题是19世纪社会科学和人文科学的分裂有增长的感觉,无论取得何种成就,它都是照这样的发展趋势。在整个20世纪60—80年代,社会科学和人文科学新的交叉融合在各个国家都出现萌芽。这种多样化的探索中相同的思路是,假定文化、语言和历史都在构建人类思维和行动中扮演重要作用。永久的、积极的社会科学是和文化历史学"杂交"的。

这个我所关注的时代思潮的特殊表现是:正在努力形成一种发展心理学,文化在其中给予共同建构的作用,并与系统发生和个体发生相互缠绕在一起,而我也一直在做这种努力。正如我在第4章提到的一样,有许多共同的努力促成了这种文化心理学。在可能的范式中,正是俄国文化历史心理学家的观点可以作为我的理论起点,但是俄国的方法并没有很有效,除非这些方法与我们对情境特异性认知的跨文化研究相一致。第5—10章描述了我在努力建构一个可行的调和。

## 重思文化与情境

通过重新审视理论基元,我在第5章开始了建构第二种心理学的任务,而这种理论基元出现于,文化这一人类生活和人工制品的物种特异性的媒介被看做文化的基本单元。基于对俄罗斯和美国传统的混合,我提出人工制品有双重的概念材料性质,凭借其先前参与到目标导向的人类行为。正是通过作为"辅助手段"进入行为,文化使行为"变形",成为"行为的文化习惯"。人工制品总是涉及对非人类世界和其他人的世界的双重媒介。

考虑人工制品被组织成系统和网络的方式,我转向当前心理学家、人类学家和社会学家广泛应用的图式和脚本理论的观点。然而,不是把图式和脚本解释为头脑内在的精神实体,我把它们当做分散的、常规的人工制品,对在头脑里的是什么和头脑是在什么里面的关系进行限定。如果我解释当前图式理论的工作和论述的方式是正确的(D'Andrade,1995;Holland and Cole,1995;Strauss and Quinn,in press),呈现在这里的观点,就是更广泛的认知心理学和符号人类学的学术研究的一部分。

这些文化组织方式允许我们思考更广泛更系统的中介行为,但是仍旧缺失我所提出的统称为"超个体的发展信封"的内容:背景,活动,情境,实践,等等。我希望能提供一个简短又详尽的分类,对这些使用的不同的术语和索引的理论选择进行分类。不幸的是,我仍然不确定它们的相互关系。从我自身的行为和阅读过的那些著作中来判断,这些术语常常被当做常识和理论驱动的方法混合使用。此外,这些概念被应用到如此广泛的经验对象的分析中,我很好奇它们之间的差异的凸显,不是出自于学者们研究的特定现象和他们用来研究现象的方法可承受的范围有限,而是来自于深层的理论分歧。

## 一些未解决的冲突

一些问题再次出现在那些寻求某一或其他形式的文化心理的讨论中。第一个问题可以用多种方式来表达。在这里我已经讨论了给予的背景和构建的背景两者之间的冲突关系。珍妮·拉弗对同样的冲突有过如下描述:

> 这种现象和活动理论的主要困难在其他人眼中将是简单的:那些开始有社会活动是其自身情境的观点的人认为,客观的社会结构本身绝不是社会交互建构。另一方面,活动理论家认为,具体的联结和活动的意义,不能通过分析即刻的情境来解释。(1993,p.20)

我怀疑,这种冲突是不是会随着时间的推进而消失。然而,近些年的讨论中参与者间出现了大量的交互作用,连接两个传统的研究开始出现(例如,R.Engestrom,1995;Goodwin,1994;Hutchins,1995;Nardi,1996)。

另一个重要的冲突,尤其是在吸取俄罗斯思想的心理学家的讨论中很明显,是否中介的行为或活动可以作为恰当的分析水平。这一问题可以在詹姆斯·沃茨奇和他们的同事的总结中发现,他们总结了那些坚持心理的社会文化方法的研究的共同假设(Wertsch,Del Rio,and Alvarez,1995)。

1.社会文化环境塑造心理功能的一个基本途径就是通过使用文化工具。

2.中介提供了这种塑造发生的过程。

3.为了具体化文化工具是如何存在的并发挥作用的,我们有必要聚焦人类行为,作为分析的单位。

尽管(1)和(2)与我努力发展的方法相匹配,因此是很容易识别的,但第三点需要进行讨论。乍一看,沃茨奇为超个体的发展信封(supra-individual envelope of development)做了一些研究。但是,活动在哪里? 背景在哪里?

沃茨奇和他的同事们煞费苦心地坚持认为他们行动的概念可以应用于团体也可以应用于个体,并且不受个体还原论控制的影响。同一本书的其他地方,他们指出,我们必须要经常了解行动的背景,而描述这种背景的一种方法是把背景当做活动的一个层次。他们对于肯尼思·伯克(1962)关于情景、行动和动因元素的思想提供一种有趣讨论,成为谈到背景中行动的一种思想。所以,活动水平出在沃茨奇的构想中;当他关注中介活动的过程时,这就是只是一个基础。

实践理论派,如恩格斯托姆(1993)从不同方向开始研究,主张"整个活动系统都是分析单位"。他的分析包括个体、人工制品和中介行为,也包括制度化的背景和他调查的活动的历史系统。从恩格斯托姆的观点可以看出,聚焦中介行为的危害是背景并没有被同样的理论化。结果,"个体经验被分析和描述,就像是包含了相对具体和情景化的行为",然而系统或者行为为其部分的"客观给定的背景"要么被当做不可变的给定的,要么则几乎根本不可描述(p.66)。

给定背景和建构背景之间的冲突,重复出现在一些存在已久的争议中,不同的意见存在于追随维果茨基和列昂捷夫的俄国活动理论家和那些追随谢尔盖·鲁本施泰因的学者之间,后者的工作来自马克思和德国哲学传统(Brushlinskii,1968;Vander Veer and Valsiner,1991)。安德烈·布鲁什林斯基批评维果茨基的"符号中心主义"(signocentricism),这意味着,在聚焦词意,把它作为分析语言和思维的单元时,他忽略了知觉形成的背景(活动)。布鲁什林斯基批评列昂捷夫的相反的一个过失——给予外部活动太多的关注,但是对中介并没有给予足够地重视。

我对俄罗斯心理学家对这个持续存在争议的问题的长期观察已经使我确信,这一争议几乎是没用的。中介行为和其活动背景是一个过程的两个瞬间,无论我们想要具体化什么心理学过程,它都只是结合在一起的属性中的一个。我们可能会争论在个体案例和实践中怎样最好地分析他们的贡献,但是尝试在"通常意义"上分析会造成空洞的抽象,未受适于他们的环境的约束。

## 隐喻的研究工具

可能还未引起注意,在第5章我已经用了几个不同的隐喻来索引关键的现象,如文化,背景和活动。根据我的经验,隐喻是非常有用的思想工具。没有任何事情可以作为通用的(脱离背景的)工具,因此根据手边的任务来调用不同的隐喻就是很自然的事。

例如,隐喻背景为同心圆是有用的启发式,因为它迫使人们记住任何一种水平的现象,由"上面"和"下面"所构成,这样,就要求一方法论至少包括三水平。但是隐喻有不好的一面就是,它会诱使人们假定行为的背景环境是不可变的、非动态的。(Bateson,1972;Engestrom,1993)。

在其他时候,当两种限制系统、两个论述、两个情境线索重新合并,重新组织他们所处的系统从而当考虑共时性时来创造新的模式,就需要一个"编织在一起"的暗喻。沃丁顿指出,"每一个新的发展水平是一个新的相关背景",这种说法实际上需要一个编织在一起的视角。他做这个说明是考虑到胚胎发生学;我是考虑到整个生命历程的人类发展。

许多其他的隐喻是有用的。例如,借助于恩格斯托姆的扩展三角系统(见第5

章），有助于勾画出我正在研究的系统，它把维果茨基（暗示个体的）三角当做"在顶部的"结构，把"底部"扩大到包括社会规则，团体和劳动分工。使用这种分析结构有很大的优点，在分析的基本单位中既包括个人又包括他人；它是我们讨论的共同中介活动（joint mediated activity）。但是正如我对维果茨基的符号三角的评论，扩展的三角形表征了一种永恒的理想，其分析的功能给行为提供了一种同步约束。恩格斯托姆把时间性引入到分析中来，然而，该三角形隐喻让位给了一个螺旋式隐喻，其中它是所关注的社会文化事件的变换形式。至少需要结合这两个隐喻来代表文化中介活动的过程。

其他的例子也应该被提及。我的主要观点是，不同隐喻提供了接近整个社会文化和个体变化的全过程的不同属性、不同时刻的途径。用文化历史方法来建构第二种心理学的吸引力之处是它暗含着这样一个假定，要理解行为就必须要研究行为的历史。这同一特征也引发了明显的纠纷，因为它需要关于不同发展领域的广泛知识，这超出了现有学科的限制或超出了单一个体在其一生工作中所掌握的能力。

## 重构对人类演化过程的解释

我的这个短途旅行将不再对种系发生的起源领域和它与文化历史的关系进行过多的详述，因为我最多是一个业余的观察者，并且很明显，细微之处的分歧会对从整体上思考灵长类动物的演进过程产生巨大的影响。正如我解释当今古生物学和灵长类学思维的一致性，我被建议要强调社会和非社会环境在人工制品中介上的对称性。中介行为总是为了达到对于物质世界和人类世界的双重协调。这对于一个是多数一个是少数来说，不是一个问题。

近十年许多心理学者夸大的认为自然与文化之间的关系二分法的观点消亡了，这种观点也不能应用在我提出的文化历史框架中。我们当然可以在特定环境下为了特定目的进行分析上的区分，但是从文化历史的角度来看，人性不是两种独立的力量相互作用的机械结果，如同两个弹球相互撞击。它是长期共同进化的生物—社会—文化的产物。克利福德·格尔茨在二十多年前就指出，正常人的大脑功能通过文化发挥作用，如果不能就不会发生正常人类的发展。

尽管达成这样普遍的观点，但仍存在严重分歧和误解。围绕着文化和系统发生对个体本性的限制的相对贡献，不断地有争论。认为种系发生学的人类行为的机能自主性归因于文化的出现（Ratner,1991）的传统与认为个体心理属性严重依赖生物限制的传统（Buss,1994）一直相斗争。这是另外一个不会消失的问题。人类的混合性质，以及我们关于人类起源的知识的不可避免的局限性，会让起源点和历史永远成为道德紧张和政治冲突的来源。

人类演化进程的文献也提供了一种吸引人的例证，证明存在陷入发展的连续性和不连续性的争论的危险。目前对史前人类和发展的跨物种组织数据引人注目地表明了,无数明显的连续性与看起来被标记为非连续性的模式差异是并排存在的。当考虑个体发生阶段过渡时我们要记住这个很好的教训。

## 文化,历史,和个体发生发展

当我在发展心理学领域环顾周身时,我发现有足够的证据表明对于文化和背景的关注是当代的时代精神的一部分。在 20 世纪 60 年代和 70 年代我们第一次开始发表我们的跨文化研究时发展心理学里几乎没有对文化背景的讨论。但到 20 世纪 90 年代,即使那些最严厉批评我们为特殊主义的跨文化心理学家也直接采用了"环境中的个体作为分析的单元"。(Segall et al.,1990,p.344)

对发展的文化方法的兴趣已经远远超出了和文化心理学的人的核心。即使是如库尔特·费希尔,罗比·凯斯这样的"新皮亚杰"理论家及其同事目前一致认同行动的文化背景在发展中的重要作用。凯斯(1992)明确指出在发展过程中包含的社会历史背景,并把这个想法融合到他的新皮亚杰理论中去。费希尔和他的同事(1993)提出费希尔技能理论的扩展,这种理论似乎很贴近于这里提供的理论,从而导致对背景和行为之间持续的、动态的关系的强调。

我觉得同样的时代精神,在我和我的妻子写的儿童发展的教材(Cole and Cole,1996)具有不同表现。这一教材的基本叙事是围绕着个体发生是一个多因素共同建构的过程这一观点组织的,这些因素被构想为生物的、社会的、和心理的,并周期性的产生文化中介的"生物—社会—行为—转化"。这一过程随着时间发生,并必须以时间线来研究;因此,文本是按照时序来组织的。当我们于 20 世纪 80 年代年早期第一次开始这一计划时,归因于文化的重要作用以及高水平时序性教材的概念都可能是古怪的。在 1996 年它们被认为是一个理所当然的命题。

## 方法论问题

不幸的是,"人们行动在文化背景中"是基本的心理分析单位,这一共识并没有扩展到对背景意义的共识上。这种背景,如我们看到的,是一个十分多义的概念。进一步地阐述要求,使用什么样的方法模式,一方面去联系理论上的论述,另一方面去联系实证上的正当性。调查过程中的中介模式是我通过方法论所阐述的。方法论是一套用来解释世界的协调镜头。

20 世纪 60 年代我们开始了方法论研究,我还从未用过方法论这一词,也不理解,我在透过新的视角重新发现我的科学学科的历史。在去非洲途中我无意中发现了专业的工具得出的结论与我的日常经验完全矛盾。这对我来说是不可思议的,被心理学测验表明为不识字、具有"客观"缺陷的人,可以在我观察到他们所参加的复杂活动中有效地活动。

我确信的是,如果我处在他们的情境下我不能有效地活动。学科方法论视角下的证据和试图在他们的环境中生活的常识性反应的视角下的证据之间的矛盾提出了一个挑战:要想出一个可以调和这两种不同观点的方法论。

### 分析日常活动

考虑到基于活动的心理分析的理论承诺,人们可能会期望俄罗斯的文化历史学派成为各种活动情境中认知研究的分析技术的丰富来源。当然,希望文化心理学会帮助我进行日常活动的分析,是我对它感兴趣的一个重要原因。无论是好是坏,最后发现我误解了这一承诺的性质。

俄罗斯文化历史方法始于日常活动只是以一种抽象的方式。俄国学者没有关注日常场景的具体参数,而是聚焦于他们所认为的所有活动的核心——它的中介的本质。我们刚总结了跨文化研究之后,维果茨基的作品发表,它清楚地表明,他不是特别认同一直对我们很重要的那种民族志的方法。关于实验的策略,他说:似乎是分析,如实验,歪曲了事实——为观察创造了人工条件。因此,需要尽量贴近生活,实验尽量自然。如果这个想法进一步实施而不只是满足技术需求,——不要吓跑我们正在寻找的东西——这种想法就会导致荒谬的结果。分析的优势在于抽象,就像实验的优势在于人为性(引自 Van der Veer and Valsiner,1991,p.147)。

尽管我同意维果茨基的分析是科学研究的核心的普遍观点,但我的经历使我相信他低估了融合"技术要求"这个观念中的智力任务,没有"吓跑"感兴趣的现象。这个问题的特征忽略了涉及情景的具体认知任务的分析成就,高估了实验者在新的背景中重构一个相同的任务的能力。

可能在维果茨基和他的同事工作中的背景支持了他这种生态效度是唯一的技术难题的信心。他们进行的研究都是在学校,诊所和医院(或在家里与自己的孩子),在这些地方他们有权利,无论在制度上还是从他们的被试的角度,来定义背景,这实际上掩盖了其他的声音。不管是什么原因,对受限的一系列可能性的过度概括会很容易导致对不受背景限制的实验的信任。

在这一点上有趣的是,维果茨基对成年人的跨文化研究的一个论点是,在成人期,生理转变是相对稳定的。假设自然的人化进程是普遍性(正如他做的那样),在不同文化中的成年人比较研究变成了对文化在心理中的作用的"纯粹"评估。对于确定日常生活的认知过程特征的复杂性,以及对创造实验情境的复杂性,这其中过程的表现只是为了分析,尤其是不同的文化情境的研究,这些工作的复杂性我们似乎很少承认。

在我第 4 章中批判的鲁利亚的中亚研究中,这种方法的困难是显而易见的。坚持维果茨基的适当谨慎的观念,鲁利亚试图在熟悉并舒适的环境中开展实验,并使用当地文化作为他许多任务的内容。假定他没有"吓跑"人们通常通过适应而参与的思维形式,那么他可以假定他们在他的任务中不能进行(说)假设推理,显示了人们一般的思考方式。但是如果他已经吓走了这些现象呢? 他怎么知道呢?

### 跨学科贡献

美国和欧洲的社会和行为科学家青睐以活动为基础、背景敏感性的方法,正是在这个时刻,对文化历史方法论的发展作出了巨大贡献。正如我在第 8 章提到的,现在许多的论证指出开展日常活动中的思维分析,并通过实验模型测试出这些分析的影响是可能的。甚至还证明了结合实验和人种志的方法去研究认知的动态发展过程是可能的。[3]

尽管持续多年、阐述高度详尽的例子的数量很少,如被人们广泛认为的,如果将活动的常用背景纳入心理中文化的文化历史学分析的需求满足,那么最近美国的社会文化的研究也还有很长的路要走。当我们达到了这个分析的水平时,我们也到达了通常认为的心理学的边界。作为一种规则,行为的社会—制度背景被看做是一种(很大程度上未分析)二分的独立变量(例如,正规化的学校教育 VS 学徒制的培训)或留给社会学家去处理。

人们可能会争论,要求心理学家不仅仅要负责研究在情境中的认知任务,还要关注他们那些情境中的活动的制度背景,这是不合理的。然而,从文化历史学的观点来看,这一层次的分析是重要的,在这个层次上,社会阶层这样的大尺度因素与个体经验相连。因此,文化历史心理学家必须要么训练自己掌握必备的方法,要么作为跨学科团队的一部分而工作。

对于这个问题,我自己的方法是在跨学科团队中工作,这个团队围绕生态效度的问题和确定不同情境下相同任务的方法问题而联合在一起。研究清楚地表明,活动发生的更大背景在塑造活动的结构、个体目标和达成这些目标的约束条件上起了重要作用。这些努力仅是越来越多的关于中介行为和它们的制度化背景中的活动的研究的一小部分。(Chaiklin and Lave, 1993;Engestrom, 1993;Forman, Minnick, and Stone, 1993;Goodnow, Miller, and Kessel, 1995;Hutchins, 1995;Lave, 1988;Lave and Wenger, 1991;Rogoff, 1990)。在认知过程被分析的制度化背景中,涉及教室、医疗中心、心理治疗场所,就业中心和海军队员的聊天室。一些研究揭示了中介行为和发展的普遍方面,但是之前被基于第一种心理学方法的实验分析所掩盖了。

例如,人们在购物和在学校中使用数学的不同方式强调了学校对数学的制度化限定方式,珍妮·拉弗对这两种不同方式的有影响力的讨论,过于聚焦在评估问题解决的过程,以至于掩盖了重要的问题发现过程。在超市中,认知的问题发现方面为了分析而出现,这使得拉弗重新组织了整个过程。不是准备好的问题需要去解决,一个人观察到的是需要被解决的困境。拉弗的数据揭示了在超市中问题解决是重复和转变的过程:"它一方面包括购物者已知的是什么,和提供的背景可能给予的帮助是什么,另一方面包括解决方法是什么样的。发现问题的活动包含了大量关于什么构成解决方案或达到解决的方法的大量知识"(1988,p159)。这些结论很好地吻合了在第八章描述的巴西儿童街道小贩的算法实例和纽曼及其同事(1989)关于个体和小团体组合推理的研究。

埃德温·哈钦斯(1995)关于涉及大型船只航行或驾驶波音 747 这类思考方式的分析使人们注意到认知在个体和文化产品之间分配的方式。他研究的社会安排和系统研究的复杂性产生了一种文化历史学家之前没有考虑过的可能性:存在联合获得的心理间的功能,它们足够复杂,从不会变成可独立实现的个体的心理功能,只能在环境中以连接的、中介的活动获得。

我认为,可以公平地说,尽管有其局限性,这些研究的新路线为建立基于日常活动的心理学研究提供更可靠的实证可能性。伴随录像技术的进一步发展和视频与计算机技术的融合,我们可以预见在制度化背景的内容下对多人联合活动研究的新发展。

## 实践:统一方法论元素

尽管维果茨基相信,实验方法对于理解独特的人类心理过程是至关重要的,但目前尚不清楚他是否相信对于任何心理学可能成为完全自然科学事业。这两种心理学的范围可以得到调整。他指出,通过把理论和实践相结合,统一就会产生:"大多数心理学方法论的复杂矛盾被带到了实践领域,并且只有在实践领域才能解决。在这里,争论不再是毫无结果的,而是直接结束。这就是为什么实践转变整个科学方法论。"(引自 van der Veer and Valsiner,1991,p.150)他批评在实践中的折中主义非理论方法,取而代之提出了一种他称作"心理技术学(psychotechnics)"的理论驱动实践的原则方法论。

维果茨基大加利用了雨果·缪斯特伯格在联合两种心理学的要求中的实践统一性的观点。缪斯特伯格(1914,见第 1 章)指出,"两种心理学的交汇点在应用心理学中达成,它讲究心理在服务于在人类目上的实际应用。对这些目的的选择是目的心理学的问题,精神性的效用是因果心理学的问题。因此他们加入与真实生活最贴近的实践部分"(p.16)。缪斯特伯格认为,学校儿童很乐于离开教室参加实验,了解这样的事实有助于采用因果心理学的方法的教育实践,而对证人或艺术家的研究由于他们的目的不确定而变得复杂。维果茨基提出一个类似的观点:心理技术学在目标不确定的情境下运行,因此因果心理学的方法可以得到应用,而不存在解释被试的目标的问题。

虽然我认同,两种思维方式在实践中会自然的融合,多年来尝试进行教学实践研究使我十分地质疑实践本身能揭示个体行为的目的这一想法。事实上,了解被试的目标

（与之对比的是心理学家认为的他们的目标）的困难支持了许多有关我在前面的章节中提出的在测验和实验中表现不佳的解释观点。

我的偏好是把实践当做个人的目标和知识与社会规定的目标和约束相结合的竞技场。声称实践可以消除行为目的的模棱两可是危险的（例如，我们知道个人对于情节的解释或她的"心理领域"会使用勒温的术语）。然而，在实践中，我们至少有机会把不同的解释运用到对话中，从而在对话中对每一种"声音"有更多的了解。

## 鲁利亚的浪漫科学

鲁利亚和维果茨基关于理论和实践的观点在许多方面是相似的。他们共同尝试运用他们的想法的最早例子是一个帕金森病人的报告，当他通过合并人工刺激（纸正方形）来调节他的行为时，他可以行走了。但在鲁利亚生命的最后，他采用了理论联系实践的观点，以及结合两种心理学的方法，这种方法直接听取了狄尔泰关于心理学需要用来解释真实生活体验的想法。他把心理学的这一方法称作"浪漫的科学"。

鲁利亚（1979年）从对他继承的心理科学的讨论开始他的自传，这个故事在第1章已经提到。从他最早的研究开始，他就探寻结合两种心理学的道路，一种是实验的/概括化的，一种是描述性的/特定的。在总结他的叙述中，他提出了一种在实践中结合两种心理学的特别方法，把它们运用到真实的人的生活情境中。

鲁利亚对比了浪漫科学和他称之为的经典科学：

> 经典学者依据事件的组成部分来看待事件。他们一步一步挑出重要的单位和元素，直到他们可以制定出抽象的、一般的规律……浪漫主义学者的特质、态度和策略正好相反。他们不遵循还原论的路径，这是经典学者们的主导哲理。科学浪漫主义既不把活生生的现实分裂为基本成分，也不把大量的生活实体事件描述成失去现象本身属性的抽象模型。（p.174）

写到浪漫主义科学，鲁利亚引述歌德的《浮士德》中梅菲斯特告诉一个求知欲强的学生的一句诗，"灰色是每一个理论，生命的长青树"，表达了他对理论的黄金承诺的怀疑。当编辑鲁利亚的自传时，我读了《浮士德》，想看看在那里能发现什么其他的深刻见解融入鲁利亚的想法中。有一篇比较两种科学的能量的文章强烈地震撼了我。在其中梅菲斯特建议求知欲强的学生朝着未来的职业生涯前进，描述接下来科学路径的影响。他所用的形象不仅完美地捕捉到了古典主义与浪漫主义科学之间的区别，而且在词汇中，对交织在一起的背景用隐喻很明确的联系起来。

交谈始于梅菲斯特欣赏织工的工作，织工们创造模式，在这一过程中"一个踏板控制许多的线，踏一下一千多条线就联结到一块"。完全不同于科学家的方法，结果也完全不同。根据我对这一点的讨论，把科学家看做追求第一种心理学的心理学家，而遵循第二路径的是织工并没有错。

因此,哲学家介入

为事情的开始编织了一个证明

过去的问题,伴随着起源

第一次和第二次很好地预演

可以推导出第三次和第四次

如果没有第二个或者第一

第三或第四就不会产生

尽管作为织工,他们没有计算太多

毫无疑问地过了一遍生活事件

首先取消生活精神

这部分躺在你手中

你只缺少你禁止的鲜活生活

(Goethe,1988,p.95)

这里我们遇到另一个形式的想法,当我们谈论人的生命过程时,宣称"第一",结果由之而来的终极原因,应该经常受到质疑。出于同样的原因,鲁利亚构建出来的浪漫主义科学不允许一个简单的构想如"目的心理学关注目标形成,因果心理学关注问题解决"。这两个原则都涉及一个行为的不同时刻和这个心理行为。分析必须力求同时包括时刻和其动态性。

鲁利亚通过两个纵向个案研究阐明他浪漫主义科学的概念,这两个个案涉及了一些人,对于他们来说世界上一般的中介行为的方式是不可能的。(1968,1972)。一个是极其优秀但是组织记忆不同寻常的男性,另一个男性是因为大脑某一部分的大面积损伤遭受不寻常的无序的思维和记忆。在每一个个案中鲁利亚将大样本被试的实验研究的形式和个体的独特性相结合。他关于两个过程如何结合的思想,在他开出的治疗机制中得到阐明。

近年来,浪漫主义科学的主要拥护者是奥利弗·萨克斯,他在一段时间里深度参与到他的病人中,能使人强烈地想起鲁利亚的方法,并且在异常大脑—行为关系的领域加入了重要的东西,使得我们可用于发展有力的心理的理论。萨克斯认为,浪漫主义科学的核心是它把分析科学和个体案例的综合档案作为必要的补充,"小说家和科学家的梦想的结合"(1987,p.xii)。在我的观点中同样重要的是,鲁利亚和萨克斯都是把他们的病人看做人的治疗师,并且试图通过实际改善的痛苦来证明他们理论基本前提的真实性。

在我编辑鲁利亚个案研究的译文时,我没有把它们整合到我的跨文化研究中,也没有整合到鲁利亚在他的自传中描述的其他的项目中(例如,智障和双胞胎的研究)。但是自从我开始研究课外活动中的孩子们以后,他的思想对我来说特别中肯。

长期与单一的孩子群体打交道,迫使分析者识别出每个孩子的个体性以及决定分析起源的困难,有可能在逻辑上推断出结论的"第一"原因。例如,在我们的生态效度研究中举办了烹饪聚乐部期间的第一天,我的助手和我把孩子分配到男女配对组来共同烘焙蛋糕。我们不停地打断他们的集体行为。接下来的 20 分钟,我们开始认为会是混乱一片,但接下来仔细的分析显示,孩子们成功的努力重新安排任务情境,因此每个孩子都可以跟一个朋友一起工作。甚至在孩子们已经安静下来完成"任务",他们发明的自发的劳动分工和其他同时突然出现的相关目标,可以让我们经常对他们的行为作简单的序列分析。

这些结果在 1977—1978 年第一次报告的时候,受到我们那些心理学同事的冷遇,他们在努力把研究放在众所周知的类别中。随后,感谢许多同仁的努力,这类现象逐渐被视为社会广泛的认知——成为认知科学中可敬的研究对象。

正是在生态效度的研究中,我对一个被诊断为有学习障碍的孩子开始我第一个个案研究(见第 8 章)。在这一年中,利用从实施的测试中获得的信息、教室行为的样本,和这个孩子在我们课后俱乐部的活动,就有可能建立一个这样的儿童形象了:这些儿童积极组织其生活环境以最小化在被要求阅读时所面临的困难。我们不仅学到许多关于个体的孩子和他所在的社会组织背景的知识,还知道了对于诊断分类为"学习障碍"来说"具体的"这个单词的内涵。

同样地,当我们开放田园学院来进行学习障碍儿童的研究时,我们处理的是一整群在课堂上存在困难的儿童,他们当中只有一半符合学习障碍的诊断标准。诊断标准不能识别出具体是什么使他们阅读困难。在我们为儿童组织的类似游戏的活动中,这些孩子作为一个个体出现,有其自身的优点和缺陷。然而,我们能够组织具有多重角色的群体活动,使我们为了鉴别诊断和治疗目的,将"科学知识"(由文化历史心理学原理驱动的微观发生学分析法)应用到所有儿童身上。正是在这个研究的过程中,我们第一次开始理解我们所运用的被称为浪漫主义科学的东西(LCHC,1982)。

## 作为研究介质的第五维度

从第 10 章我们可以清楚地看到,我把第五维度中的方法论研究看做是浪漫主义科学的一个扩展的例子,它应用到了活动系统的发展以及居于其中并赋予其生命的儿童和大学生的发展中。但是,我还把这种方法论看做我思考和执行问题的特别有用的高级人工制品,这些问题与我作为发展心理学家身份相关。这些方法论包括了"微观的"研究问题,如证明在什么条件下,可以围绕智力目标和方法来安排并分析合作性互动,或者通过邮件写作来提高儿童交流技能的有效性。也包括更多的宏大目标,如为了更好的理解妨碍目标实现的障碍的途径,这些目标是我为孩子设定的社区目标,特别是掌握现代技术和能够与他人良好共事的目标。

第五维度是一个特别有用的媒介,其中研究的是不同起因领域的相互关系,因为在其中我们能在制度水平上追踪活动,活动作为一个整体,以及个体参与者面对面的互动。此外,因为每一个第五维度能够促进其当地文化格局的快速发展,所以在不同的第五维度进行儿童的"跨文化"研究也是可能的,例如第10章中关于问题解决的描述。

如今我特别感兴趣的方法论问题是大学生田野日志作为数据的状况。从方法论的行为主义的角度来看,这个方法并不客观、严谨。但是,从文化历史理论的角度看,大学生是他们所描述的相互作用的优先观察者,因为他们帮助产生了这些交互作用。

大学生田野日志的几个特征给予我深刻的影响。首先是他们坚决地融合了认知和情绪。学生想要被喜欢,他们想要快乐,他们希望帮助孩子,他们想得到好成绩。孩子也有同样的愿望。在这些条件下,相互作用就被大学生从情感的重要性来解读。但是评价依赖于他们自己的认知成绩和他们父母的认知成绩。

我们当前在比较对同一个互动大学生笔记中的信息和录像带的分析。我们对回忆对话的方式以及记录交流的情感质量的方式都很感兴趣,因为他们与认知成就和失望有关。同样重要的是那些因素的证明材料,因为它们与参与者之间的社会关系相关。

由于第五维度的运行在各个方面都像一个社会文化系统一样,我相信,它可以作为媒介来比较各种社会文化理论家以及心理学家所提出的理论观点。接下来,我们依据一些理论立场来分析第五维度:俄国活动理论,拉弗和温格关于合法边缘性参与观点,罗格夫的飞机分析理论,哈贝马斯关于理想论述的条件和结果的思想,福柯关于权力的理论,等等。

在第五维度的"文化历史层面",我们正在开展多个系统的比较分析,这些系统定位在广为不同的地理位置上。有一个这样的系统已经被当地学校系统和大学所采纳,成为课程设置的常规部分,要求未来所有老师配合。其他的系统处于各种发展阶段。但是也有系统已经消逝了。这些历史将为我们提供这些系统的成长、死亡和盛行的比较分析材料,以及系统中儿童的发展、这些混合系统能成长、繁荣的条件的比较分析材料。

因此,对于如何贯彻第二文化心理学,我们有一个特定的答案。与19世纪和20世纪早期的文化心理学家以及俄罗斯文化历史学派的观点一致,我采取一种发展的方法来研究人类本性。与根植于文化心理学的广泛的、语境主义相一致,我试图从日常生活实践中的活动来找出它的原则,并把原则返回到实践,作为理论主张的基础。

在某种意义上,我的方法是守旧的。它与雨果·缪斯特伯格的想法很符合,即,当来自第一种心理学的知识成为人类目的的工具时,两种心理学可以在实践中有效地结合。我发现鲁利亚浪漫主义科学的观点是芒斯特伯格观念的有用扩展,因为它在独特的科学和常规的科学这一额外的二分法之间架起了桥梁。独特的科学和普遍的科学,隐含了"两种科学"的形成。同时,浪漫科学要求调查者复原时间并参与到真实生活中。

最后,我简述一下我认为的文化心理学:采用一些文化历史心理学的形式作为理论框架。创造一种适合人类这个混合性研究对象的方法论,一种把理论与数据联系起来的系统方法,这个数据挖掘既利用自然科学也利用文化科学。发现一个活动背景,在这种背景中你可以既是参与者也是分析者。进入到这样一个过程:通过利用从心理学的文化科学的一面和自然科学的一面以及相关学科中获得的所有知识,帮助事情在你已经进入的活动系统中发展。发挥你的能力去创造和保持有效的系统,把它们作为你理论充分性的证据。由于相当多的空白,失败肯定会多于成功,可以肯定的是有趣的事是无止境的。

注释:

1.这个范式上的差异解释了人类学家哈瑞·沃克特对我的格贝列人的研究的反映:"当我们到达这样一个点时:这种(实验)观察提供了一个从人为的表演的滑道上升到正常人工功能的轻飘的、虚幻的过程,我期望能有所轰动。"(1972,pp.449-450)

2.情境理论的问题在这些年中不会消失。劳伦·瑞思尼克最近提出了一个"情境的理性主义者"框架去理解发展。如瑞斯尼克提出的,一个联合生理和社会的"预备的结构"的理论"会要求一种现在在心理学的思维中非常缺乏,在其他社会科学领域中只是很松散的发展的理论,即情境理论。这个理论会用这样一种眼光来界定情境的维度——社会的、认知的和生理的——活动在一个情境中的如何预备好个体进入另一个情境。发展这种理论,同时考虑学习的生理约束和社会约束,代表了对于那些将情境关系主义概念运用到教育中的人的重要挑战"(1994,p.491)。

3.最近艾德温·哈钦斯(1995;Hutchins and Hazlehurst,1991)的工作显示,在叫做平行分布加工模块的计算机程序类别中,模仿文化中介的认知发展也是可能的。

# 致　谢

若非政府和私人基金的特别支持,若非所在学院以及多位同事朋友鼎力相助,本书的总结工作或许难以完成。在此,我感谢他们所作出的贡献。感谢他们的努力与帮助,我才能够维持一项长达三十年的且同一主题的调查和研究,这着实是一项罕见但却值得花费气力的研究。

正是因为约翰·盖伊,我才开始进行和参与跨文化研究。如果他没有注意到,将美国教育形式原封不动地引入利比亚儿童中去是错误的,我可能不会开始关于文化和思想的研究。那时,乔·格利克和威廉·克森建议我进行儿童发展的研究,这促使我将这两个领域拼在一起,并开始我的研究。

感谢尔湾市加州大学的同行,让我有机会学习民族志和语言学领域的方法,并开始积累其他社会科学领域的知识,这些知识正是从事文化研究的日常工作所需要的。在尔湾市,我认识了经济学家和人类学家查利和珍妮·拉弗,并有幸与他们进行了合作研究和教学。尔湾市也是杜安·梅茨格和沃尔尼·施特夫勒的故乡,这两位知识渊博、魅力非凡的大师对于文化和思想有着深刻的理解,他们尝试着结合(如果还不能算整合的话)心理学与人类学。

1969年,我调任至洛克菲勒大学,并开始了从未进行过的跨学科研究。无论我身处何地,只要有可能,我都会开展关于文化问题的探索。无可否认,在纽约,文化、种族、发展是高度敏感的政治话题。彼时,纽约是这样一个地方:少数民族聚集的街区不允许英美研究者的进入。当地人毫无理由地认为,让心理学家进入他们的地盘弊大于利。并且,有政治力量支持当地人的观点。与此同时,基金会高度重视提高儿童教育行为的项目,并以此作为克服贫困的一种手段。国家经历了这样一个阶段:政治性的"善意忽略"了种族问题和贫困问题,尽管这样无济于事,不能解决任何问题。

有人受到了我和同事在非洲和墨西哥工作的启发,希望可以开发表现欠佳的少数民族儿童的潜力,并以此作为促进教育有效性的工具。实际上,我面临着如下问题:如何将在克佩列人中学到的经验用于纽约市。

在这种情况下,我们的认知比较实验室(LCHC)应运而生。很显然,开展人类发展的文化研究,需要一组多样的研究者进行各种项目的长期合作,这些研究项目基于许多共享的理论和方法,并需要对不同种族和职业背景的研究者进行跨学科研究的培训。

这获得了洛克菲勒大学(Rockefeller University)、卡耐基基金会(the Carnegie Corporation)、福特基金会(the Ford Foundation)和国家儿童健康与发展研究所(the National Institute of Child Health and Development)的资助。LCHC 以这种方式成为了一个跨学科研究者的联盟,他们使用不同的研究方法,描述人们的日常生活,并将这些观测结果与理论及可能的实验操作相联系。

1978 年,我调任至加州大学圣地亚哥分校,并再次创建了实验室,再次聚集了一批多样化、跨学科的研究者。当我进行本书中提及的研究时,LCHC 的其他成员开始从事其他研究:如双语教育的民族志和干预研究(Moll and Diaz, 1987),拉丁裔美国家庭、非裔美国家庭和英美家庭中,儿童读写能力的观察比较研究(Anderson, Teale, and Estrada 1980),以及线上共同活动的研究(Levin and Souviney, 1983)。这些研究都开拓了我的眼界,丰富了我的知识。

随着时间的推移,LCHC 的构成和所研究的特定项目不断变化,以适应我们研究者的情况:如实验室成员的个人兴趣和研究专长,以及他们所获得的基金支持。但是,我们始终坚持研究发展的文化中介。多亏现代通信技术的发展,LCHC 已经成为一个国际性的、分散式的实验室,这让我们更有机会得到关于头脑中文化的非种族主义的结论。文化心理学太过巨大,难凭一人之力完成。只有群策群力,文化心理学才能与日俱进。

LCHC 历来由乐于奉献、惺惺相惜的研究者积极参与。毋庸置疑,若非得到卡伦·菲格纳和佩姬·本格尔的鼎力相助,本书难以完成。

经过数十年的努力,获得多方面的支持,本书才得以完成。感谢哥本哈根的莫恩斯·拉森、阿克塞尔·莫滕森、英勒·本斯和他们的同事们邀请我参加艾尔弗雷德·莱曼的纪念讲座。在那里,我第一次尝试提出了许多想法。在我学术休假期间,伦敦医学研究委员会儿童发展小组(the Child Development Unit of the Medical Research Council)的约翰·莫顿和他的同事们为我提供了一个知识集散地。詹姆斯·麦基恩·卡特尔基金(James McKeen Catell Foundation)为这一假期提供了经济支持。在斯宾塞基金(Spencer Foundation)的部分支持下,我在斯坦福大学的行为科学中心进行了为期一年的研究。在此期间,我进行了写作和文献研究。

最后,我要感谢我的妻子希拉——我生活和工作的伴侣。她锲而不舍的精神和敢于冒险的品质,使得万事皆有可能。

# 主题词索引

# 人名索引

| | | | |
|---|---|---|---|
| A.C.Haddon | A.C 哈登 | Bekhterev | 别赫捷列夫 |
| A.R.Luria's | A.R.鲁利亚 | Benjamin Disraeli | 本杰明·迪斯雷利 |
| Aaron · Cicourel | 亚伦·西库里尔 | Bereiter | 贝赖特 |
| Adam | 亚当 | Berlin | 伯林 |
| Addison Stone | 艾迪生·斯通 | Bernd Krewer | 贝恩德·克鲁 |
| Ageliki Nicolopoulou | 阿格利基·尼科卢普鲁 | Berndt Krewer | 伯恩特·克鲁 |
| Aidan Macfarlane | 艾丹·麦克法兰 | Berry | 贝里 |
| Aksel Mortensen | 阿克塞尔·莫滕森 | Beryl Bellman | 贝丽尔·贝尔曼 |
| Alexander Luria | 亚历山大.鲁利亚 | Betsy Bremmer | 贝齐·布雷默 |
| Alexei Leontiev | 阿列克谢·列昂季耶夫 | Bickerton | 比克顿 |
| Alfred Binet | 艾尔弗雷德·比内 | Bickerton | 比克顿 |
| Alfred Kroeber | 艾尔弗雷德·克罗伯 | Billy | 比利 |
| Alfred Lehmann | 艾尔弗雷德·莱曼 | Binet | 比内 |
| Amy | 埃米 | Birdwhistell | 伯德惠斯特尔 |
| Analucia Schliemann | 安娜露西娅·施利曼 | Blumenthal | 布卢门撒尔 |
| Andrea Pettito | 安德里亚·佩愁甸 | Boesch | 伯施 |
| Andrei Brushlinskii | 安德烈·布鲁什林斯基 | Bolton | 博尔顿 |
| Ann Brown | 安·布朗 | Boring | 博林 |
| Annette Karmiloff-Smith | 安妮特·卡米诺夫－史密斯 | Bourdieu | 布尔迪厄 |
| Ann-Marie Palinscar | 安玛丽·帕林萨 | Brain | 布雷恩 |
| Anthony Giddens | 安东尼·吉登斯 | Brazelton | 布雷泽尔顿 |
| Archie | 阿奇 | Bronfenbrenner | 布朗芬布伦纳 |
| Aristotle | 亚里士多德 | Brown | 布朗 |
| Armandito | 阿曼迪图 | Bruner | 布鲁纳 |
| Arne Raeithel | 阿恩·雷瑟尔 | Bruno Latour | 布鲁诺·拉图尔 |
| Arnold Gesell | 阿诺德·格塞尔 | Brunswik | 不伦瑞克 |

224

| | | | |
|---|---|---|---|
| A.C.Haddon | A.C 哈登 | Bekhterev | 别赫捷列夫 |
| Clifford　Geertz | 克利福德·格尔茨 | Edward Wilson | 爱德华·威尔逊 |
| Cole | 科尔 | Edwin Hutchins | 埃德温·哈钦斯 |
| Cole | 科尔 | Edwin Hutchins | 埃德温·哈钦斯 |
| Colwyn Trevarthen | 科尔温·特热沃森 | Eells | 伊尔斯 |
| Condorcet | 孔多塞 | Egon Brunswik | 埃贡·不伦瑞克 |
| Courtney Cazden | 考特尼·卡兹登 | Elizabeth Bates | 伊丽莎白·贝茨 |
| Cyril Burt | 西里尔·伯特 | Elizabeth Hurlow-Hannah | 伊丽莎白·许-汉娜 |
| D'Andrade | 丹德雷德 | Ellen Souberman | 埃伦·欶柏曼 |
| Daniel Lerner | 丹尼尔·勒纳 | Emile Durkheim | 埃米尔·涂尔干 |
| Daniel Stern | 丹尼尔·斯特恩 | Emiliy Cahan | 埃米莉·卡恩 |
| Darwin | 达尔文 | Emily Cahan | 埃米莉·卡恩 |
| Dasen | 大森 | Emily Rubin | 埃米莉·鲁宾 |
| Dasen | 大森 | Engels | 恩格斯 |
| David Carraher | 戴维·卡拉赫 | Engeström | 恩格斯托姆 |
| David Hume | 大卫·休谟 | Ernst | 厄恩斯特 |
| David Premack | 戴维·普雷马克 | Ernst Boesch | 厄恩斯特·伯施 |
| David Rumelhart | 戴维·鲁梅尔哈特 | Ernst Kretschmer | 厄恩斯特·克雷奇默 |
| Esteban Diaz | 埃斯特班·迪亚斯 | Greenfield | 格林菲尔德 |
| Ethan Golegor | 伊桑·格雷戈尔 | Greeno | 格里诺 |
| Evald Ilyenkov | 埃瓦尔德·伊利延科夫 | Gregory | 格雷戈里 |
| Evans-Pritchard | 埃文斯·普里查德 | Gregory Bateson | 格雷戈里·贝特森 |
| F C. Bartlett | F. C.巴特利特 | Griffin | 格里芬 |
| Felton | 费尔顿 | Gustav jahoda | 古斯塔夫·杰何达 |
| Ferguson | 弗格森 | H.J.Reed | H.J.里德 |
| Feuerbach | 福伊尔巴克 | Haddon | 哈登 |
| Fine | 法恩 | Harkness | 哈克尼斯 |
| Fischer | 费希尔 | Harry jerison | 哈里·杰里森 |
| Florence Goodenough | 弗洛伦斯·古迪纳夫 | Harry Triandis | 哈里·特里安迪斯 |
| Fodor | 福多尔 | Hayes | 海耶斯 |
| Francis Galton | 弗朗西斯·高尔顿 | Heather Dove | 希瑟·德芙 |
| Freud | 弗洛伊德 | Hegel | 黑格尔 |
| G. H. Mead | G.H. 米德 | Heinz Werner | 海因茨·沃纳 |
| Galileo | 伽利略 | Helmholtz | 赫尔姆霍茨 |

| | | | |
|---|---|---|---|
| A.C.Haddon | A.C 哈登 | Bekhterev | 别赫捷列夫 |
| Jan Valsiner | 简·瓦西纳 | Kenneth Burke | 肯尼思·伯克 |
| Janet | 珍妮特 | Kenneth Kaye | 肯尼思·凯 |
| Jean Chall | 琼·乔尔 | Kenneth Spence | 肯尼思·斯彭斯 |
| Jean Lave | 珍妮·拉弗 | Kepler | 开普勒 |
| Jean Mandler | 琼·曼德勒 | Kim Whooley | 金·胡利 |
| Jean Piaget | 皮亚杰 | King | 金 |
| Jerome Bruner | 杰尔姆·布鲁纳 | Klein | 克莱因 |
| Jerry Fodor | 杰里·福多尔 | Kohler | 科勒 |
| Jill Posner | 吉尔·波斯纳 | Kohler | 科勒 |
| Joe Campione | 乔·坎皮恩 | Krauss | 克劳斯 |
| Joe Glick | 乔·格利克 | Kroeber | 克罗伯 |
| Johann Herder | 约翰·赫德 | Kruger | 克鲁格 |
| John | 约翰 | Kurt Fischer | 库尔特·费希尔 |
| John Berry | 约翰·贝里 | Kurt Lewin | 库尔特·卢因 |
| John Dewey | 约翰·杜威 | L. S. Vygotsky | L·S·维果茨基 |
| John Dollard | 约翰·多拉德 | Labov | 拉波夫 |
| John Gay | 约翰·盖伊 | Lamarckian | 拉马克 |
| John Morton | 约翰·莫顿 | Larry | 拉里 |
| John Stuart | 约翰·斯图特 | Laura Benigni | 劳拉·贝尼尼 |
| Jose | 乔斯 | Lauren Resnick | 劳伦·雷斯尼克 |
| Joseph Glick | 约瑟夫·格利克 | Lave | 拉弗 |
| Joy Stevens | 乔伊·史蒂文斯 | Lazarus | 拉扎勒斯 |
| Juan | 胡安 | Leakeys | 李基 |
| Judith Irvine | 朱迪思·欧文 | Leon | 利昂 |
| Kanzi | 茨兹 | Leontiev | 列昂季耶夫 |
| Kanzi | 茨兹 | Lerner | 勒纳 |
| Karen Fiegener | 卡伦·菲格纳 | Leslie White | 莱斯利·怀特 |
| Karen Wynn | 卡伦·温 | Lev Vygotsky | 列夫·维果茨基 |
| Levy-Bruhl | 列维-布留尔 | Mogens Larsen | 莫恩斯·拉森 |
| Lewin | 卢因 | Montaigne | 蒙田 |
| Lois Hood | 洛伊丝·胡德 | Moritz Lazarus | 莫里茨·拉扎勒斯 |
| Lucien Levy-Bruhl | 卢西恩·列维-布留尔 | Munsterberg | 缪斯特伯格 |
| Lucienne | 吕西安娜 | Myers | 迈尔斯 |

| A.C.Haddon | A.C 哈登 | Bekhterev | 别赫捷列夫 |
|---|---|---|---|
| Miller | 米勒 | quipu | 奇普 |
| Millsom | 米尔索姆 | Raeithel | 雷瑟尔 |
| Ragnar Rommetveit | 拉格纳·罗米维特 | Sam Glucksberg | 萨姆·格拉斯博格 |
| Ratner | 拉特纳 | Sapir- Whorf | 萨皮尔—沃夫 |
| Ray Birdwhistell | 雷·伯德惠斯特尔 | Sara Harkness | 萨拉·哈克尼斯 |
| Ray McDermott | 雷·麦克德莫特 | Sarah | 萨拉 |
| Raymond Williams | 雷蒙德·威廉姆斯 | Sarah Boysen | 萨拉·博伊森 |
| Recife | 累西腓 | Savage | 萨维奇 |
| Reggie | 雷吉 | Savage-Rumbaugh | 萨维奇-朗伯夫 |
| Rene Vander Veer | 勒内·范德维尔 | Saxe | 萨克斯 |
| Resnick | 雷斯尼克 | Schiller | 席勒 |
| Richard Barrett | 理查德·巴雷特 | Schliemann | 施利曼 |
| Richard Shweder | 理查德·史威德 | Schwartz | 施瓦茨 |
| Richard Thurnwald | 理查德·图恩瓦尔德 | Scott | 斯科特 |
| Rivers | 里弗斯 | Scribner | 斯克里布纳 |
| Robbie Case | 罗比·凯斯 | Searle | 瑟尔 |
| Robbins | 罗宾斯 | Segall | 西格尔 |
| Robert Edgerton | 罗伯特·埃杰顿 | Sergei Rubenshtein | 谢尔盖·鲁本施泰因 |
| Robert Krauss | 罗伯特·克劳斯 | Serpell | 瑟普尔 |
| Robert LeVine | 罗伯特·莱文 | Sheila | 希拉 |
| Robert Pollack | 罗伯特·波拉克 | Sheila Broyles | 希拉·布罗伊尔斯 |
| Robert Schwartz | 罗伯特·施瓦茨 | Sheldon H. White | 谢尔登 H·怀特 |
| Robert Serpell | 罗伯特·瑟普尔 | Sheldon White | 谢尔登·怀特 |
| Robert Woodworth | 罗伯特·伍德沃思 | Sherwood Washburn | 舍伍德 沃什伯恩 |
| Robin Dunbar | 罗宾·邓巴 | Shirley Strum | 雪莉·斯特鲁姆 |
| Rochel Gelman | 罗谢尔·格尔曼 | Shweder | 史威德 |
| Roger Barker | 罗杰·巴克 | Sigmund Freud | 西格蒙德·弗洛伊德 |
| Roger Barker | 罗杰·巴克 | Simon | 西蒙 |
| Rogoff | 罗戈夫 | Stanley Porteus | 斯坦利·波蒂厄斯 |
| Romy | 罗米 | Starkey | 斯塔基 |
| Rose | 罗斯 | Steinthal | 司汤达 |
| Ross | 罗斯 | Stephen jay Gould | 斯蒂芬·杰伊·古尔德 |

| A.C.Haddon | A.C 哈登 | Bekhterev | 别赫捷列夫 |
| Vera Johnsteiner | 维拉·约翰-斯坦纳 | Wolfgang Kohler | 沃尔夫冈·科勒 |
| Vernon | 弗农 | Wright | 赖特 |
| Vico | 维科 | Wundt | 冯特 |
| Volker | 沃尔克 | Ypes Poortinga | 叶配思·帕尔汀格 |
| Volney Stefflre | 沃尔尼·施特夫勒 | | |

# 地名索引

# 译者后记

迈克尔·科尔(Michael Cole)是美国圣地亚哥加州大学沟通和心理学教授,是文化心理学领域研究的先行者,《文化心理学》一书是他的经典著作。在本书中他为我们阐释了什么是文化心理学,其学科历史和研究成果如何,以及文化心理学的未来和发展趋势展望等。该书一经出版,就在学术界产生了很大的影响,先后被译成多种文字,可谓是文化心理学研究领域理论联系实际和实证研究的开山之作。本书获哈佛大学出版社年度教育和社会类最佳著作奖(1996)。

武汉大学哲学学院心理学系 2012 年 7 月获得学校"70"后学科团队建设项目资助,凝聚系里青年才俊专门开展"当代文化心理学研究",作为系里长期发展的方向。自然,文化心理学研究是一个长期而艰难的研究。为了奠定我们的理论基础,武汉大学张春妹副教授领衔的"70"后团队选择了翻译一些经典的、有代表性的文化心理学著作作为研究的起步工作,期望在翻译中我们自己得到学习和提升。恰值华中师范大学洪建中教授也有翻译《文化心理学》专著的想法,两校两位老师牵头共同合作翻译。《文化心理学》是我们首先选中、作为理论中的理论基础的一本经典之作。虽然这本书出版时间相对于丛书中其他四本显得"太老",鉴于本书的理论价值和学术魅力,鉴于这是目前该作者的唯一版本,我们最终决定还是将本书纳入了丛书。

本书的理论高度和难度都使得我们的译稿迟迟未敢付梓。2013 年年底我们开始着手翻译工作,由热心支持我们的文化心理学研究项目并力举本书的洪建中老师和项目负责人张春妹老师共同承担,华师大和武大 2013 级、2014 级研究生具体参与了翻译工作:序和前言,洪建中;第 1 章,皮忠玲;第 2 章,何念;第 3 章,陈武;第 4 章,刁春婷、陈玮;第 5 章,程寅;第 6 章,封珂欣;第 7 章,彭轶夫;第 8 章,殷冉;第 9 章,周璇、张元灏;第 10 章,王坚;第 11 章,梁竹、张春妹;致谢,陈石。注释的翻译由各章译者负责。2015 年年初,翻译者在第一轮翻译后,又进行了互校。译稿完成后,洪建中和张春妹对全书进行了审校。其中,洪建中负责审校序和引言、第 1—5、9—10 章,张春妹负责审校第 6—8、10 章。另外,张娜负责校对全书的人名和地名,周璇负责校对全书注释和译注,刁春婷负责校对全书的主题词及统一格式,张彤和段琳敏参与了书中部分图表的绘制处理,周文情在完成全部译稿后,对全书的格式、图表等做了统一调整,对个别章节的最后修改也做了统一处理。

我们于 2016 年第二学期开始了围绕本书翻译工作的两校师生的共同研讨。此时，参与各章翻译的研究生基本上都离开了校园，走上了工作岗位，或已进入博士学习阶段。我们采取面对面或网络研讨会的形式，坚持每周集中讨论一章内容，由翻译者报告所负责章节的内容，指定专人点评，以在共同学习中搜集意见，进一步修改和完善译稿。研讨会主要由刁春婷负责组织协调，洪建中、张春妹、刁春婷、周璇、罗婷梅、武敬、张彤全程参与了研讨和点评，其中洪建中和张春妹老师对每章研讨的主题和翻译工作都提出了具体要求和指导意见。其间，华中师范大学教育学院的毛齐明老师、许晨莺博士多次参与了我们的研讨，对文化心理学在教育学中的研究和应用，以及我们的翻译工作都提出了十分宝贵的意见。

在书稿的翻译和研讨中，我们充分体会到作者提出的"问题—提问—阅读"的小组阅读法对于单个个体知识理解的提升作用，体会到小组间"第二主体间性"的快乐。我们希望借着本书的出版，心理学研究能进一步认识到文化作为人的"第二天性"，对于我们的心理、活动的巨大影响，推动文化心理学在中国的发展。"信、达、雅"是每一位译者的追求，但限于水平，在本书翻译的内容和风格上难免有误，希望读者予以指正。

在译著即将出版之际，特别感谢人民出版社长期以来对我们翻译工作的信任和支持，特别感谢该译著责任编辑洪琼及其他为这本书出版付出辛勤劳动和努力的人。

译　者
2017 年 8 月

责任编辑:洪　琼

**图书在版编目(CIP)数据**

文化心理学:历史与未来/〔美〕迈克尔·科尔 著;洪建中 张春妹 译. —北京:
人民出版社,2018.6
ISBN 978-7-01-019111-9

Ⅰ.①文…　Ⅱ.①迈…②洪…③张…　Ⅲ.①文化心理学-研究　Ⅳ.①G05

中国版本图书馆 CIP 数据核字(2018)第 054679 号

原书名:Cultural Psychology:A Once and Future Discipline
原作者:Michael Cole
原出版社:Belknap Press,1988
版权登记号:01-2014-5173

## 文化心理学:历史与未来
**WENHUA XINLIXUE LISHI YU WEILAI**

[美]迈克尔·科尔 著　洪建中　张春妹 译

**人民出版社** 出版发行
(100706　北京市东城区隆福寺街 99 号)

北京中科印刷有限公司印刷　新华书店经销

2018 年 6 月第 1 版　2018 年 6 月北京第 1 次印刷
开本:787 毫米×1092 毫米 1/16　印张:16.25
字数:330 千字

ISBN 978-7-01-019111-9　定价:79.00 元

邮购地址 100706　北京市东城区隆福寺街 99 号
人民东方图书销售中心　电话 (010)65250042　65289539